И.С. ТУРГЕНЕВ
ОТЦЫ И ДЕТИ

I.S. TURGENEV
FATHERS AND SONS

EDITED WITH INTRODUCTION & NOTES
BY E.R. SANDS
WITH SELECTIVE VOCABULARY & BIBLIOGRAPHY

D0073843

RUSSIAN
STUDIES

PUBLISHED BY: BRISTOL CLASSICAL PRESS
GENERAL EDITOR: JOHN H. BETTS
RUSSIAN TEXTS SERIES EDITOR: NEIL CORNWELL

This impression 2005
This edition published in 1992 by
Bristol Classical Press
an imprint of
Gerald Duckworth & Co. Ltd.
90-93 Cowcross Street, London EC1M 6BF
Tel: 020 7490 7300
Fax: 020 7490 0080
inquiries@duckworth-publishers.co.uk
www.ducknet.co.uk

First published in 1965 by the Syndics of the Cambridge University Press
Introduction, Text & Notes © 1965, 1992 by Cambridge UniversityPress
Bibliography & Vocabulary © 1992 by Gerald Duckworth & Co. Ltd

A catalogue record for this book is available
from the British Library

ISBN 1 85399 319 0

Printed and bound in Great Britain by
Antony Rowe Ltd, Eastbourne

TURGENEV
FATHERS AND SONS

INTRODUCTION

TURGENEV

Ivan Sergeyevich Turgenev was born at Orël on 28 October 1818, and most of his childhood was spent on his mother's vast estate (Spasskoye), in that province. His father, an ex-cavalry officer of an ancient but impoverished family, had mended the family fortunes by marrying an heiress who was considerably his senior and devoted to him.

Turgenev's mother was a woman of some culture. She admired in particular the literature of the French Classical age and its pale reflection in eigteenth-century Russian writers. She acted as hostess to some of the leading writers of her time; the poet Zhukovsky and the popular novelist Zagoskin were frequent and welcome guests in her home. At the same time she controlled her household with a rod of iron and treated both her serfs and her son with cruelty and brutality. The veneer of European refinement clashed harshly with the barbaric despotism of the serf-owner, and this contrast left a life-long impression on Turgenev. Until her death in 1850, she held her son by the purse-strings, alternately spoiling and tyrannizing him. Moreover her character was unstable and hysterical; some of her letters to him when he was abroad resemble more the tone and language of a jealous, abandoned mistress than those of a mother. At times they are almost pathological.

The education received by Turgenev at home was characteristic of his age and station in life and consisted principally of foreign languages learnt from hired foreign *uchitelya* of varying degrees of ineptitude (one of them was a saddler by trade). A more efficacious formative influence of these early years was his intimate contact with the children of the household serfs over whom he 'ruled' like a little tsar.

For his formal instruction Turgenev was sent to Moscow and studied first (1827) at a private *pension* and subsequently (1833—4) at the University of Moscow in the Faculty of Letters. Although he remained at the University for only one year it provided him with material and impressions for some of his most vivid writing, including parts of the novels *Rudin* and *Dvoryanskoe Gnezdo* and the short story *Hamlet Shchigrovskogo Uyezda*. In them he succesfully evokes the Moscow University of the 1830's with its animated philosophic *kruzhki* and heady intellectual ferment, the cradle of the nineteenth-century Russian enlightenment and the breeding ground of those noble if ineffective *lishnie lyudi* whose chronicler Turgenev was to be.

In 1834 Turgenev's mother moved house to St Petersburg. Her son accompanied her and transferred to the University there, whence he emerged with the degree of *kandidat* in 1837. More important, during these years he established his first literary connections; he gained the patronage of the professor-cum-publisher Pletnëv, made the acquaintance of Gogol' and, on one occasion, caught a fleeting glimpse of Pushkin himself. Whilst at the University Turgenev began writing, chiefly verse in the Romantic spirit. Although his reputation is primarily based on his work as a novelist — and a 'realistic' novelist, with his finger on the pulse of his age, at that — he began and ended his literary career as a poet. The thread of lyricism, the poetic vision, the creation of a strange etherial atmosphere can be traced from *Parasha* (1843) and before, to his *Poems in Prose* (1879—83), and is never wholly absent even in his most 'civic' novels.

In 1837 we find Turgenev at the University of Berlin where he acquired his respect for the European liberal ideal and for progress. Here he became intimate with those two leaders of the Russian 'westernizers' (*zapadniki*, occidentalists) Stankevich and Granovsky, and was imbued with the spirit of Hegelian idealism. Of this period he says in his *Memoirs*: 'I plunged headfirst into the German Ocean which was to purify and regenerate me and when I finally emerged from its waves I was a *zapadnik* and have remained one ever since'. From this time dates Turgenev's role as a semi-expatriate. Henceforth he was to be as much at home in the watering-places and capitals of Western Europe as on his own estate in Orël — perhaps even more at home.

Fame and an established position in Russian letters came dramatically to Turgenev with the serial publication in 1847 of the first of the *Zapiski Okhotnika*. This collection of short stories and 'physiological portraits', as they were commonly called, of peasant types and individuals, against an ever-present background of the Russian countryside and Russian manners was taken up by the liberals and radicals as a manifesto (by implication) against serfdom. The reading of it by the Tsar-Liberator, Alexander II, is said to have influenced him in arriving at his decision to proceed with the emancipation of the serfs in 1861. Turgenev found himself famous overnight, and, much to his mother's chagrin, irrevocably embarked upon a literary career. She would have preferred him to make his way in the world in some branch of the public service, and strongly disapproved of his chosen avocation, especially his association with recalcitrant *déclassés*. The final blow was delivered to their exacerbated relationship by the life-long attachment which Turgenev formed at about this time to the famous Spanish singer Pauline Garcia (the wife of Louis Viardot). This ambiguous *ménage à trois* in which Turgenev participated provided him with a *foyer* and refuge where he could escape from the stresses of his public and literary life. His friendship with Louis Viardot was valuable in that through him he gained access to the foremost French literary circles. In the course of his life he was to number among his friends George Sand, Prosper Mérimée, Flaubert, Daudet, to name only the most remarkable. They in turn were to consider him the authentic voice of Russia — hitherto 'mute' — and to recognize in him their equal and, in certain respects, their master.

Zapiski Okhotnika appeared in book form in 1852. The censor who had passed them for publication was obliged to leave the service. At the same time Turgenev wrote an obituary notice on Gogol' couched in such terms of adulation for the former idol of the liberals that its author was arrested and banished to his estate. Political martyrdom set the seal on Turgenev's position at the head of Russian letters. On the flood-tide of reformist enthusiasm which characterized Russia in the 1850's Turgenev gained an unparalleled authority with his succession of novels — *Rudin* (1856), *Dvoryanskoe Gnezdo* (1859), *Nakanune* (1860) — which, together with their 'satellite' short stories on analogous themes, seemed to grasp the mood of the times and crystallize its problems as the works of no other author had succeeded in doing.

The publication of *Ottsy i Deti* in 1862 was the highwater mark of his fame and the turning point of his popularity. For the next twenty years he was looked upon as a sort of elder statesman of letters. The circle of his readers both in Russia and abroad continued to widen, but the *avantgarde*, 'the younger generation', no longer looked upon him as a teacher and leader. He was accused of losing touch with Russian actuality, of having written himself out. This impression appeared to be confirmed by the appearance of *Dym* (1867) and *Nov'* (1877). Whereas in fact the reverse is true. These two novels are imbued with the same pessimism, the same fatalism, the same detached ironical view of human endeavour that had characterized so much of Turgenev's earlier work; there is little evidence of any serious diminution of his creative gift.

The last years of Turgenev's life were spent in Paris, with brief visits to his native country. One of the last of these — to the Pushkin celebrations of 1881 — was a personal triumph. In a disillusioned age he was everywhere hailed as a 'living relic' of a heroic past. As he himself said he had made his peace with the younger generation which had rejected him twenty years previously. The immense prestige which Turgenev now enjoyed throughout Europe and the honours which were showered upon his head contrast strangely with the intimate despair which rarely left him during these latter years, and which finds such admirable expression in his *Senilia* or *Poems in Prose*, the last work to be published in his lifetime.

He died at Bougival near Paris in 1883.

FATHERS & SONS

On the 30th of July (O. S.) 1861, Turgenev made the following entry in his diary: 'An hour and a half ago I at last finished my novel.... I wonder how it will be received. I expect that the *Sovremennik* will abuse me because of Bazarov — and will not believe that all the time I was writing I felt an involuntary attraction for him'.

The *Sovremennik* (*The Contemporary Review*) was the organ of the extreme left wing of the Russian intelligentsia, and at this time its policy was dictated by Chernyshevski and Dobrolyubov. Initially these two critics had been welcomed as a fresh source of energy and action by the liberal movement of which Turgenev was an enthusiastic supporter. However, when their frankly revolutionary designs became apparent, a rupture ensued, and, after 1862, they and their party (Dobrolyubov died in 1861) were to fall amongst the first victims of the reaction which followed the promulgation of the Edict of Emancipation (1861).

Turgenev had provoked the *Sovremennik* by offering *On the Eve* to their rival Katkov for publication in his *Russkii Vestnik*, though in this novel he strove to show that he was well-disposed to the 'younger generation'. Dobrolyubov's review entitled *When will the real day come*?, accompanied by personal abuse of Turgenev in his satirical sheet *Svistok*, led to a formal break, duly announced to the public and attributed to 'ideological dissensions'.

In later years Turgenev denied having set out to attack the younger generation and its subversive theories in *Fathers and Sons*; in particular he denied having Dobrolyubov in mind when creating the character of Bazarov. Nevertheless he was labouring under a feeling of exasperation and indignation towards Dobrolyubov during the composition of the novel. In any case, the sombre and alarming figure of Dobrolyubov was sufficiently characteristic and original to inspire an author who always 'sought out the man behind the ideas'.

The exposure of the extremist younger generation was, then, the intellectual germ of the character of Bazarov. But Turgenev tells us that he did not see the work whole until the death of Bazarov was revealed to him. This was the second decisive 'moment' in the genesis of *Fathers and Sons*. For a defeated rebel Turgenev was able to feel a sympathy which he must have denied to a triumphant revolutionary. Hence the 'involuntary attraction' of which he speaks; he finds himself admiring the unhappy Bazarov whilst not concealing his reprobation for his ideas. That is why contemporary readers saw in the novel — depending on their own views — both a panegyric of the younger generation and a tissue of calumnies directed against it. The apparent change in the attitude of the author to his hero was first noted by Pisarev (who welcomed in Bazarov a positive ideal type for his age to imitate). In his article *Bazarov* he points out that the self-assured revolutionary predominates as far as chapter xix, but gives way to the despairing rebel after his rejection by Odintsova, and it is at this point that Bazarov becomes sympathetic to Turgenev who 'allows himself to be carried away by his hero'.

The controversial nature of *Fathers and Sons* was evident even before publication. Katkov said that Turgenev had 'placed the radical on a pedestal' whereas the Tyutchevs thought the novel so antiliberal that it might have unpleasant consequences for its author. As a result of this Turgenev devoted the winter of 1861—2 to retouching it in an attempt to guard against attacks both from the right and left — and left the door wide open for two contradictory views of Bazarov.

Bazarov by his very complexity stands out from the other characters. Intellectually like Dobrolyubov, he is a revolutionary *déclassé* (*raznochinets*) of the late 1850's; by his exceptional character he transcends his age and becomes the individual at war with society, the despairing rebel who denies all, including the possibility of revolution. It was his total negation which captured the imagination of his contemporaries, fascinated as they were by the new label with which Turgenev provided it — 'nihilism'.

The word 'nihilist' was first used by the critic Nadezhdin in 1829, in the sense of 'an ignorant, unprincipled man'. In 1858 Dobrolyubov employed it to mean 'sceptic'. Applied by the moderates and men of the right to the revolutionary democrats it was virtually a term of personal abuse, 'men who believe in nothing'. In essence the 'nihilism' of Bazarov is an elementary empiricism, a refusal to accept any authority but that of experience. This entailed not only the dethroning of principles but the destruction of all accepted social institutions—a complete *tabula rasa*. 'Bazarovism' had a future. Its importance in Russian history should not be underestimated. It was an influence which conditioned the milieu which it purported to portray. Through 'bazarovism' the younger generation were made aware of themselves, and their evolution was in part determined by it. Turgenev lived to see, with distress, Bazarov's intellectual nihilism give place to political nihilism (Karakozov in 1866, and the assassination of Alexander II in 1881). The 'social' literature of the 1860's offers many examples of the impact of 'bazarovism'. Extremists and moderates, from Chernyshevski to Dostoyevski, offered their solution to the 'problems' raised. For Chernyshevski (*Chto delat?*, 1864) the rebel becomes a saintly, dedicated revolutionary; for Leskov and many others he becomes a mere criminal; Dostoyevski's Raskolnikov alone stands as the true descendant of Bazarov on the moral and metaphysical planes as distinct from the political and social.

Turgenev endowed Bazarov with features that he admired but which were singularly lacking in his own make-up: energy, will and dedication to an idea. The 'idea' provided an inner unity and driving force comparable with the patriotism of the hero of *On the Eve*: but it is not maintained in all its strength and domination. Insarov subordinates and 'uses' Helen's love for the liberation of his country; Bazarov is rejected by Odintsova and henceforth this driving force loses all power over him. The expression of his very ideas becomes a mere function of his frustrated and impotent pride, and he finds himself governed in his actions by the impulse of the moment (accepts the duel, returns to Odintsova). He is outside society, alone and abandoned. Ordinary mortals feel uncomfortable in his presence. Death catches him unawares and he is bound to admit defeat; 'just try and deny Death', he says, 'it is she who denies you'. He arrives at the conclusion that Russia had no more need of him, the nihilist, than she had of the liberal idealists of the 1840's. The were all *lishnie lyudi*—superfluous men. The moral grandeur of Bazarov's death does not obliterate the fact that he was defeated in society.

Turgenev rightly defended himself against the charge of over-drawing *both* generations. Only the episodic and minor characters can be termed caricatures; the petty bureaucrats of the town, the absurd 'emancipated woman' Kukshina, the ludicrous 'progressive' Sitnikov. The older generation is painted fairly and 'in the round. In vain did Turgenev say that the novel was aimed against the nobility as the leading class, that he shared all of Bazarov's views except his views on art and that he only gave a fair and balanced picture of the 'Fathers' in order to make the moral triumph of the 'Sons' more resounding. Nikolay Kirsanov has the sympathy of the reader throughout and, what is more, resembles Turgenev himself 'like a brother', and even though Paul Kirsanov with his affectations and aristocratic prejudices is occasionally absurd, his 'westernism', his faith in liberalism, in civilization, in art and in progress are the very ideas which Turgenev clung to all his life.

If in the heat of the controversy provoked by the novel Turgenev conveniently forgot his original intention of pillorying the revolutionary democrats, to remember only the 'involuntary attraction' he felt for his hero, this in itself speaks for his integrity as an artist. The radicals were anything but grateful to him for this. The cries of 'treason' and the accusation of being out of sympathy with the aspirations of youth increased instead of abating. The publication of *Dym* (1867) reopened old wounds. But Turgenev had withdrawn from the field. From the vantage point of his self-imposed exile at Baden-Baden he observed the ideological and political struggles which rent the fatherland. His new-found enthusiasm for the sombre Schopenhauer filled him with misgivings for the future of the human race where folly and violence alone seemed to triumph.

In this brief note I have tried to bring out the topical relevance of *Fathers and Sons*. But *Fathers and Sons* is a great novel, and long after the contemporary problems, which seemed so important to its author and first readers, have receded into the background, it retains its universal significance. Received when it appeared in Russia as a pamphleteer's contribution to the bitter polemics of the age, it has since been admired by men of different ages and nationalities who were entirely unacquainted with the circumstances of its publication. Perhaps the key to this universal appeal lies in its restatement of two eternal problems. Throughout the novel Turgenev hints that the clash of the generations is inherent in human nature and human society; it repeats itself infinitely and each time in a new form and with fresh emphasis. It is only resolved when, as in the case of Arkady, permanent human requirements assert themselves. Then the apparently irreconcilable ideas of the fathers and the sons sink into insignificance by comparison with their identity of character and temperament. The second problem is presented by Bazarov. The survival, still more the triumph, of this uncompromising individualist would require society to adapt *itself* to him. By dint of his superior intellectual and moral strength Bazarov towers above his fellows; but he exercises this strength in an emotional vacuum. When he comes face to face with an irreducible human situation to which he must either adapt himself or succumb — which, like death itself, is impervious to negation — his strength deserts him. The personality of Bazarov depended so much on an idea, that when this failed its first real test his personality lost its *raison d'être* and its ultimate annihilation became inevitable. The conclusion of the novel points its moral; happiness for those who are able to accept life; defeat, but with the hope of final reconciliation, for those who reject it.

The text of the present edition is based on the OGIZ edition of 1948 (pub. Moscow-Leningrad). Stresses have been added for the benefit of students. In cases of doubtful stress my authority has been Ushakov's *Tolkovy Slovar' Russkogo Yazyka* (Moscow, 1935—40, 4 vols.). Where Ushakov permits alternative stresses and modern Russian usage varies I must accept responsibility for the final choice.

The notes are not intended primarily for the very elementary student; they presuppose a knowledge of Russian grammar and a vocabulary, adequate for effective use to be made of an ordinary Russian-English dictionary. But difficult idioms and allusions have been explained as far space permitted. In the preparation of the notes I have had constant recourse to the abovementioned dictionary of Ushakov, to Dal"s great Dictionary and to the

Entsiklopedicheski Slovar' (pub. Efron and Brockhaus). I have also utilized the few but highly illuminating notes to M. K. Kleman's edition of the novel (Moscow, 1936). In writing this introduction I was particularly indebted to Dr Henri Granjard's erudite and definitive study *Ivan Tourguenev et les Courants politiques et sociaux de son temps* (Paris, 1954).

E. R. SANDS

CAMBRIDGE
10 August 1954

Advantage has been taken of the need for a second edition to revise the text thoroughly, to correct as necessary misprints and accents and to add substantially to the notes. The fact that the type has been entirely reset has made it possible to insert references to the notes within the text, thus, it is hoped, increasing the book's usefulness to students. The introduction remains unchanged.

The edition of the novel published under the auspices of the Akademiya Nauk (Полное Собрание Сочинений и Писем И. С. Тургенева. Vol. VIII) was received in Spring 1965 — too late to be utilised except for minor textual emendations.

E. R. S.

CAMBRIDGE
1965

BIBLIOGRAPHY

Berlin, Isaiah, *Russian Thinkers*, London, 1978 (reprinted Pelican paperback).

Feuer, Kathryn, '*Fathers and Sons*: Fathers and Children', in John Garrard (editor), *The Russian Novel from Pushkin to Pasternak*, New Haven, 1983, pp. 67-80.

Freeborn, Richard, *Turgenev: The Novelist's Novelist*, Oxford, 1960 (reprinted Westport, Ct, 1978).

——— 'Bazarov as a Portrayal of the Doomed Revolutionary', *New Zealand Slavonic Journal*, 1983, pp. 71-84.

Granjard, Henri, *Ivan Tourguénev et les Courants politiques et sociaux de son temps*, Paris, 1954.

Knowles, A.V., *Ivan Turgenev*, Boston, 1988.

Lowe, David, *Turgenev's 'Fathers and Sons'*, Ann Arbor, 1983.

Nabokov, Vladimir, *Lectures on Russian Literature*, London, 1982 (reprinted Picador paperback).

Ripp, Victor, *Turgenev's Russia; from 'Notes of a Hunter' to 'Fathers and Sons'*, Ithaca, 1980.

Schapiro, Leonard *Turgenev: His Life and Times*, Cambridge, Mass., 1978.

Seeley, F.F., *Turgenev: A Reading of his Fiction*, Cambridge, 1991.

Turgenev's Literary Reminiscences and Autobiographical Fragments, translated by David Magarshack, New York, 1958 (reprinted Faber paperback, 1984).

Waddington, Patrick, *Turgenev and England*, London, 1980.

——— 'Turgenev's Sketches for *Ottsy i deti*', *New Zealand Slavonic Journal*, 1984, pp. 33-76.

Woodward, James, 'Aut Caesar aut nihil: The "War of the Wills" in Turgenev's *Ottsy i deti*', *Slavonic and East European Review*, 64, 1986, pp. 161-88.

——— *Metaphysical Conflict: A Study of the Major Novels of Ivan Turgenev*, Munich, 1990.

Yarmolinsky, Avrahm, *Turgenev: The Man, His Art and His Age*, New York, 1961 (reprinted 1977).

И. С. ТУРГЕ́НЕВ

ОТЦЫ́
и
ДЕ́ТИ

I

— Что, Пётр? Не видать[2] ещё? — спрашивал 20-го мая 1859 года, выходя без шапки на низкое крылечко постоялого двора на *** шоссе, барин лет сорока с небольшим, в запылённом пальто и клетчатых панталонах, у своего слуги, молодого и щекастого малого с беловатым пухом на подбородке и маленькими тусклыми глазёнками.

Слуга, в котором всё: и бирюзовая серёжка в ухе, и напомаженные, разноцветные волосы, и учтивые телодвижения, словом, всё изобличало человека новейшего, усовершенствованного поколения, посмотрел снисходительно вдоль дороги и ответствовал: «Никак нет-с[3], не видать».

— Не видать? — повторил барин.

— Не видать, — вторично ответствовал слуга.

Барин вздохнул и присел на скамеечку. Познакомим с ним читателя, пока он сидит, подогнувши под себя ножки и задумчиво поглядывая кругом.

Зовут его Николаем Петровичем Кирсановым. У него в пятнадцати вёрстах[4] от постоялого дворика хорошее имение в двести душ[5], или, — как он выражается с тех пор, как размежевался с крестьянами и завёл «ферму», — в две тысячи десятин[6] земли. Отец его, боевой генерал 1812[7] года, полуграмотный, грубый, но не злой русский человек, всю жизнь свою тянул лямку[8], командовал сперва бригадой, потом дивизией, и постоянно жил в провинции, где в силу своего чина играл довольно значительную роль. Николай Петрович родился на юге России, подобно старшему своему брату Павлу, о котором речь впереди, и воспитывался до четырнадцатилетнего возраста дома, окружённый дешёвыми гувернёрами, развязными, но подобострастными адъютантами и прочими полковыми и штабными личностями. Родительница его, из фамилии Колязиных, в девицах [9] Agathe, а в генеральшах Агафоклея Кузьминишна Кирсанова, принадлежала к числу «матушек-командирш», носила пышные чепцы и шумные шёлковые платья, в церкви подходила первая ко кресту, говорила громко и много, допускала детей утром к ручке, на ночь их благословляла, — словом, жила в своё удовольствие. В качестве генеральского сына Николай Петрович — хотя не только не отличался храбростью, но даже заслужил прозвище трусишки — должен был, подобно брату Павлу, поступить в военную службу; но он переломил себе ногу в самый тот день, когда уже прибыло известие об его определении, и, пролежав два месяца в постели, на всю жизнь остался «хроменьким». Отец махнул на него рукой и пустил его по штатской. Он повёз его в Петербург, как только ему минул восемнадцатый год, и поместил его в университет. Кстати, брат его о ту пору вышел офицером в гвардейский полк. Молодые люди стали жить вдвоём на одной квартире под отдалённым надзором двоюродного дяди [10] с материнской стороны, Ильи Колязина, важного чиновника. Отец их вернулся к своей дивизии и к своей супруге, и лишь изредка присылал сыновьям большие четвертушки серой бумаги, испещрённые размашистым писарским почерком. На конце этих четвертушек красовались, старательно окружённые «выкрутасами» [11], слова: «Пиотр Кирсаноф [12], генерал-маиор». В 1835 году Николай Петрович вышел из университета кандидатом [13], и в том же году генерал Кирсанов, уволенный в отставку за неудачный смотр, приехал в Петербург с женою на житьё. Он нанял было дом [14] у Таврического сада [15] и записался в Английский клуб [16], но внезапно умер от удара. Агафоклея Кузьминишна скоро за ним последовала: она не могла привыкнуть к глухой столичной жизни; тоска отставного существования её загрызла. Между тем, Николай Петрович успел, ещё при жизни родителей и к немалому их огорчению, влюбиться в дочку чиновника Преполовенского, бывшего хозяина его квартиры, миловидную и, как говорится, развитую [17] девицу: она в журналах читала серьёзные статьи в отделе «Наук». Он женился на ней, как только минул срок траура, и, по-

кинув министе́рство уде́лов[18], куда́ по проте́кции[19] оте́ц
его́ записа́л, блаже́нствовал со свое́ю Ма́шей сперва́ на
да́че о́коло Лесно́го институ́та[20], пото́м в го́роде, в ма́-
ленькой и хоро́шенькой кварти́ре, с чи́стою ле́стницей и хо-
лоднова́тою гости́ной; наконе́ц — в дере́вне, где он посе-
ли́лся оконча́тельно и где у него́ в ско́ром вре́мени роди́л-
ся сын, Арка́дий. Супру́ги жи́ли о́чень хорошо́ и ти́хо: они́
почти́ никогда́ не расстава́лись, чита́ли вме́сте, игра́ли
в четы́ре руки́ на фортепья́но, пе́ли дуэ́ты; она́ сажа́ла цве-
ты́ и наблюда́ла за пти́чным дворо́м, он и́зредка е́здил на
охо́ту и занима́лся хозя́йством, а Арка́дий рос да рос —
то́же хорошо́ и ти́хо. Де́сять лет прошло́, как сон. В 47-м
году́ жена́ Кирса́нова сконча́лась. Он едва́ вы́нес э́тот уда́р,
поседе́л в не́сколько неде́ль; собра́лся было за грани́цу,
чтобы хотя́ немно́го рассе́яться... но тут наста́л 48-й год[21].
Он понево́ле верну́лся в дере́вню и по́сле дово́льно про-
должи́тельного безде́йствия за́нялся хозя́йственными пре-
образова́ниями. В 55-м году́ он повёз сы́на в университе́т;
про́жил с ним три зимы́ в Петербу́рге, почти́ никуда́ не
выходя́ и стара́ясь заводи́ть знако́мства с молоды́ми то-
ва́рищами Арка́дия. На после́днюю зи́му он прие́хать не
мог, — и вот, мы ви́дим его́ в ма́е ме́сяце 1859 го́да, уже́
совсе́м седо́го, пу́хленького и немно́го сго́рбленного: он
ждёт сы́на, получи́вшего, как не́когда он сам, зва́ние кан-
дида́та.

Слуга́, из чу́вства прили́чия, а мо́жет быть, и не жела́я
оста́ться под ба́рским гла́зом, зашёл под воро́та и закури́л
тру́бку. Никола́й Петро́вич пони́к голово́й и на́чал гляде́ть
на ве́тхие ступе́ньки крыле́чка: кру́пный, пёстрый цыплёнок степе́нно расха́живал по ним, кре́пко стуча́ свои́ми
больши́ми жёлтыми нога́ми; запа́чканная ко́шка недру-
желю́бно посма́тривала на него́, жема́нно прикорну́в на
пери́ла. Со́лнце пекло́; из полутёмных сене́й постоя́лого
дво́рика несло́ за́пахом тёплого ржано́го хле́ба[22]. Замеч-
та́лся наш Никола́й Петро́вич. «Сын... кандида́т... Арка́-
ша...» беспреста́нно верте́лось у него́ в голове́; он пы-
та́лся ду́мать о чём-нибудь друго́м, и опя́ть возвраща́-
лись те же мы́сли. Вспо́мнилась ему́ поко́йница-жена́...
«Не дождала́сь!» шепну́л он уны́ло... То́лстый си́зый
го́лубь прилете́л на доро́гу и поспе́шно отпра́вился пить
в лу́жицу во́зле коло́дца. Никола́й Петро́вич стал гляде́ть на
него́, а у́хо его́ уже́ лови́ло стук приближа́ющихся колёс...

— Ника́к[23] они́ е́дут-с, — доложи́л слуга́, вы́нырнув из-под воро́т.

Никола́й Петро́вич вскочи́л и устреми́л глаза́ вдоль доро́ги. Показа́лся таранта́с[24], запряжённый тро́йкой ямски́х лошаде́й; в таранта́се мелькну́л око́лыш студе́нческой фура́жки[25], знако́мый о́черк дорого́го лица́...

— Арка́ша! Арка́ша! — закрича́л Кирса́нов, и побежа́л, и замаха́л рука́ми... Не́сколько мгнове́ний спустя́ его́ гу́бы уже́ прильну́ли к безборо́дой, запылённой и загоре́лой щеке́ молодо́го кандида́та.

II

— Дай же отряхну́ться, папа́ша, — говори́л не́сколько си́плым от доро́ги, но зво́нким ю́ношеским го́лосом Арка́дий, ве́село отвеча́я на отцо́вские ла́ски: — я тебя́ всего́ запа́чкаю.

— Ничего́, ничего́, — тверди́л, умилённо улыба́ясь, Никола́й Петро́вич и ра́за два уда́рил руко́ю по воротнику́ сыно́вней шине́ли и по со́бственному пальто́. — Покажи́-ка[1] себя́, покажи́-ка, — приба́вил он, отодви́гаясь, и то́тчас же пошёл торопли́выми шага́ми к постоя́лому двору́, пригова́ривая: «Вот сюда́, сюда́, да лошаде́й поскоре́е».

Никола́й Петро́вич каза́лся гора́здо встрево́женнее своего́ сы́на; он сло́вно потеря́лся немно́го, сло́вно робе́л. Арка́дий останови́л его́.

— Папа́ша, — сказа́л он, — позво́ль познако́мить тебя́ с мои́м до́брым прия́телем, База́ровым, о кото́ром я тебе́ так ча́сто писа́л. Он так любе́зен, что согласи́лся погости́ть у нас.

Никола́й Петро́вич бы́стро оберну́лся и, подойдя́ к челове́ку высо́кого ро́ста в дли́нном балахо́не[2] с кистя́ми, то́лько что вы́лезшему из таранта́са, кре́пко сти́снул его́ обнажённую, кра́сную ру́ку, кото́рую тот не сра́зу ему́ по́дал.

— Душе́вно рад, — на́чал он: — и благода́рен за до́брое наме́рение посети́ть нас; наде́юсь... позво́льте узна́ть ва́ше и́мя и о́тчество?

— Евге́ний Васи́льев[3], — отвеча́л База́ров лени́вым, но му́жественным го́лосом и, отверну́в воротни́к балахо́на,

показа́л Никола́ю Петро́вичу всё своё лицо́. Дли́нное и ху-
до́е, с широ́ким лбом, кве́рху пло́ским, кни́зу заострённым
но́сом, больши́ми зеленова́тыми глаза́ми и вися́чими бакен-
ба́рдами песо́чного цве́та, оно́ оживля́лось споко́йной улы́б-
кою и выража́ло самоуве́ренность и ум.

— Наде́юсь, любе́знейший Евге́ний Васи́льич, что
вы не соску́читесь у нас, — продолжа́л Никола́й Петро́-
вич.

Тóнкие гу́бы База́рова чуть тро́нулись; но он ничего́
не отвеча́л и то́лько приподня́л фура́жку. Его́ тёмно-бе-
локу́рые во́лосы, дли́нные и густы́е, не скрыва́ли кру́пных
вы́пуклостей [4] просто́рного че́репа.

— Так как же, Арка́дий, — заговори́л опя́ть Никола́й
Петро́вич, обора́чиваясь к сы́ну: — сейча́с закла́дывать ло-
шаде́й, что ли? Или вы отдохну́ть хоти́те?

— До́ма отдохнём, папа́ша; вели́ закла́дывать.

— Сейча́с, сейча́с, — подхвати́л оте́ц. — Эй, Пётр, слы́-
шишь? Распоряди́сь, бра́тец, поживе́е.

Пётр, кото́рый в ка́честве усоверше́нствованного слуги́
не подошёл к ру́чке [5] ба́рича, а то́лько и́здали поклони́лся
ему́, сно́ва скры́лся под воро́тами.

— Я здесь с коля́ской [6], но и для твоего́ таранта́са есть
тро́йка, — хлопотли́во говори́л Никола́й Петро́вич, ме́жду
тем как Арка́дий пил во́ду из желе́зного ко́вшика, прине-
сённого хозя́йкой постоя́лого двора́, а База́ров закури́л
тру́бку и подошёл к ямщику́, отпряга́вшему лошаде́й: —
то́лько коля́ска двухме́стная, и вот я не зна́ю, как твой
прия́тель...

— Он в таранта́се пое́дет, — переби́л вполго́лоса Арка́-
дий. — Ты с ним, пожа́луйста, не церемо́нься. Он чуде́сный
ма́лый, тако́й просто́й — ты уви́дишь.

Ку́чер Никола́я Петро́вича вы́вел лошаде́й.

— Ну, повора́чивайся, толстоборо́дый! — обрати́лся
База́ров к ямщику́.

— Слышь, Митю́ха, — подхвати́л друго́й, тут же
стоя́щий ямщи́к с рука́ми, засу́нутыми в за́дние проре́хи
тулу́па: — ба́рин-то тебя́ как прозва́л? Толстоборо́дый
и есть.

Митю́ха то́лько ша́пкой тряхну́л и потащи́л во́жжи с по́т-
ной коренно́й [7].

— Живе́й, живе́й, ребя́та, подсобля́йте [8], — воскли́кнул
Никола́й Петро́вич: — на во́дку бу́дет! [9]

В несколько минут лошади были заложены; отец с сыном поместились в коляске; Пётр взобрался на козлы; Базаров вскочил в тарантас, уткнулся головой в кожаную подушку, — и оба экипажа покатили.

III

— Так вот как, наконец ты кандидат и домой приехал, — говорил Николай Петрович, потрогивая Аркадия то по плечу, то по колену. — Наконец!

— А что дядя?[1] Здоров? — спросил Аркадий, которому, несмотря на искреннюю, почти детскую радость, его наполнявшую, хотелось поскорее перевести разговор с настроения взволнованного на обыденное.

— Здоров. Он хотел было выехать со мной к тебе навстречу, да почему-то[2] раздумал.

— А ты долго меня ждал? — спросил Аркадий.

— Да часов около пяти.

— Добрый папаша!

Аркадий живо повернулся к отцу и звонко поцеловал его в щеку. Николай Петрович тихонько засмеялся.

— Какую я тебе славную лошадь приготовил! — начал он: — ты увидишь. И комната твоя оклеена обоями.

— А для Базарова комната есть?

— Найдётся и для него.

— Пожалуйста, папаша, приласкай его. Я не могу тебе выразить, до какой степени я дорожу его дружбой.

— Ты недавно с ним познакомился?

— Недавно.

— То-то[3] прошлою зимой я его не видал. Он чем занимается?

— Главный предмет его — естественные науки. Да он всё знает. Он в будущем году хочет держать на доктора[4].

— А! Он по медицинскому факультету, — заметил Николай Петрович и помолчал. — Пётр, — прибавил он и протянул руку, — это, никак, наши мужики едут?

Пётр глянул в сторону, куда указывал барин. Несколько телег, запряжённых разнузданными лошадьми, шибко катились по узкому просёлку. В каждой телеге сидело по одному, много по два[5] мужика в тулупах нараспашку.

— Куда́ э́то они́ е́дут, в го́род, что ли?

— То́чно так-с, — промо́лвил Пётр.

— Полага́ть на́до, что в го́род. В каба́к, — приба́вил он презри́тельно и слегка́ наклони́лся к ку́черу, как бы ссыла́ясь на него́. Но тот да́же не пошевельну́лся: э́то был челове́к ста́рого зака́ла[6], не разделя́вший нове́йших воззре́ний.

— Хло́поты у меня́ больши́е с мужика́ми в ны́нешнем году́, — продолжа́л Никола́й Петро́вич, обраща́ясь к сы́ну. — Не пла́тят обро́ка[7]. Что́ ты бу́дешь де́лать?

— А свои́ми наёмными рабо́тниками ты дово́лен?

— Да, — процеди́л сквозь зу́бы Никола́й Петро́вич. — Подбива́ют[8] их, вот что беда́; ну, и настоя́щего стара́ния всё ещё не́ту. Сбру́ю по́ртят. Паха́ли, впро́чем, ничего́. Переме́лется — мука́ бу́дет[9]. Да ра́зве тебя́ тепе́рь хозя́йство занима́ет?

— Те́ни нет у вас, вот что го́ре, — заме́тил Арка́дий. не отвеча́я на после́дний вопро́с.

— Я с се́верной стороны́ над балко́ном большу́ю марки́зу * приде́лал, — промо́лвил Никола́й Петро́вич: — тепе́рь и обе́дать мо́жно на во́здухе.

— Что́-то на да́чу бо́льно похо́же бу́дет... а впро́чем, э́то всё пустяки́. Како́й зато́ здесь во́здух! Как сла́вно па́хнет! Пра́во, мне ка́жется, нигде́ в ми́ре так не па́хнет, как в зде́шних края́х! Да и не́бо здесь...

Арка́дий вдруг останови́лся, бро́сил ко́свенный взгляд наза́д и умо́лк.

— Коне́чно, — заме́тил Никола́й Петро́вич: — ты здесь роди́лся, тебе́ всё должно́ каза́ться здесь чём-то осо́бенным...

— Ну, папа́ша, э́то всё равно́, где бы челове́к ни роди́лся.

— Одна́ко...

— Нет, э́то соверше́нно всё равно́.

Никола́й Петро́вич посмотре́л сбо́ку на сы́на, и коля́ска прое́хала с полверсты́[10], пре́жде чем разгово́р возобнови́лся ме́жду ни́ми.

— Не по́мню, писа́л ли я тебе́, — на́чал Никола́й Петро́вич: — твоя́ бы́вшая ня́нюшка, Его́ровна, сконча́лась.

— Неуже́ли? Бе́дная стару́ха! А Проко́фьич[11] жив?

---

* Здесь — холщёвый и́ли полотня́ный наве́с для защи́ты от со́лнца.

— Жив и нисколько не изменился. Все так же брюзжит. Вообще ты больших перемен в Марьине не найдёшь.

— Приказчик у тебя всё тот же?

— Вот разве что приказчика я сменил. Я решился не держать больше у себя вольноотпущенных[12], бывших дворовых, или, по крайней мере, не поручать им никаких должностей, где есть ответственность. (Аркадий указал глазами на Петра.) Il est libre, en effet, — заметил вполголоса Николай Петрович: — но ведь он — камердинер[13]. Теперь у меня приказчик из мещан[14]; кажется, дельный малый. Я ему назначил двести пятьдесят рублей в год. Впрочем, — прибавил Николай Петрович, потирая лоб и брови рукою, что у него всегда служило признаком внутреннего смущения: — я тебе сейчас сказал, что ты не найдёшь перемен в Марьине... Это не совсем справедливо. Я считаю своим долгом предварить тебя, хотя...

Он запнулся на мгновенье и продолжал уже по-французски.

— Строгий моралист найдёт мою откровенность неуместною, но, во-первых, это скрыть нельзя, а во-вторых, тебе известно, у меня всегда были особенные принципы насчёт отношений отца к сыну. Впрочем, ты, конечно, будешь вправе осудить меня. В мои лета... Словом, эта... эта девушка, про которую ты, вероятно, уже слышал...

— Феничка? — развязно спросил Аркадий.

Николай Петрович покраснел.

— Не называй её, пожалуйста, громко... Ну, да... она теперь живёт у меня. Я её поместил в доме... там были две небольшие комнатки. Впрочем, это всё можно переменить.

— Помилуй, папаша, зачем?

— Твой приятель у нас гостить будет... неловко...

— Насчёт Базарова ты, пожалуйста, не беспокойся. Он выше всего этого.

— Ну, ты, наконец, — проговорил Николай Петрович. — Флигелёк-то плох — вот беда![15]

— Помилуй, папаша, — подхватил Аркадий: — ты как будто извиняешься; как тебе не совестно?

— Конечно, мне должно быть совестно, — отвечал Николай Петрович, всё более и более краснея.

— Полно, папаша, полно, сделай одолжение! — Аркадий ласково улыбнулся. «В чём извиняется!» — подумал он про себя, и чувство снисходительной нежности к доброму и мягкому отцу, смешанное с ощущением какого-то тайного превосходства, наполнило его душу. — Перестань, пожалуйста, — повторил он ещё раз, невольно наслаждаясь сознанием собственной развитости и свободы.

Николай Петрович глянул на него из-под пальцев руки, которою он продолжал тереть себе лоб, и что-то кольнуло его в сердце... Но он тут же обвинил себя.

— Вот это уж наши поля пошли, — проговорил он после долгого молчания.

— А это впереди, кажется, наш лес? — спросил Аркадий.

— Да, наш. Только я его продал. В нынешнем году его сводить [16] будут.

— Зачем ты его продал?

— Деньги были нужны; притом же эта земля отходит к мужикам.

— Которые тебе оброка не платят?

— Это уж их дело; а впрочем, — будут же они когда-нибудь платить.

— Жаль леса, — заметил Аркадий и стал глядеть кругом.

Места, по которым они проезжали, не могли назваться живописными. Поля, всё поля тянулись вплоть до самого небосклона, то слегка вздымаясь, то опускаясь снова; кое-где виднелись небольшие леса и, усеянные редким и низким кустарником, вились овраги, напоминая глазу их собственное изображение на старинных планах екатерининского времени. Попадались и речки с обрытыми [17] берегами, и крошечные пруды с худыми плотинами, и деревеньки с низкими избёнками под тёмными, часто до половины размётанными крышами, и покривившиеся молотильные сарайчики с плетёнными из хвороста стенами и зевающими воротищами возле опустелых гумён, и церкви, то кирпичные, с отвалившеюся кое-где штукатуркой, то деревянные с наклонившимися крестами и разорёнными кладбищами. Сердце Аркадия понемногу сжималось. Как нарочно, мужички встречались всё обтёрханные, на плохих клячонках; как нищие в лохмотьях, стояли придорожные ракиты с ободранною корой и обломанными ветвями; исхудалые, шершавые, словно обглоданные [18], коро́вы жа́дно щипа́ли траву́ по кана́вам. Каза́лось, они́ то́лько что вы́рвались из чьи́х-то гро́зных, смертоно́сных когте́й — и, вы́званный жа́лким ви́дом обесси́ленных живо́тных, среди́ весе́ннего кра́сного дня, встава́л бе́лый при́зрак безотра́дной, бесконе́чной зимы́ с её мете́лями, моро́зами и снега́ми... «Нет, — поду́мал Арка́дий, — не бога́тый край э́тот, не поража́ет он ни дово́льством, ни трудолю́бием; нельзя́, нельзя́ ему́ так оста́ться, преобразова́ния необходи́мы... но как их испо́лнить, как приступи́ть?..»

Так размышля́л Арка́дий... а пока́ он размышля́л, весна́ брала́ своё. Всё круго́м золоти́сто зелене́ло, всё широко́ и мя́гко волнова́лось и лосни́лось под ти́хим дыха́нием тёплого ветерка́, всё — дере́вья, кусты́, и тра́вы; повсю́ду несконча́емыми зво́нкими стру́йками залива́лись жа́воронки; чи́бисы то крича́ли, вия́сь над ни́зменными луга́ми, то мо́лча перебега́ли по ко́чкам; краси́во черне́я в не́жной зе́лени ещё ни́зких яровы́х хлебо́в [19], гуля́ли грачи́; они́ пропада́ли во ржи, уже́ слегка́ побеле́вшей; лишь и́зредка выка́зывались их го́ловы в ды́мчатых её волна́х. Арка́дий гляде́л, гляде́л, и, понемно́гу ослабева́я, исчеза́ли его́ размышле́ния... Он сбро́сил с себя́ шине́ль, и так ве́село, таки́м моло́деньким ма́льчиком посмотре́л на отца́, что тот опя́ть его́ обня́л.

— Тепе́рь уж недалеко́, — заме́тил Никола́й Петро́вич: — вот сто́ит то́лько на э́ту го́рку подня́ться, и дом бу́дет ви́ден. Мы заживём с тобо́й насла́ву [20], Арка́ша; ты мне помога́ть бу́дешь по хозя́йству, е́сли то́лько э́то тебе́ не наску́чит. Нам на́добно тепе́рь те́сно сойти́сь друг с дру́гом, узна́ть друг дру́га хороше́нько, не пра́вда ли?

— Коне́чно, — промо́лвил Арка́дий: — но что за чу́дный день сего́дня!

— Для твоего́ прие́зда, душа́ моя́. Да, весна́ в по́лном бле́ске. А впро́чем, я согла́сен с Пу́шкиным — по́мнишь, в Евге́нии Оне́гине:

> Как гру́стно мне твоё явле́нье,
> Весна́, весна́, пора́ любви́!
> Како́е... [21]

— Арка́дий! — разда́лся из таранта́са го́лос База́рова: — пришли́ мне спи́чку, не́чем тру́бку раскури́ть.

Никола́й Петро́вич умо́лк, а Арка́дий, кото́рый на́чал бы́ло слу́шать его́ не без не́которого изумле́ния, но и не без сочу́вствия, поспеши́л доста́ть из карма́на сере́бряную коро́бочку со спи́чками и посла́л её База́рову с Петро́м.

— Хо́чешь сига́рку? — закрича́л опя́ть База́ров.

— Дава́й, — отвеча́л Арка́дий.

Пётр верну́лся к коля́ске и вручи́л ему́ вме́сте с коро́бочкой то́лстую чёрную сига́рку, кото́рую Арка́дий неме́дленно закури́л, распространя́я вокру́г себя́ тако́й кре́пкий и ки́слый за́пах заматере́лого²² табаку́, что Никола́й Петро́вич, о́троду не кури́вший, повено́ле, хотя́ незаме́тно, что́бы не оби́деть сы́на, отвора́чивал нос.

Че́тверть часа́ спустя́ о́ба экипа́жа останови́лись пе́ред крыльцо́м но́вого деревя́нного до́ма, вы́крашенного се́рою кра́ской и покры́того желе́зною кра́сною кры́шей. Э́то и бы́ло Ма́рьино, Но́вая Слобо́дка²³ тож, и́ли, по крестья́нскому наименова́нью, Бобы́лий-Ху́тор²⁴.

IV

Толпа́ дворо́вых не высы́пала¹ на крыльцо́ встреча́ть госпо́д; показа́лась всего́ одна́ де́вочка лет двена́дцати, а вслед за ней вы́шел и́з дому молодо́й па́рень, о́чень похо́жий на Петра́, оде́тый в се́рую ливре́йную ку́ртку с бе́лыми ге́рбовыми пу́говицами, слуга́ Па́вла Петро́вича Кирса́нова. Он мо́лча отвори́л две́рцу коля́ски и отстегну́л фа́ртук таранта́са. Никола́й Петро́вич с сы́ном и с База́ровым отпра́вились че́рез тёмную и почти́ пусту́ю за́лу, из-за две́ри кото́рой мелькну́ло молодо́е же́нское лицо́, в гости́ную, у́бранную уже́ в нове́йшем вку́се.

— Вот мы и до́ма, — промо́лвил Никола́й Петро́вич, снима́я карту́з и встря́хивая волоса́ми. — Гла́вное, на́до тепе́рь поу́жинать и отдохну́ть.

— Пое́сть, действи́тельно, не ху́до, — заме́тил потя́гиваясь База́ров и опусти́лся на дива́н.

— Да, да, у́жинать дава́йте, у́жинать поскоре́е. — Никола́й Петро́вич безо вся́кой ви́димой причи́ны пото́пал нога́ми. — Вот кста́ти и Проко́фьич.

Вошёл челове́к лет шести́десяти, беловоло́сый, худо́й и сму́глый, в кори́чневом фра́ке с ме́дными пу́говицами и в ро́зовом плато́чке на ше́е. Он оскла́бился, подошёл к ру́чке² к Арка́дию и, поклони́вшись го́стю, отступи́л к две́ри и положи́л ру́ки за́ спину.

— Вот он, Прокофьич, — начал Николай Петрович: — приехал к нам наконец... что? как ты его находишь?

— В лучшем виде-с, — проговорил старик и осклабился опять, но тотчас же нахмурил свои густые брови. — На стол накрывать прикажете? — проговорил он внушительно.

— Да, да, пожалуйста. Но не пройдёте ли вы сперва в вашу комнату, Евгений Васильич?

— Нет, благодарствуйте, незачем. Прикажите только чемоданишко[3] мой туда стащить, да вот эту одёженку, — прибавил он, снимая с себя свой балахон.

— Очень хорошо. Прокофьич, возьми же их шинель. (Прокофьич, как бы с недоумением, взял обеими руками базаровскую «одёженку» и, высоко подняв её над головою, удалился на цыпочках.) А ты, Аркадий, пойдёшь к себе на минутку?

— Да, надо почиститься, — отвечал Аркадий и направился было к дверям, но в это мгновение вошёл в гостиную человек среднего роста, одетый в тёмный английский *сьют*, модный низенький галстук и лаковые полусапожки, Павел Петрович Кирсанов. На вид ему было лет сорок пять: его коротко остриженные седые волосы отливали тёмным блеском, как новое серебро; лицо его, жёлчное, но без морщин, необыкновенно правильное и чистое, словно выведенное тонким и лёгким резцом, являло следы красоты замечательной; особенно хороши были светлые, чёрные, продолговатые глаза. Весь облик Аркадиева дяди, изящный и породистый, сохранил юношескую стройность и то стремление вверх, прочь от земли, которое большею частью исчезает после двадцатых годов.

Павел Петрович вынул из кармана панталон свою красивую руку с длинными розовыми ногтями, руку, казавшуюся ещё красивей от снежной белизны рукавчика, застёгнутого одиноким крупным опалом, и подал её племяннику. Совершив предварительно европейское «shake hands»[4], он три раза, по-русски, поцеловался с ним, то есть три раза прикоснулся своими душистыми усами до его щёк, и проговорил:

— Добро пожаловать[5].

Николай Петрович представил его Базарову: Павел Петрович слегка наклонил свой гибкий стан и слегка улыбну́лся, но руки́ не по́дал и да́же положи́л её обра́тно в карма́н.

— Я уже́ ду́мал, что вы не прие́дете сего́дня, — заговори́л он прия́тным го́лосом, любе́зно пока́чиваясь, подёргивая плеча́ми и пока́зывая прекра́сные бе́лые зу́бы. — Ра́зве что на доро́ге случи́лось?

— Ничего́ не случи́лось, — отвеча́л Арка́дий: — так, заме́шкались немно́го. Зато́ мы тепе́рь го́лодны, как во́лки. Поторопи́ Проко́фьича, папа́ша, а я сейча́с верну́сь.

— Посто́й, я с тобо́й пойду́! — воскли́кнул База́ров, внеза́пно порыва́ясь с дива́на. О́ба молоды́е челове́ка вы́шли.

— Кто сей?⁶ — спроси́л Па́вел Петро́вич.

— Прия́тель Арка́ши, о́чень, по его́ слова́м, у́мный челове́к.

— Он у нас гости́ть бу́дет?

— Да.

— Э́тот волоса́тый?

— Ну да.

Па́вел Петро́вич постуча́л но́гтями по столу́.

— Я нахожу́, что Арка́дий s'est dégourdi, — заме́тил он. — Я рад его́ возвраще́нию.

За у́жином разгова́ривали ма́ло. Осо́бенно База́ров почти́ ничего́ не говори́л, но ел мно́го. Никола́й Петро́вич расска́зывал ра́зные слу́чаи из свое́й, как он выража́лся, фе́рмерской жи́зни, толкова́л о предстоя́щих правительственных ме́рах⁷, о комите́тах, о депута́тах, о необходи́мости заводи́ть маши́ны и т. д. Па́вел Петро́вич ме́дленно поха́живал взад и вперёд по столо́вой (он никогда́ не у́жинал), и́зредка отхлёбывая из рю́мки, напо́лненной кра́сным вино́м, и ещё ре́же произнося́ како́е-нибудь замеча́ние и́ли скоре́е восклица́ние, вро́де «а! эге́! гм!» Арка́дий сообщи́л не́сколько петербу́ргских новосте́й, но он ощуща́л небольшу́ю нело́вкость, ту нело́вкость, кото́рая обыкнове́нно овладе́вает молоды́м челове́ком, когда́ он то́лько что переста́л быть ребёнком и возврати́лся в ме́сто, где привы́кли ви́деть и счита́ть его́ ребёнком. Он без нужды́ растя́гивал свою́ речь, избега́л сло́ва «папа́ша» и да́же раз замени́л его́ сло́вом «оте́ц», произнесённым, пра́вда, сквозь зу́бы; с изли́шнею развя́зностью нали́л себе́ в стака́н гора́здо бо́льше вина́, чем самому́ хоте́лось, и вы́пил всё вино́. Проко́фьич не спуска́л с него́ глаз и то́лько губа́ми пожёвывал. По́сле у́жина все то́тчас разошли́сь.

— А чудакова́т у тебя́ дя́дя, — говори́л Арка́дию Ба-
за́ров, си́дя в хала́те во́зле его́ посте́ли и наса́сывая коро́т-
кую тру́бочку. — Щего́льство́ како́е в дере́вне, поду́маешь!
Но́гти-то, но́гти, хоть на вы́ставку посыла́й!

— Да ведь ты не зна́ешь, — отве́тил Арка́дий: — ведь
он льво́м был[8] в своё вре́мя. Я когда́-нибудь расскажу́
тебе́ его́ исто́рию. Ведь он краса́вцем был, го́лову кружи́л
же́нщинам.

— Да, вот что! По ста́рой, зна́чит, па́мяти. Пленя́ть-то
здесь, жаль, не́кого. Я всё смотре́л: э́такие у него́ удиви́-
тельные воротнички́, то́чно ка́менные, и подборо́док так
аккура́тно вы́брит. Арка́дий Никола́ич, ведь э́то смешно́?

— Пожа́луй; то́лько он, пра́во, хоро́ший челове́к.

— Архаи́ческое явле́ние! А оте́ц у тебя́ сла́вный ма́-
лый. Стихи́ он напра́сно чита́ет, и в хозя́йстве вряд ли смы́-
слит, но он добря́к.

— Оте́ц у меня́ золото́й челове́к.

— Заме́тил ли ты́, что он робе́ет?

Арка́дий качну́л голово́ю, как бу́дто он сам не робе́л.

— Удиви́тельное де́ло, — продолжа́л База́ров: — э́ти
ста́ренькие рома́нтики! Разовью́т в себе́ не́рвную систе́му
до раздраже́ния... ну, равнове́сие и нару́шено. Одна́ко
проща́й! В мое́й ко́мнате англи́йский рукомо́йник, а дверь
не запира́ется. Всё-таки э́то поощря́ть на́до — англи́йские
рукомо́йники, то есть прогре́сс!

База́ров ушёл, а Арка́дием овладе́ло ра́достное чу́в-
ство. Сла́дко засыпа́ть в роди́мом до́ме, на знако́мой по-
сте́ли, под одея́лом, над кото́рым труди́лись люби́мые
ру́ки, быть мо́жет, ру́ки ня́нюшки, те ла́сковые, до́брые
и неутоми́мые ру́ки. Арка́дий вспо́мнил Его́ровну, и вздох-
ну́л, и пожела́л ей ца́рствия небе́сного... О себе́ он не мо-
ли́лся.

И он и База́ров засну́ли ско́ро, но други́е ли́ца в до́ме
до́лго ещё не спа́ли. Возвраще́ние сы́на взволнова́ло Ни-
кола́я Петро́вича. Он лёг в посте́ль, но не загаси́л све́чки
и, подпёрши руко́ю го́лову, ду́мал до́лгие ду́мы. Брат
его́ сиде́л далеко́ за по́лночь в своём кабине́те, на широ́-
ком га́мбсовом кре́сле[9], пе́ред ками́ном, в кото́ром сла́бо
тлел ка́менный у́голь. Па́вел Петро́вич не разде́лся, то́ль-
ко кита́йские кра́сные ту́фли без задко́в[10] смени́ли на его́
нога́х ла́ковые полусапо́жки. Он держа́л в рука́х после́д-
ний ну́мер *Galignani*[11], но он не чита́л; он гляде́л при-

стально в камин, где, то замирая, то вспыхивая, вздрагивало голубоватое пламя... Бог знает, где бродили его мысли, но не в одном только прошедшем бродили они: выражение его лица было сосредоточено и угрюмо, чего не бывает, когда человек занят одними воспоминаниями. А в маленькой задней комнатке, на большом сундуке, сидела, в голубой душегрейке и с наброшенным белым платком на тёмных волосах, молодая женщина, Феничка, и то прислушивалась, то дремала, то посматривала на растворенную [12] дверь, из-за которой виднелась детская кроватка и слышалось ровное дыхание спящего ребёнка.

V

На другое утро Базаров раньше всех проснулся и вышел из дома. «Эге, — подумал он, посмотрев кругом, — местечко-то неказисто» [1]. Когда Николай Петрович размежевался с своими крестьянами, ему пришлось отвести под новую усадьбу десятины четыре совершенно ровного и голого поля. Он построил дом, службы и ферму, разбил сад, выкопал пруд и два колодца, но молодые деревца плохо принимались, в пруде воды набралось очень мало, и колодцы оказались солонковатого вкуса. Одна только беседка из сиреней и акаций порядочно разрослась; в ней иногда пили чай и обедали. Базаров в несколько минут обегал все дорожки сада, зашёл на скотный двор, на конюшню, отыскал двух дворовых мальчишек, с которыми тотчас свёл знакомство, и отправился с ними в небольшое болотце, с версту [2] от усадьбы, за лягушками.

— На что тебе [3] лягушки, барин? — спросил его один из мальчиков.

— А вот на что, — отвечал ему Базаров, который владел особенным уменьем возбуждать к себе доверие в людях низших, хотя он никогда не потакал им и обходился с ними небрежно: — я лягушку распластаю да посмотрю, что у неё там внутри делается; а так как мы с тобой те же лягушки, только что на ногах ходим, я и буду знать, что и у нас внутри делается.

— Да на что тебе это?

— А чтобы не ошибиться, если ты занеможешь и мне тебя лечить придётся.

— Ра́зве ты до́хтур?[4]

— Да.

— Ва́ська, слы́шь, ба́рин говори́т, что мы с тобо́й те же лягу́шки. Чудно́!

— Я их бою́сь, лягу́шек-то, — заме́тил Ва́ська, ма́льчик лет семи́, с бе́лою, как лён, голово́ю, в се́ром казаки́не[5] с стоя́чим воротнико́м, и босо́й.

— Чего́ боя́ться? ра́зве они́ куса́ются?

— Ну, полеза́йте в во́ду, фило́софы, — промо́лвил База́ров.

Ме́жду тем, Никола́й Петро́вич то́же проснулся и отпра́вился к Арка́дию, кото́рого заста́л оде́тым. Оте́ц и сын вы́шли на терра́су под наве́с марки́зы; во́зле пери́л, на столе́, ме́жду больши́ми буке́тами сире́ни, уже́ кипе́л самова́р. Яви́лась де́вочка, та са́мая, кото́рая накану́не пе́рвая встре́тила прие́зжих на крыльце́, и то́нким го́лосом проговори́ла:

— Федо́сья Никола́вна не совсе́м здоро́вы, прийти́ не мо́гут; приказа́ли вас спроси́ть, вам сами́м уго́дно разли́ть чай и́ли присла́ть Дуня́шу?

— Я сам разолью́, сам, — поспе́шно подхвати́л Никола́й Петро́вич. — Ты, Арка́дий, с чем пьёшь чай, со сли́вками и́ли с лимо́ном?

— Со сли́вками, — отвеча́л Арка́дий и, помолча́в немно́го, вопроси́тельно произнёс: — Папа́ша?

Никола́й Петро́вич с замеша́тельством посмотре́л на сы́на.

— Что? — промо́лвил он.

Арка́дий опусти́л глаза́.

— Извини́, папа́ша, е́сли мой вопро́с тебе́ пока́жется неуме́стным, — на́чал он, — но ты сам, вчера́шнею свое́ю открове́нностью, меня́ вызыва́ешь на открове́нность… ты не рассе́рдишься?..

— Говори́.

— Ты мне даёшь сме́лость спроси́ть тебя́… Не оттого́ ли Фен… не оттого́ ли она́ не прихо́дит сюда́ чай разлива́ть, что я здесь?

Никола́й Петро́вич слегка́ отверну́лся.

— Мо́жет быть, — проговори́л он наконе́ц: — она́ предполага́ет… она́ стыди́тся…

Арка́дий бы́стро вски́нул глаза́ на отца́.

— Напра́сно ж она́ стыди́тся. Во-пе́рвых, тебе́ изве́стен мой о́браз мы́слей (Арка́дию о́чень бы́ло прия́тно произнести эти слова), а во-вторых — захочу ли я хоть на́ волос стеснять твою жизнь, твои привычки? Притом, я уверен, ты не мог сделать дурной выбор; если ты позволил ей жить с тобой под одной кровлей, стало быть, она это заслуживает: во всяком случае, сын отцу не судья, и в особенности я, и в особенности такому отцу, который, как ты, никогда и ни в чём не стеснял моей свободы.

Голос Аркадия дрожал сначала: он чувствовал себя великодушным, однако в то же время понимал, что читает нечто вроде наставления своему отцу; но звук собственных речей сильно действует на человека, и Аркадий произнёс последние слова твёрдо, даже с эффектом.

— Спасибо, Аркаша, — глухо заговорил Николай Петрович, и пальцы его опять заходили по бровям и по лбу. — Твои предположения действительно справедливы. Конечно, если б эта девушка не стоила... Это не легкомысленная прихоть. Мне неловко говорить с тобой об этом; но ты понимаешь, что ей трудно было прийти сюда, при тебе, особенно в первый день твоего приезда.

— В таком случае я сам пойду к ней, — воскликнул Аркадий с новым приливом великодушных чувств и вскочил со стула. — Я ей растолкую, что ей нечего меня стыдиться.

Николай Петрович тоже встал.

— Аркадий, — начал он, — сделай одолжение... как же можно... там... Я тебя не предварил...

Но Аркадий уже не слушал его и убежал с террасы. Николай Петрович посмотрел ему вслед и в смущенье опустился на стул. Сердце его забилось... Представилась ли ему в это мгновение неизбежная странность будущих отношений между им и сыном, сознавал ли он, что едва ли не большее бы уважение оказал ему Аркадий, если б он вовсе не касался этого дела, упрекал ли он самого себя в слабости — сказать трудно: все эти чувства были в нём, но в виде ощущений, и то неясных; а с лица не сходила краска, и сердце билось.

Послышались торопливые шаги, и Аркадий вошёл на террасу.

— Мы познакомились, отец! — воскликнул он с выражением какого-то ласкового и доброго торжества на лице. — Федосья Николаевна, точно, сегодня не совсем здоро́ва и придёт попо́зже. Но как же ты не сказа́л мне, что у меня́ есть брат? Я бы уже́ вчера́ ве́чером его́ расцело-ва́л, как я сейча́с расцелова́л его́.

Никола́й Петро́вич хоте́л что́-то вы́молвить, хоте́л под-ня́ться и раскры́ть объя́тия... Арка́дий бро́сился ему́ на ше́ю.

— Что э́то? Опя́ть обнима́етесь? — разда́лся сза́ди их го́лос Па́вла Петро́вича.

Оте́ц и сын одина́ково обра́довались появле́нию его́ в э́ту мину́ту; быва́ют положе́ния тро́гательные, из кото́-рых всё-таки хо́чется поскоре́е вы́йти.

— Чему́ ж ты удивля́ешься? — ве́село заговори́л Нико-ла́й Петро́вич. — В ко́и-то ве́ки дожда́лся[6] я Арка́-ши... Я со вчера́шнего дня и насмотре́ться на него́ не успе́л.

— Я во́все не удивля́юсь, — заме́тил Па́вел Петро́-вич: — я да́же сам не прочь с ним обня́ться.

Арка́дий подошёл к дя́де и сно́ва почу́вствовал на ще-ка́х свои́х прикоснове́ние его́ души́стых усо́в. Па́вел Пе-тро́вич присе́л к столу́. На нём был изя́щный у́тренний, в англи́йском вку́се, костю́м; на голове́ красова́лась ма́-ленькая фе́ска. Э́та фе́ска и небре́жно повя́занный га́лсту-чек намека́ли на свобо́ду дереве́нской жи́зни; но туги́е воротнички́ руба́шки, — пра́вда, не бе́лой, а пёстренькой, как оно́ и сле́дует для у́треннего туале́та, — с обы́чною неумоли́мостью упира́лись в вы́бритый подборо́док.

— Где же но́вый твой прия́тель? — спроси́л он Арка́-дия.

— Его́ до́ма нет; он обыкнове́нно встаёт ра́но и отправ-ля́ется куда́-нибудь. Гла́вное, не на́до обраща́ть на него́ внима́ния: он церемо́ний не лю́бит.

— Да, э́то заме́тно. — Па́вел Петро́вич на́чал, не то-ропя́сь, нама́зывать ма́сло на хлеб. — До́лго он у нас про-гости́т?

— Как придётся. Он зае́хал сюда́ по доро́ге к отцу́.

— А оте́ц его́ где живёт?

— В на́шей же губе́рнии, вёрст во́семьдесят отсю́да. У него́ там небольшо́е име́ньице. Он был пре́жде полковы́м до́ктором.

— Тэ-тэ-тэ-тэ... То-то я всё себя́ спра́шивал: где слы́-шал я э́ту фами́лию: База́ров?.. Никола́й, по́мнится, в ба́-тюшкиной диви́зии был ле́карь База́ров?

— Ка́жется, был.

— То́чно, то́чно. Так э́тот ле́карь его́ оте́ц. Гм! — Па́вел Петро́вич повёл уса́ми. — Ну, а сам господи́н База́ров, со́бственно, что́ тако́е? — спроси́л он с расстано́вкой.

— Что́ тако́е База́ров? — Арка́дий усмехну́лся. — Хоти́те, дя́дюшка, я вам скажу́, что́ он, со́бственно, тако́е?

— Сде́лай одолже́ние, племя́нничек.

— Он нигили́ст [7].

— Как? — спроси́л Никола́й Петро́вич, а Па́вел Петро́вич по́днял на во́здух нож с куско́м ма́сла на конце́ ле́звия и оста́лся неподви́жен.

— Он нигили́ст, — повтори́л Арка́дий.

— Нигили́ст, — проговори́л Никола́й Петро́вич. — Э́то от лати́нского *nihil*, *ничево́*, ско́лько я могу́ суди́ть; ста́ло быть, э́то сло́во означа́ет челове́ка, кото́рый... кото́рый ничего́ не признаёт?

— Скажи́: кото́рый ничего́ не уважа́ет, — подхвати́л Па́вел Петро́вич и сно́ва принялся́ за ма́сло.

— Кото́рый ко всему́ отно́сится с крити́ческой то́чки зре́ния, — заме́тил Арка́дий.

— А э́то не всё равно́? — спроси́л Па́вел Петро́вич.

— Нет, не всё равно́. Нигили́ст, э́то челове́к, кото́рый не склоня́ется ни пе́ред каки́ми авторите́тами, кото́рый не принима́ет ни одного́ при́нципа на ве́ру, каки́м бы уваже́нием ни был окружён э́тот при́нцип.

— И что́ ж, э́то хорошо́? — переби́л Па́вел Петро́вич.

— Смотря́ как кому́ [8], дя́дюшка. Ино́му от э́того хорошо́, а ино́му о́чень ду́рно.

— Вот как. Ну, э́то, я ви́жу, не по на́шей ча́сти. Мы, лю́ди ста́рого ве́ка, мы полага́ем, что без принси́пов (Па́вел Петро́вич выгова́ривал э́то сло́во мя́гко, на францу́зский мане́р, Арка́дий, напро́тив, произноси́л «пры́нцип», налега́я на пе́рвый слог), без принси́пов, при́нятых, как ты говори́шь, на ве́ру, ша́гу ступи́ть, дохну́ть нельзя́. Vous avez changé tout cela, дай вам бог здоро́вья и генера́льский чин [9], а мы то́лько любова́ться ва́ми бу́дем, господа́... как, бишь?

— Нигили́сты, — отчётливо проговори́л Арка́дий.

— Да. Пре́жде бы́ли гегели́сты [10], а тепе́рь нигили́сты. Посмо́трим, как вы бу́дете существова́ть в пустоте́, в безвозду́шном простра́нстве; а тепе́рь позвони́-ка, пожа́луйста, брат, Никола́й Петро́вич, мне пора́ пить мой кака́о [11].

Никола́й Петро́вич позвони́л и закрича́л: «Дуня́ша!» Но вме́сто Дуня́ши на терра́су вы́шла сама́ Фе́ничка. Э́то была́ молода́я же́нщина лет двадцати́ трёх, вся бе́ленькая и мя́гкая, с тёмными волоса́ми и глаза́ми, с кра́сными, де́тски-пухля́выми гу́бками и не́жными ру́чками. На ней бы́ло опря́тное си́тцевое пла́тье; голуба́я но́вая косы́нка легко́ лежа́ла на её кру́глых плеча́х. Она́ несла́ большу́ю ча́шку кака́о и, поста́вив её пе́ред Па́влом Петро́вичем, вся застыди́лась: горя́чая кровь разлила́сь а́лою волно́й под то́нкою ко́жицей её милови́дного лица́. Она́ опусти́ла глаза́ и останови́лась у стола́, слегка́ опира́ясь на са́мые ко́нчики па́льцев. Каза́лось, ей и со́вестно бы́ло, что она́ пришла́, и в то же вре́мя она́ как бу́дто чу́вствовала, что име́ла пра́во прийти́.

Па́вел Петро́вич стро́го нахму́рил бро́ви, а Никола́й Петро́вич смути́лся.

— Здра́вствуй, Фе́ничка, — проговори́л он сквозь зу́бы.

— Здра́вствуйте-с, — отве́тила она́ негро́мким, но зву́чным го́лосом и, гляну́в и́скоса на Арка́дия, кото́рый дружелю́бно ей улыба́лся, тихо́нько вы́шла. Она́ ходи́ла немно́жко вразва́лку [12], но и э́то к ней приста́ло.

На терра́се в тече́ние не́скольких мгнове́ний госпо́дствовало молча́ние. Па́вел Петро́вич похлёбывал свой кака́о и вдруг по́днял го́лову.

— Вот и господи́н нигили́ст к нам жа́лует, — промо́лвил он вполго́лоса.

Действи́тельно, по са́ду, шага́я че́рез клу́мбы, шёл База́ров. Его́ полотня́ное пальто́ и пантало́ны бы́ли запа́чканы в гря́зи; це́пкое боло́тное расте́ние обвива́ло тулью́ его́ ста́рой кру́глой шля́пы; в пра́вой руке́ он держа́л небольшо́й мешо́к; в мешке́ шевели́лось что́-то живо́е. Он бы́стро прибли́зился к терра́се и, качну́в голово́ю, промо́лвил:

— Здра́вствуйте, господа́; извини́те, что опозда́л к ча́ю; сейча́с верну́сь; на́до вот э́тих пле́нниц к ме́сту пристро́ить.

— Что э́то у вас, пия́вки? — спроси́л Па́вел Петро́вич.

— Нет, лягу́шки.

— Вы их еди́те или разво́дите?

— Для о́пытов, — равноду́шно проговори́л База́ров и ушёл в дом.

— Э́то он их ре́зать ста́нет, — заме́тил Па́вел Петро́вич. — В принси́пы не ве́рит, а в лягу́шек ве́рит.

Аркадий с сожалением посмотрел на дядю, и Николай Петрович украдкой пожал плечом. Сам Павел Петрович почувствовал, что сострил неудачно, и заговорил о хозяйстве и о новом управляющем, который накануне приходил к нему жаловаться, что работник Фома «либоширничает» и от рук отбился. «Такой уж он Езоп[13], — сказал он между прочим: — всюду протестовал себя дурным человеком; поживёт, и с глупостью отойдёт»[14].

VI

Базаров вернулся, сел за стол и начал поспешно пить чай. Оба брата молча глядели на него, а Аркадий украдкой посматривал то на отца, то на дядю.

— Вы далеко отсюда ходили? — спросил наконец Николай Петрович.

— Тут у вас болотце есть, возле осиновой рощи. Я взогнал штук пять бекасов; ты можешь убить их, Аркадий.

— А вы не охотник?

— Нет.

— Вы, собственно, физикой занимаетесь? — спросил в свою очередь Павел Петрович.

— Физикой, да; вообще естественными науками.

— Говорят, германцы, в последнее время, сильно успели по этой части.

— Да, немцы в этом наши учители[1], — небрежно отвечал Базаров.

Слово: германцы, вместо немцы, Павел Петрович употребил ради иронии, которой, однако, никто не заметил.

— Вы столь высокого мнения о немцах? — проговорил с изысканною учтивостью Павел Петрович. Он начинал чувствовать тайное раздражение. Его аристократическую натуру возмущала совершенная развязность Базарова. Этот лекарский сын не только не робел, он даже отвечал отрывисто и неохотно, и в звуке его голоса было что-то грубое, почти дерзкое.

— Тамошние учёные дельный народ.

— Так, так. Ну, а об русских учёных вы, вероятно, не имеете столь лестного понятия?

— Пожалуй, что так.

— Это о́чень похва́льное самоотверже́ние, — произнёс Па́вел Петро́вич, выпрямля́я стан и заки́дывая го́ло-
ву наза́д. — Но как же нам Арка́дий Никола́ич сейча́с ска́-
зывал, что вы не признаёте никаки́х авторите́тов? Не ве́-
рите им?

— Да заче́м же я ста́ну их признава́ть? И чему́ я бу́ду
ве́рить? Мне ска́жут де́ло, я соглаша́юсь — вот и всё.

— А не́мцы всё де́ло говоря́т? — промо́лвил Па́вел
Петро́вич, и лицо́ его при́няло тако́е безуча́стное, отдалён-
ное выраже́ние, сло́вно он весь ушёл в каку́ю-то заобла́ч-
ную высь.

— Не все, — отве́тил с коро́тким зевко́м База́ров, кото́-
рому я́вно не хоте́лось продолжа́ть словопре́ние.

Па́вел Петро́вич взгляну́л на Арка́дия, как бы жела́я
сказа́ть ему́: «Учти́в твой друг, призна́ться»[2].

— Что каса́ется до меня́, — заговори́л он опя́ть, не без
не́которого уси́лия, — я не́мцев, гре́шный челове́к, не жа́-
лую. О ру́сских не́мцах я уже́ не упомина́ю: изве́стно, что́
э́то за пти́цы. Но и неме́цкие не́мцы мне не по ну́тру[3]. Ещё
пре́жние туда́-сюда́[4]; тогда́ у них бы́ли — ну, там Ши́ллер,
что ли, Гётте... Брат, — вот им осо́бенно благоприя́т-
ствует... А тепе́рь пошли́ всё каки́е-то хи́мики да ма-
териали́сты...

— Поря́дочный хи́мик в два́дцать раз поле́знее вся́кого
поэ́та, — переби́л База́ров.

— Вот как, — промо́лвил Па́вел Петро́вич и, сло́вно
засыпа́я, чуть-чуть приподня́л бро́ви. — Вы, ста́ло быть,
иску́сства не признаёте?

— Иску́сство нажива́ть де́ньги, и́ли нет бо́лее геморро́я![5] —
воскли́кнул База́ров с презри́тельною усме́шкой.

— Так-с, так-с. Вот как вы изво́лите шути́ть. Э́то вы
всё, ста́ло быть, отверга́ете? Поло́жим. Зна́чит, вы ве́рите
в одну́ нау́ку?

— Я уже́ доложи́л вам, что ни во что́ не ве́рю; и что
тако́е нау́ка — нау́ка вообще́? Есть нау́ки, как есть ремёсла,
зва́ния; а нау́ка вообще́ не существу́ет во́все.

— О́чень хоро́ш-с. Ну, а насчёт други́х, в людско́м
быту́ при́нятых постановле́ний вы приде́рживаетесь тако́го
же отрица́тельного направле́ния?

— Что э́то, допро́с? — спроси́л База́ров.

Па́вел Петро́вич слегка́ побледне́л... Никола́й Петро́-
вич почёл до́лжным вмеша́ться в разгово́р.

— Мы когда-нибудь поподробнее побеседуем об этом предмете с вами, любезный Евгений Васильич; и ваше мнение узнаем и своё выскажем. С своей стороны я очень рад, что вы занимаетесь естественными науками. Я слышал, что Либих[6] сделал удивительные открытия насчёт удобрения полей. Вы можете мне помочь в моих агрономических работах; вы можете дать мне какой-нибудь полезный совет.

— Я к вашим услугам, Николай Петрович; но куда нам до Либиха! Сперва надо азбуке выучиться и потом уже взяться за книгу, а мы ещё аза в глаза не видали[7].

«Ну, ты, я вижу, точно нигилист», подумал Николай Петрович.

— Всё-таки позвольте прибегнуть к вам при случае, — прибавил он вслух. — А теперь нам, я полагаю, брат, пора пойти потолковать с приказчиком.

Павел Петрович поднялся со стула.

— Да, — проговорил он, ни на кого не глядя, — беда пожить этак годков пять в деревне, в отдалении от великих умов! Как раз дурак дураком[8] станешь. Ты стараешься не забыть того, чему тебя учили, а там — хвать! — оказывается, что всё это вздор, и тебе говорят, что путные люди этакими пустяками больше не занимаются и что ты, мол, отсталый колпак[9]. Что делать! Видно, молодёжь, точно, умнее нас.

Павел Петрович медленно повернулся на каблуках и медленно вышел; Николай Петрович отправился вслед за ним.

— Что, он всегда у вас такой? — хладнокровно спросил Базаров у Аркадия, как только дверь затворилась за обоими братьями.

— Послушай, Евгений, ты уже слишком резко с ним обошёлся, — заметил Аркадий. — Ты его оскорбил.

— Да, стану я их баловать, этих уездных аристократов! Ведь это всё самолюбие, львиные привычки, фатство! Ну, продолжал бы своё поприще в Петербурге, коли уж такой у него склад... А, впрочем, бог с ним совсем![10] Я нашёл довольно редкий экземляр водяного жука, Dytiscus marginatus, знаешь? Я тебе его покажу.

— Я тебе обещался рассказать его историю... — начал Аркадий.

— Историю жука?

— Ну, полно, Евгений. Историю моего дяди. Ты увидишь, что он не такой человек, каким ты его воображаешь. Он скорее сожаления достоин, чем насмешки.

— Я не спорю; да что он тебе так дался?[11]

— Надо быть справедливым, Евгений.

— Это из чего следует?

— Нет, слушай...

И Аркадий рассказал ему историю своего дяди. Читатель найдёт её в следующей главе.

VII

Павел Петрович Кирсанов воспитывался сперва дома, так же как и младший брат его, Николай, потом в пажеском корпусе[1]. Он с детства отличался замечательною красотой; к тому же он был самоуверен, немного насмешлив и как-то забавно-жёлчен — он не мог не нравиться. Он начал появляться всюду, как только вышел в офицеры. Его носили на руках[2], и он сам себя баловал, даже дурачился, даже ломался[3]; но и это к нему шло. Женщины от него с ума сходили, мужчины называли его фатом и втайне завидовали ему. Он жил, как уже сказано, на одной квартире с братом, которого любил искренно, хотя нисколько на него не походил. Николай Петрович прихрамывал, черты имел маленькие, приятные, но несколько грустные, небольшие чёрные глаза и мягкие жидкие волосы; он охотно ленился, но и читал охотно, и боялся общества. Павел Петрович ни одного вечера не проводил дома, славился смелостию и ловкостию (он ввёл было гимнастику в моду между светскою молодёжью) и прочёл всего пять, шесть французских книг. На двадцать восьмом году от роду он уже был капитаном; блестящая карьера ожидала его. Вдруг всё изменилось.

В то время в петербургском свете изредка появлялась женщина, которую не забыли до сих пор, княгиня Р. У ней был благовоспитанный и приличный, но глуповатый муж и не было детей. Она внезапно уезжала за границу, внезапно возвращалась в Россию, вообще вела странную жизнь. Она слыла за легкомысленную кокетку, с увлечением предавалась всякого рода удовольствиям, танцевала до упаду, хохотала и шутила с молодыми людьми, которых принимала перед обедом в полумраке гостиной, а по ночам плакала и молилась, не находила нигде покою, и часто до самого утра металась по комнате, тоскливо ломая руки, или сидела, вся бледная и холодная, над псалтырём. День наставал, и она снова превращалась в светскую даму, снова выезжала, смеялась, болтала и точно бросалась навстречу всему, что могло доставить ей малейшее развлечение. Она была удивительно сложена; её коса золотого цвета и тяжёлая, как золото, падала ниже колен, но красавицей её никто бы не назвал; во всём её лице только и было хорошего, что глаза, и даже не самые глаза — они были невелики и серы — но взгляд их, быстрый и глубокий, беспечный до удали и задумчивый до уныния, — загадочный взгляд. Что-то необычайное светилось в нём, даже тогда, когда язык её лепетал самые пустые речи. Одевалась она изысканно. Павел Петрович встретил её на одном бале, протанцевал с ней мазурку, в течение которой она не сказала ни одного путного слова, и влюбился в неё страстно. Привыкший к победам, он и тут скоро достиг своей цели; но лёгкость торжества не охладила его. Напротив: он ещё мучительнее, ещё крепче привязался к этой женщине, в которой даже тогда, когда она отдавалась безвозвратно, всё ещё как будто оставалось что-то заветное и недоступное, куда никто не мог проникнуть. Что гнездилось в этой душе, — бог весть! Казалось, она находилась во власти каких-то тайных, для неё самой неведомых сил; они играли ею, как хотели; её небольшой ум не мог сладить с их прихотью. Всё её поведение представляло ряд несообразностей; единственные письма, которые могли бы возбудить справедливые подозрения её мужа, она написала человеку, почти ей чужому, а любовь её отзывалась печалью; она уже не смеялась и не шутила с тем, кого избирала, и слушала его и глядела на него с недоумением. Иногда, большею частью внезапно, это недоумение переходило в холодный ужас; лицо её принимало выражение мёртвенное и дикое; она запиралась у себя в спальне, и горничная её могла слышать, припав ухом к замку, её глухие рыдания. Не раз, возвращаясь к себе домой после нежного свидания, Кирсанов чувствовал на сердце ту разрывающую и горькую досаду, которая, поднимается в сердце после окончательной неудачи. «Чего же хочу я ещё?» спрашивал он себя, а сердце все ныло. Он однажды подарил ей кольцо с вырезанным на камне сфинксом.

— Что это? — спросила она: — сфинкс?

— Да, — ответил он: — и этот сфинкс — вы.

— Я? — спросила она, и медленно подняла на него свой загадочный взгляд. — Знаете ли, что это очень лестно? — прибавила она с незначительною усмешкой, а глаза глядели всё так же странно.

Тяжело было Павлу Петровичу даже тогда, когда княгиня Р. его любила, но когда она охладела к нему, а это случилось довольно скоро, он чуть с ума не сошёл. Он терзался и ревновал, не давал ей покою, таскался за ней повсюду; ей надоело его неотвязное преследование, и она уехала за границу. Он вышел в отставку, несмотря на просьбы приятелей, на увещания начальников, и отправился вслед за княгиней; года четыре провёл он в чужих краях, то гоняясь за нею, то с намерением теряя её из виду; он стыдился самого себя, он негодовал на своё малодушие... но ничто не помогало. Её образ, этот непонятный, почти бессмысленный. но обаятельный образ слишком глубоко внедрился в его душу. В Бадене[4] он как-то опять сошёлся с нею попрежнему; казалось, никогда ещё она так страстно его не любила... но через месяц всё уже было кончено: огонь вспыхнул в последний раз и угас навсегда. Предчувствуя неизбежную разлуку, он хотел, по крайней мере, остаться её другом, как будто дружба с такою женщиной была возможна... Она тихонько выехала из Бадена, и с тех пор постоянно избегала Кирсанова. Он вернулся в Россию, попытался зажить старою жизнью, но уже не мог попасть в прежнюю колею. Как отравленный, бродил он с места на место; он ещё выезжал, он сохранил все привычки светского человека, он мог похвастаться двумя, тремя новыми победами; но он уже не ждал ничего особенного ни от себя, ни от других, и ничего не предпринимал. Он состарился, поседел; сидеть по вечерам в клубе, жёлчно скучать, равнодушно поспорить в холостом обществе стало для него потребностию — знак, как известно, плохой. О женитьбе он, разумеется, и не думал. Десять лет прошло таким образом, бесцветно, бесплодно и быстро, страшно быстро. Нигде время так не бежит, как в России; в тюрьме, говорят, оно бежит ещё скорей. Однажды, за обедом, в клубе, Павел Петрович узнал о смерти княгини Р. Она скончалась в Париже, в состоянии близком к помешательству. Он встал из-за стола и долго ходил по комнатам клуба, останавливаясь, как вкопанный, близ карточных игорков; но не вернулся домой раньше обыкновенного. Через несколько времени он получил пакет, адресованный на его имя: в нём находилось данное им княгине кольцо. Она провела по сфинксу крестообразную черту и велела ему сказать, что крест — вот разгадка.

Это случилось в начале 48-го года, в то самое время, когда Николай Петрович, лишившись жены, приезжал в Петербург. Павел Петрович почти не видался с братом с тех пор, как тот поселился в деревне: свадьба Николая Петровича совпала с самыми первыми днями знакомства Павла Петровича с княгиней. Вернувшись из-за границы, он отправился к нему с намерением погостить у него месяца два, полюбоваться его счастием, но выжил у него одну только неделю. Различие в положении обоих братьев было слишком велико. В 48-м году это различие уменьшилось: Николай Петрович потерял жену, Павел Петрович потерял свои воспоминания; после смерти княгини он старался не думать о ней. Но у Николая оставалось чувство правильно проведённой жизни, сын вырастал на его глазах; Павел, напротив, одинокий холостяк, вступал в то смутное, сумеречное время, время сожалений похожих на надежды, надежд похожих на сожаления, когда молодость прошла, а старость ещё не настала.

Это время было труднее для Павла Петровича, чем для всякого другого: потеряв своё прошедшее, он всё потерял.

— Я не зову теперь тебя в Марьино, — сказал ему однажды Николай Петрович (он назвал свою деревню этим именем в честь жены): — ты и при покойнице[5] там соскучился, а теперь ты, я думаю, там с тоски пропадёшь.

— Я был ещё глуп и суетлив тогда, — отвечал Павел Петрович: — с тех пор я угомонился, если не поумнел. Теперь, напротив, если ты позволишь, я готов навсегда у тебя поселиться.

Вместо ответа, Николай Петрович обнял его; но полтора года прошло после этого разговора, прежде чем Павел Петрович решился осуществить своё намерение. Зато, поселившись однажды в деревне, он уже не покидал её, даже и в те три зимы, которые Николай Петрович провёл в Петербурге с сыном. Он стал читать, всё больше по-английски; он вообще всю жизнь свою устроил на английский вкус, редко видался с соседями и выезжал только на выборы, где он большею частию помалчивал, лишь изредка дразня и пугая помещиков старого покроя либеральными выходками и не сближаясь с представителями нового поколения. И те и другие считали его гордецом; и те и другие его уважали за его отличные, аристократические манеры, за слухи о его победах; за то, что он прекрасно одевался и всегда останавливался в лучшем номере лучшей гостиницы; за то, что он вообще хорошо обедал, а однажды даже пообедал с Веллингтоном у Людовика-Филиппа; за то, что он всюду возил с собою настоящий серебряный несессер [6] и походную ванну [7]; за то, что от него пахло какими-то необыкновенными, удивительно «благородными» духами; за то, что он мастерски играл в вист и всегда проигрывал; наконец, его уважали также за его безукоризненную честность. Дамы находили его очаровательным меланхоликом, но он не знался с дамами... [8]

— Вот видишь ли, Евгений, — промолвил Аркадий, оканчивая свой рассказ: — как несправедливо ты судишь о дяде! Я уже не говорю о том, что он не раз выручал отца из беды, отдавал ему все свои деньги, — имение, ты, может быть, не знаешь, у них не разделено, — но он всякому рад помочь и, между прочим, всегда вступается за крестьян; правда, говоря с ними, он морщится и нюхает одеколон...

— Известное дело: нервы, — перебил Базаров.

— Может быть, только у него сердце предоброе. И он далеко не глуп. Какие он мне давал полезные советы... особенно... особенно насчёт отношений к женщинам.

— Ага! На своём молоке обжёгся, на чужую воду дует [9]. Знаем мы это!

— Ну, словом, — продолжал Аркадий: — он глубоко несчастлив, поверь мне; презирать его — грешно.

— Да кто его презирает? — возразил Базаров. — А я всё-таки скажу, что человек, который всю свою жизнь поставил на карту женской любви, и когда ему эту карту убили, раскис[10] и опустился до того, что ни на что не стал способен, этакой человек — не мужчина, не самец. Ты говоришь, что он несчастлив: тебе лучше знать; но дурь из него не вся вышла. Я уверен, что он не шутя воображает себя дельным человеком, потому что читает Галиньяшку[11] и раз в месяц избавит мужика от экзекуции[12].

— Да вспомни его воспитание, время, в котором он жил, — заметил Аркадий.

— Воспитание? — подхватил Базаров. — Всякий человек сам себя воспитать должен, — ну, хоть как я, например... А что касается до времени, отчего я от него зависеть буду? Пускай же лучше оно зависит от меня. Нет, брат, это всё распущенность, пустота! И что за таинственные отношения между мужчиной и женщиной? Мы, физиологи, знаем, какие это отношения. Ты проштудируй-ка анатомию глаза: откуда тут взяться, как ты говоришь, загадочному взгляду? Это всё романтизм, чепуха, гниль, художество. Пойдём лучше смотреть жука.

И оба приятеля отправились в комнату Базарова, в которой уже успел установиться какой-то медицинско-хирургический запах, смешанный с запахом дешёвого табаку.

VIII

Павел Петрович недолго присутствовал при беседе брата с управляющим, высоким и худым человеком с сладким чахоточным голосом и плутовскими глазами, который на все замечания Николая Петровича отвечал: «Помилуйте-с, известное дело-с», и старался представить мужиков пьяницами и ворами. Недавно заведённое на новый лад хозяйство скрипело, как немазаное колесо, трещало, как домоделанная мебель из сырого[1] дерева. Николай Петрович не унывал, но частенько вздыхал и задумывался: он чувствовал, что без денег дело не пойдёт, а деньги у него почти все перевелись[2]. Аркадий сказал правду: Павел Петрович не раз помогал своему брату; не раз, видя, как он бился и ломал себе голову, придумывая, как бы извернуться[3], Павел Петрович медленно подходил к окну и, засунув руки в карманы, бормотал сквозь зубы: «Mais je puis vous donner de l'argent», и давал ему денег; но в этот день у него самого ничего не было, и он предпочёл удалиться. Хозяйственные дрязги наводили на него тоску; притом ему постоянно казалось, что Николай Петрович, несмотря на всё свое рвение и трудолюбие, не так принимается за дело, как бы следовало; хотя указать, в чём собственно ошибается Николай Петрович, он не сумел бы. «Брат не довольно практичен, — рассуждал он сам с собою: — его обманывают». Николай Петрович, напротив, был высокого мнения о практичности Павла Петровича и всегда спрашивал его совета. «Я человек мягкий, слабый, век свой провёл в глуши, — говаривал он, — а ты не даром так много жил с людьми, ты их хорошо знаешь: у тебя орлиный взгляд». Павел Петрович в ответ на эти слова только отворачивался, но не разуверял брата.

Оставив Николая Петровича в кабинете, он отправился по коридору, отделявшему переднюю часть дома от задней, и, поравнявшись с низенькою дверью, остановился в раздумьи, подёргал себе усы и постучался в неё.

— Кто там? Войдите, — раздался голос Фенички.

— Это я, — проговорил Павел Петрович и отворил дверь.

Феничка вскочила со стула, на котором она уселась со своим ребёнком, и, передав его на руки девушки, которая тотчас же вынесла его вон из комнаты, торопливо поправила свою косынку.

— Извините, если я помешал, — начал Павел Петрович, не глядя на неё: — мне хотелось только попросить вас... сегодня, кажется, в город посылают... велите купить для меня зелёного чаю.

— Слушаю-с, — отвечала Феничка. — Сколько прикажете купить?

— Да полфунта довольно будет, я полагаю. А у вас здесь, я вижу, перемена, — прибавил он, бросив вокруг быстрый взгляд, который скользнул и по лицу Фенички. — Занавески вот, — промолвил он, видя, что она его не понимает.

— Да-с, занавески; Николай Петрович нам их пожаловал; да уж они давно повешены.

— Да и я у вас давно́ не́ был. Тепе́рь у вас здесь о́чень хорошо́.

— По ми́лости Никола́я Петро́вича, — шепну́ла Фе́ничка.

— Вам здесь лу́чше, чем в пре́жнем флигельке́? — спроси́л Па́вел Петро́вич ве́жливо, но без мале́йшей улы́бки.

— Коне́чно, лу́чше-с.

— Кого́ тепе́рь на ва́ше ме́сто помести́ли?

— Тепе́рь там пра́чки.

— А!

Па́вел Петро́вич умо́лк. «Тепе́рь уйдёт», — ду́мала Фе́ничка; но он не уходи́л, и она́ стоя́ла пе́ред ним, как вко́панная, сла́бо перебира́я па́льцами.

— Отчего́ вы веле́ли ва́шего ма́ленького вы́нести? — заговори́л наконе́ц Па́вел Петро́вич. — Я люблю́ дете́й: покажи́те-ка мне его́.

Фе́ничка вся покрасне́ла от смуще́ния и от ра́дости. Она́ боя́лась Па́вла Петро́вича: он почти́ никогда́ не говори́л с ней.

— Дуня́ша, — кли́кнула она́, — принеси́те Ми́тю (Фе́ничка всем в до́ме говори́ла *вы*). А не то погоди́те; на́до ему́ пла́тьице наде́ть. Фе́ничка напра́вилась к две́ри.

— Да́ всё равно́, — заме́тил Па́вел Петро́вич.

— Я сейча́с, — отве́тила Фе́ничка и прово́рно вы́шла.

Па́вел Петро́вич оста́лся оди́н и на э́тот раз с осо́бенным внима́нием огляну́лся круго́м. Небольша́я, ни́зенькая ко́мнатка, в кото́рой он находи́лся, была́ о́чень чиста́ и ую́тна. В ней па́хло неда́вно вы́крашенным по́лом, рома́шкой и мели́ссой[4]. Вдоль стен стоя́ли сту́лья с задка́ми в ви́де лир; они́ бы́ли ку́плены ещё поко́йником генера́лом в По́льше, во вре́мя похо́да; в одно́м углу́ возвыша́лась крова́тка под кисе́йным по́логом, ря́дом с ко́ваным сундуко́м[5] с кру́глою кры́шкой. В противополо́жном углу́ горе́ла лампа́дка[6] пе́ред больши́м тёмным о́бразом Никола́я Чудотво́рца[7], кро́шечное фарфо́ровое яи́чко на кра́сной ле́нте висе́ло на груди́ свято́го, прице́пленное к сия́нию[8], на о́кнах ба́нки с прошлого́дним варе́ньем, тща́тельно завя́занные, сквози́ли зелёным све́том; на бума́жных их кры́шках сама́ Фе́ничка написа́ла кру́пными бу́квами: «кружо́вник»[9]; Никола́й Петро́вич люби́л осо́бенно это варенье. Под потолком, на длинном шнурке, висела клетка с короткохвостым чижом; он беспрестанно чирикал и прыгал, и клетка беспрестанно качалась и дрожала; конопляные зёрна с лёгким стуком падали на пол. В простенке, над небольшим комодом, висели довольно плохие фотографические портреты Николая Петровича в разных положениях, сделанные заезжим художником[10]; тут же висела фотография самой Фенички, совершенно не удавшаяся: какое-то безглазое лицо напряжённо улыбалось в тёмной рамочке, — больше ничего нельзя было разобрать; а над Феничкой — Ермолов[11], в бурке[12], грозно хмурился на отдалённые Кавказские горы, из-под шёлкового башмачка для булавок, падавшего ему на самый лоб.

Прошло минут пять, в соседней комнате слышался шелест и шопот. Павел Петрович взял с комода замасленную[13] книгу, разрозненный том[14] *Стрельцов* Масальского[15], перевернул несколько страниц... Дверь отворилась, и вошла Феничка с Митей на руках. Она надела на него красную рубашечку с галуном на вороте, причесала его волосики и утёрла лицо; он дышал тяжело, порывался всем телом и подёргивал ручонками, как это делают все здоровые дети; но щегольская рубашечка, видимо, на него подействовала: выражение удовольствия отражалось на всей его пухлой фигурке. Феничка и свои волосы привела в порядок, и косынку надела получше; но она могла бы остаться, как была. И в самом деле, есть ли на свете что-нибудь пленительнее молодой красивой матери с здоровым ребёнком на руках?

— Экой бутуз, — снисходительно проговорил Павел Петрович и пощекотал двойной подбородок Мити концом длинного ногтя на указательном пальце; ребёнок уставился на чижа и засмеялся.

— Это дядя, — промолвила Феничка, склоняя к нему своё лицо и слегка его встряхивая, между тем как Дуняша тихонько ставила на окно зажжённую курительную свечку, подложивши под неё грош.

— Сколько, бишь, ему месяцев? — спросил Павел Петрович.

— Шесть месяцев; скоро вот седьмой пойдёт, одиннадцатого числа.

— Не восьмой ли, Федосья Николавна? — не без робости вмешалась Дуняша.

— Нет, седьмой; как можно! — Ребёнок опять засмеялся, уставился на сундук и вдруг схватил свою мать всею пятернёй за нос и за губы. — Баловник, — проговорила Фёничка, не отодвигая лица от его пальцев.

— Он похож на брата, — заметил Павел Петрович.

«На кого ж ему и походить?» подумала Фёничка.

— Да, — продолжал, как бы говоря с самим собой, Павел Петрович, — несомнённое сходство. — Он внимательно, почти печально посмотрел Фёничку.

— Это дядя, — повторила она, уже шёпотом.

— А! Павел! вот где ты! — раздался вдруг голос Николая Петровича.

Павел Петрович торопливо обернулся и нахмурился; но брат его так радостно, с такою благодарностью глядел на него, что он не мог не ответить ему улыбкой.

— Славный у тебя мальчуган, — промолвил он и посмотрел на часы, — а я завернул сюда насчёт чаю.

И, приняв равнодушное выражение, Павел Петрович тотчас же вышел вон из комнаты.

— Сам собой зашёл? — спросил Фёничку Николай Петрович.

— Сами-с; постучались и вошли.

— Ну, а Аркаша больше у тебя не был?

— Не был. Не перейти ли мне во флигель, Николай Петрович?

— Это зачем?

— Я думаю, не лучше ли будет на первое время.

— Н... нет, — произнёс с запинкой Николай Петрович и потёр себе лоб. — Надо было прежде... Здравствуй, пузырь, — проговорил он с внезапным оживлением и, приблизившись к ребёнку, поцеловал его в щёку; потом он нагнулся немного и приложил губы к Фёничкиной руке, белёвшей, как молоко, на красной рубашечке Мити.

— Николай Петрович! что вы это? — пролепетала она и опустила глаза, потом тихонько подняла их... Прелестно было выражение её глаз, когда она глядела как бы исподлобья, да посмеивалась ласково и немножко глупо.

Николай Петрович познакомился с Фёничкой следующим образом. Однажды, года три тому назад, ему пришлось ночевать на постоялом дворе в отдалённом уездном городе. Его приятно поразила чистота отведённой ему комнаты, свежесть постельного белья. «Уж не немка ли здесь хозяйка?» — пришло ему на мысль; но хозяйкой оказалась русская, женщина лет пятидесяти, опрятно одетая, с благообразным умным лицом и степенною речью. Он разговаривал с ней за чаем; очень она ему понравилась. Николай Петрович в то время только что переселился в новую свою усадьбу и, не желая держать при себе крепостных людей, искал наёмных; хозяйка, с своей стороны, жаловалась на малое число проезжающих в городе, на тяжёлые времена; он предложил ей поступить к нему в дом, в качестве экономки; она согласилась. Муж у ней давно умер, оставив ей одну только дочь, Феничку. Недели через две Арина Савишна (так звали новую экономку) прибыла вместе с дочерью в Марьино и поселилась во флигельке. Выбор Николая Петровича оказался удачным. Арина завела порядок в доме. О Феничке, которой тогда минул уже семнадцатый год, никто не говорил, и редкий её видел: она жила тихонько, скромненько, и только по воскресеньям Николай Петрович замечал в приходской церкви, где-нибудь в сторонке, тонкий профиль её беленького лица. Так прошло более года.

В одно утро Арина явилась к нему в кабинет и, по обыкновению, низко поклонившись, спросила его, не может ли он помочь её дочке, которой искра из печки попала в глаз. Николай Петрович, как все домоседы, занимался лечением и даже выписал гомеопатическую аптечку[16]. Он тотчас велел Арине привести больную. Узнав, что барин её зовёт, Феничка очень перетрусилась, однако пошла за матерью. Николай Петрович подвёл её к окну и взял её обеими руками за голову. Рассмотрев хорошенько её покрасневший и воспалённый глаз, он прописал ей примочку, которую тут же сам составил, и, разорвав на части свой платок, показал ей, как надо примачивать. Феничка выслушала его и хотела выйти. «Поцелуй же ручку у барина, глупенькая», сказала ей Арина. Николай Петрович не дал ей своей руки и, сконфузившись, сам поцеловал её в наклонённую голову, в пробор. Феничкин глаз скоро выздоровел, но впечатление, произведённое ею на Николая Петровича, прошло не скоро. Ему всё мерещилось это чистое, нежное, боязливо приподнятое лицо; он чувствовал под ладонями рук своих эти мяг-

кие во́лосы, ви́дел э́ти неви́нные, слегка́ раскры́тые гу́-
бы, из-за кото́рых вла́жно блиста́ли на со́лнце жемчу́ж-
ные зу́бки. Он на́чал с бо́льшим внима́нием гляде́ть на
неё в це́ркви, стара́лся загова́ривать с не́ю. Снача́ла она́
его́ дичи́лась, и одна́жды, пе́ред ве́чером, встре́тив его́
на у́зкой тропи́нке, проло́женной пешехо́дами че́рез ржа-
но́е по́ле, зашла́ в высо́кую, густу́ю рожь, поро́сшую полы́нью
и василька́ми, что́бы то́лько не попа́сться ему́ на глаза́. Он
увида́л её голо́вку сквозь золоту́ю се́тку коло́сьев, отку́да
она́ высма́тривала, как зверёк, и ла́сково кри́кнул ей:
— Здра́вствуй, Фе́ничка! Я не куса́юсь.
— Здра́вствуйте, — прошепта́ла она́, не выходя́ из свое́й
заса́ды.
Понемно́гу она́ ста́ла привыка́ть к нему́, но всё ещё ро-
бе́ла в его́ прису́тствии, как вдруг её мать Ари́на умерла́
от холе́ры. Куда́ бы́ло дева́ться Фе́ничке? Она́ насле́довала
от свое́й ма́тери любо́вь к поря́дку, рассуди́тельность и сте-
пе́нность; но она́ была́ так молода́, так одино́ка, Никола́й
Петро́вич был сам тако́й до́брый и скро́мный... Остально́е
доска́зывать не́чего...

— Так-таки брат к тебе́ и вошёл? — спра́шивал её Ни-
кола́й Петро́вич. — Постуча́лся и вошёл?
— Да-с.
— Ну, э́то хорошо́. Да́й-ка мне покача́ть Ми́тю.
И Никола́й Петро́вич на́чал его́ подбра́сывать почти́ под
са́мый потоло́к, к вели́кому удово́льствию малю́тки и к нема́-
лому беспоко́йству ма́тери, кото́рая, при вся́ком его́ взлёте,
протя́гивала ру́ки к обнажа́вшимся его́ но́жкам.
А Па́вел Петро́вич верну́лся в свой изя́щный кабине́т,
окле́енный по стена́м краси́выми обо́ями ди́кого цве́та[17],
с разве́шанным ору́жием на пёстром перси́дском ковре́,
с оре́ховой ме́белью, оби́той темно-зелёным три́пом[18], с би-
блиоте́кой renaissance из ста́рого чёрного ду́ба, с бро́нзо-
выми статуэ́тками на великоле́пном пи́сьменном столе́, с ка-
ми́ном... Он бро́сился на дива́н, заложи́л ру́ки за го́лову
и оста́лся неподви́жен, почти́ с отча́янием глядя́ в потоло́к.
Захоте́л ли он скрыть от са́мых стен, что у него́ происходи́-
ло на лице́, по друго́й ли какой причи́не, то́лько он встал,
отстегну́л тяжёлые занаве́ски о́кон, и опя́ть бро́сился на
дива́н.

IX

В тот же день и Базаров познакомился с Феничкой. Он вместе с Аркадием ходил по саду и толковал ему, почему иные деревца, особенно дубки, не принялись.

— Надо серебристых тополей побольше здесь сажать, да ёлок, да, пожалуй, липок, подбавивши чернозёму. Вон беседка принялась хорошо, — прибавил он, — потому что акация да сирень — ребята добрые, ухода не требуют. Ба! да тут кто-то есть.

В беседке сидела Феничка с Дуняшей и Митей. Базаров остановился, а Аркадий кивнул головою Феничке, как старый знакомый.

— Кто это? — спросил его Базаров, как только они прошли мимо. — Какая хорошенькая!

— Да ты о ком говоришь?

— Известно о ком: одна только хорошенькая.

Аркадий, не без замешательства, объяснил ему в коротких словах, кто была Феничка.

— Ага! — промолвил Базаров: — у твоего отца, видно, губа не дура[1]. А он мне нравится, твой отец, ей-ей! Он молодец. Однако надо познакомиться, — прибавил он и отправился назад к беседке.

— Евгений! — с испугом крикнул ему во след Аркадий: — осторожней, ради бога.

— Не волнуйся, — проговорил Базаров: — народ мы тёртый[2], в городах живали.

Приблизясь к Феничке, он скинул картуз.

— Позвольте представиться, — начал он с вежливым поклоном: — Аркадию Николаичу приятель и человек смирный.

Феничка приподнялась со скамейки и глядела на него молча.

— Какой ребёнок чудесный! — продолжал Базаров. — Не беспокойтесь, я ещё никого не сглазил[3]. Что это у него щёки такие красные? Зубки, что ли, прорезаются?

— Да-с, — промолвила Феничка: — четверо зубков у него уже прорезались, а теперь вот дёсны опять припухли.

— Покажите-ка... да вы не бойтесь, я доктор.

Базаров взял на руки ребёнка, который, к удивлению и Фенички и Дуняши, не оказал никакого сопротивления и не испугался.

— Ви́жу, ви́жу... Ничего́, всё в поря́дке: зуба́стый бу́дет. Если что случи́тся, скажи́те мне. А са́ми вы здоро́вы?

— Здоро́ва, сла́ва бо́гу.

— Сла́ва бо́гу — лу́чше всего́. А вы? — приба́вил База́ров, обраща́ясь к Дуня́ше.

Дуня́ша, де́вушка о́чень стро́гая в хоро́мах и хохоту́нья за воро́тами, то́лько фы́ркнула ему́ в отве́т.

— Ну и прекра́сно. Вот вам ваш богаты́рь.

Фе́ничка приняла́ ребёнка к себе́ на́ руки.

— Как он у вас ти́хо сиде́л, — промо́лвила она́ вполго́лоса.

— У меня́ все де́ти ти́хо сидя́т, — отвеча́л База́ров: — я таку́ю шту́ку зна́ю.

— Де́ти чу́вствуют, кто их лю́бит, — заме́тила Дуня́ша.

— Это то́чно, — подтверди́ла Фе́ничка. — Вот и Ми́тя, к ино́му ни за что́ на́ руки не пойдёт.

— А ко мне́ пойдёт? — спроси́л Арка́дий, кото́рый, постоя́в не́которое вре́мя в отдале́нии, прибли́зился к бесе́дке.

Он помани́л к себе́ Ми́тю, но Ми́тя отки́нул го́лову наза́д и запища́л, что о́чень смути́ло Фе́ничку.

— В друго́й раз, — когда́ привы́кнуть успе́ет, — снисходи́тельно промо́лвил Арка́дий, и о́ба прия́теля удали́лись.

— Как, бишь, её зову́т? — спроси́л База́ров.

— Фе́ничкой... Федо́сьей, — отве́тил Арка́дий.

— А по ба́тюшке? Это то́же ну́жно знать.

— Никола́евной.

— *Bene*. Мне нра́вится в ней то, что она́ не сли́шком конфу́зится. Ино́й, пожа́луй, это-то и осуди́л бы в ней. Что́ за вздор? чего́ конфу́зиться? Она́ мать — ну, и права́.

— Она́-то права́, — заме́тил Арка́дий, — но вот оте́ц мой...

— И он прав, — переби́л База́ров.

— Ну, нет, я не нахожу́.

— Ви́дно, ли́шний насле́дничек нам не по нутру́?

— Как тебе́ не сты́дно предполага́ть во мне таки́е мы́сли! — с жа́ром подхвати́л Арка́дий. — Я не с э́той то́чки зре́ния почита́ю отца́ непра́вым; я нахожу́, что он до́лжен бы жени́ться на ней.

— Эге-ге, — спокойно проговорил Базаров. — Вот мы какие великодушные! Ты придаёшь ещё значение браку; я этого от тебя не ожидал.

Приятели сделали несколько шагов в молчанье.

— Видел я все заведения твоего отца, — начал опять Базаров. — Скот плохой, и лошади разбитые. Строения тоже подгуляли, и работники смотрят отъявленными ленивцами; а управляющий либо дурак, либо плут, я ещё не разобрал хорошенько.

— Строг же ты сегодня, Евгений Васильич.

— И добрые мужички надуют твоего отца всенепременно. Знаешь поговорку: «Русский мужик бога слопает»[4].

— Я начинаю соглашаться с дядей, — заметил Аркадий: — ты решительно дурного мнения о русских.

— Эка важность! Русский человек только тем и хорош, что он сам о себе прескверного мнения. Важно то, что дважды два четыре, а остальное всё пустяки.

— И природа пустяки? — проговорил Аркадий, задумчиво глядя вдаль на пёстрые поля, красиво и мягко освещённые уже невысоким солнцем.

— И природа пустяки, в том значении, в каком ты её понимаешь. Природа не храм, а мастерская, и человек в ней работник.

Медлительные звуки виолончели долетели до них из дому в это самое мгновение. Кто-то играл с чувством, хотя и неопытною рукой, «Ожидание» Шуберта[5], и мёдом разливалась по воздуху сладостная мелодия.

— Это что? — произнёс с изумлением Базаров.

— Это отец.

— Твой отец играет на виолончели?

— Да.

— Да сколько твоему отцу лет?

— Сорок четыре.

Базаров вдруг расхохотался.

— Чему же ты смеёшься?

— Помилуй! в сорок четыре года человек, pater familias, в ...м уезде — играет на виолончели!

Базаров продолжал хохотать; но Аркадий, как ни благоговел перед своим учителем, на этот раз даже не улыбнулся.

Прошло́ о́коло двух неде́ль. Жизнь в Ма́рьине текла́ свои́м поря́дком: Арка́дий сибари́тствовал, База́ров рабо́тал. Все в до́ме привы́кли к нему́, к его́ небре́жным мане́рам, к его́ немногосло́жным и отры́вочным реча́м. Фе́ничка, в осо́бенности, до того́ с ним осво́илась, что одна́жды но́чью веле́ла разбуди́ть его́: с Ми́тей сде́лались су́дороги; и он пришёл и, по обыкнове́нию полушутя́, полузева́я, просиде́л у ней часа́ два и помо́г ребёнку. Зато́ Па́вел Петро́вич все́ми си́лами души́ свое́й возненави́дел База́рова: он счита́л его́ гордецо́м, наха́лом, ци́ником, плебе́ем; он подозрева́л, что База́ров не уважа́ет его́, что он едва́ ли не презира́ет его́ — его́, Па́вла Кирса́нова! Никола́й Петро́вич поба́ивался молодо́го «нигили́ста» и сомнева́лся в по́льзе его́ влия́ния на Арка́дия; но он охо́тно его́ слу́шал, охо́тно прису́тствовал при его́ физи́ческих и хими́ческих о́пытах. База́ров привёз с собо́й микроско́п, и по це́лым часа́м с ним вози́лся. Слу́ги та́кже привяза́лись к нему́, хотя́ он над ни́ми подтру́нивал: они́ чу́вствовали, что он всё-таки свой брат, не ба́рин. Дуня́ша охо́тно с ним хихи́кала и и́скоса, значи́тельно посма́тривала на него́, пробега́я ми́мо «перепёлочкой»[1]; Пётр, челове́к, до кра́йности самолюби́вый и глу́пый, ве́чно с напряжёнными морщи́нами на лбу, челове́к, кото́рого всё досто́инство состо́я́ло в том, что он гляде́л учти́во, чита́л по скла́дам и ча́сто чи́стил щёточкой свой сюртучо́к, — и тот ухмыля́лся и светле́л, как то́лько База́ров обраща́л на него́ внима́ние; дворо́вые мальчи́шки бе́гали за «до́хтуром», как собачо́нки. Оди́н стари́к Проко́фьич не люби́л его́, с угрю́мым ви́дом подава́л ему́ за столо́м ку́шанья, называ́л его́ «живодёром»[2] и «прощелы́гой» и уверя́л, что он с свои́ми бакенба́рдами — настоя́щая свинья́ в кусте́. Проко́фьич, по-сво́ему, был аристокра́т не ху́же Па́вла Петро́вича.

Наступи́ли лу́чшие дни в году́ — пе́рвые дни ию́ня. Пого́да стоя́ла прекра́сная; пра́вда, и́здали грози́лась опя́ть холе́ра, но жи́тели ....ой губе́рнии успе́ли уже́ привы́кнуть к её посеще́ниям. База́ров встава́л о́чень ра́но и отправля́лся версты́ за́ две, за́ три, не гуля́ть, — он прогу́лок без це́ли терпе́ть не мог, — а собира́ть травы, насекóмых. Иногда́ он брал с собóй Арка́дия. На возвра́тном пути́ у них обыкновéнно завя́зывался спор, и Арка́дий обыкновéнно остава́лся побеждённым, хотя́ говори́л бóльше своегó това́рища.

Одна́жды они́ ка́к-то дóлго замéшкались; Никола́й Петрóвич вы́шел к ним навстрéчу в сад и, поравня́вшись с бесéдкой, вдруг услы́шал бы́стрые шаги́ и голоса́ обóих молоды́х людéй. Они́ шли по ту стóрону бесéдки и не могли́ егó ви́деть.

— Ты отца́ недоста́точно зна́ешь, — говори́л Арка́дий.

Никола́й Петрóвич притаи́лся.

— Твой отéц дóбрый ма́лый, — промóлвил База́ров, — но он человéк отставнóй, егó пéсенка спéта[3].

Никола́й Петрóвич прини́к у́хом[4]... Арка́дий ничегó не отвеча́л.

«Отставнóй человéк» постоя́л мину́ты две неподви́жно и мéдленно поплёлся домóй.

— Трéтьего дня, я смотрю́, он Пу́шкина чита́ет, — продолжа́л мéжду тем База́ров. — Растолку́й ему́, пожа́луйста, что э́то никуда́ не годи́тся. Ведь он не ма́льчик: пора́ брóсить э́ту ерунду́. И охóта же быть рома́нтиком в ны́нешнее врéмя! Дай ему́ чтó-нибудь дéльное почита́ть.

— Чтó бы ему́ дать? — спроси́л Арка́дий.

— Да я ду́маю, Бю́хнерово «Stoff und Kraft»[5] на пéрвый слу́чай.

— Я сам так ду́маю, — замéтил одобри́тельно Арка́дий. — «Stoff und Kraft» напи́сано популя́рным языкóм.

— Вот как, мы с тобóй, — говори́л в тот же день пóсле обéда Никола́й Петрóвич своему́ бра́ту, си́дя у негó в кабинéте: — в отставны́е лю́ди попа́ли, пéсенка на́ша спéта. Что ж? Мóжет быть, База́ров и прав; но мне, признаю́сь, однó бóльно: я надéялся и́менно тепéрь тéсно и дру́жески сойти́сь с Арка́дием, а выхóдит, что я оста́лся наза́ди, он ушёл вперёд и поня́ть мы друг дру́га не мóжем.

— Да почему́ он ушёл вперёд? И чем он от нас так уж óчень отлича́ется? — с нетерпéнием воскли́кнул Па́вел Петрóвич. — Это всё ему́ в гóлову синьо́р э́тот вбил, нигили́ст э́тот. Ненави́жу я э́того лекари́шку; по-мо́ему, он про́сто шарлата́н; я уве́рен, что со все́ми свои́ми лягу́шками он и в фи́зике недалеко́ ушёл.

— Нет, брат, ты э́того не говори́: База́ров умён и зна́ющ.

— И самолю́бие како́е проти́вное, — переби́л опя́ть Па́вел Петро́вич.

— Да, — заме́тил Никола́й Петро́вич, — он самолюби́в. Но без э́того, ви́дно, нельзя́; то́лько вот чего́ я в толк не возьму́. Ка́жется, я всё де́лаю, чтобы не отста́ть от ве́ка: крестья́н устро́ил, фе́рму завёл, так что да́же меня́ во всей губе́рнии *красным* велича́ют; чита́ю, учу́сь, вообще́ стара́юсь стать в у́ровень с совреме́нными тре́бованиями, — а они́ говоря́т, что пе́сенка моя́ спе́та. Да что, брат, я сам начина́ю ду́мать, что она́ то́чно спе́та.

— Это почему́?

— А вот почему́. Сего́дня я сижу́ да чита́ю Пу́шкина... По́мнится, Цыга́не мне попа́лись... Вдруг Арка́дий подхо́дит ко мне и, мо́лча, с э́таким ла́сковым сожале́нием на лице́, тихо́нько, как у ребёнка, отня́л у меня́ кни́гу и положи́л пе́редо мной другу́ю, неме́цкую... улыбну́лся и ушёл, и Пу́шкина унёс.

— Вот как! Каку́ю же он кни́гу тебе́ дал?

— Вот э́ту.

И Никола́й Петро́вич вы́нул из за́днего карма́на сюртука́ пресловутую брошю́ру Бю́хнера, девя́того изда́ния.

Па́вел Петро́вич поверте́л её в рука́х.

— Гм! — промыча́л он. — Арка́дий Никола́евич забо́тится о твоём воспита́нии. Что ж, ты про́бовал чита́ть?

— Про́бовал.

— Ну и что́ же?

— Ли́бо я глуп, ли́бо э́то всё — вздор. Должно́ быть, я глуп.

— Да ты по-неме́цки не забы́л? — спроси́л Па́вел Петро́вич.

— Я по-неме́цки понима́ю.

Па́вел Петро́вич опя́ть поверте́л кни́гу в рука́х и исподло́бья взгляну́л на бра́та. О́ба помолча́ли.

— Да, кста́ти, — на́чал Никола́й Петро́вич, ви́димо жела́я перемени́ть разгово́р, — я получи́л письмо́ от Коля́зина.

— От Матве́я Ильича́?

— От него́. Он прие́хал в*** ревизова́ть[6] губе́рнию. Он тепе́рь в тузы́ вы́шел[7] и пи́шет мне, что жела́ет по-ро́дственному повида́ться с на́ми и приглаша́ет нас с тобо́й и с Арка́дием в го́род.

— Ты пое́дешь? — спроси́л Па́вел Петро́вич.

— Нет; а ты?

— И я не пое́ду. О́чень ну́жно[8] тащи́ться за пятьдеся́т вёрст киселя́ есть[9]. Mathieu хо́чет показа́ться нам во всей свое́й сла́ве; чорт с ним! Бу́дет с него[10] губе́рнского фимиа́ма[11], обойдётся без на́шего. И велика́ ва́жность[12], та́йный сове́тник![13] Е́сли б я продолжа́л служи́ть, тяну́ть э́ту глу́пую ля́мку, я бы тепе́рь был генера́л-адъюта́нтом. Прито́м же мы с тобо́й отставны́е лю́ди.

— Да, брат; ви́дно, пора́ гроб зака́зывать и ру́чки скла́дывать кресто́м на груди́, — заме́тил со вздо́хом Никола́й Петро́вич.

— Ну, я так ско́ро не сда́мся, — пробормота́л его́ брат. — У нас ещё бу́дет схва́тка с э́тим ле́карем, я э́то предчу́вствую.

Схва́тка произошла́ в тот же день за вече́рним ча́ем. Па́вел Петро́вич сошёл в гости́ную уже́ гото́вый к бо́ю, раздражённый и реши́тельный. Он ждал то́лько предло́га, что́бы наки́нуться на врага́, но предло́г до́лго не представля́лся. База́ров вообще́ говори́л ма́ло в прису́тствии «старичко́в Кирса́новых» (так он называ́л обо́их бра́тьев), а в тот ве́чер он чу́вствовал себя́ не в ду́хе и мо́лча выпива́л ча́шку за ча́шкой. Па́вел Петро́вич весь горе́л нетерпе́нием; его́ жела́ния сбыли́сь наконе́ц.

Речь зашла́ об одно́м из сосе́дних поме́щиков. «Дрянь, аристокра́тишко», равноду́шно заме́тил База́ров, кото́рый встреча́лся с ним в Петербу́рге.

— Позво́льте вас спроси́ть, — на́чал Па́вел Петро́вич, и гу́бы его́ задрожа́ли: — по ва́шим поня́тиям слова́: «дрянь» и «аристокра́т» одно́ и то же означа́ют?

— Я сказа́л: «аристокра́тишко», — проговори́л База́ров, лени́во отхлёбывая глото́к ча́ю.

— То́чно так-с; но я полага́ю, что вы тако́го же мне́ния об аристокра́тах, как и об аристокра́тишках. Я счита́ю до́лгом объяви́ть вам, что я э́того мне́ния не разделя́ю. Сме́ю сказа́ть, меня́ все зна́ют за челове́ка либера́льного и лю́бящего прогре́сс; но и́менно потому́ я уважа́ю аристокра́тов — настоя́щих. Вспо́мните, ми́лостивый госуда́рь (при э́тих слова́х База́ров по́днял глаза́ на Па́вла Петро́вича), вспо́мните, ми́лостивый госуда́рь, — повтори́л он с ожесточе́нием: — англи́йских аристокра́тов. Они́ не уступа́ют ио́ты от прав свои́х, и потому́ они́ уважа́ют права́ други́х; они́ тре́буют исполне́ния обя́занностей в отноше́нии к ним, и потому́ они́ са́ми исполня́ют *свои́* обя́занности. Аристокра́тия дала́ свобо́ду А́нглии и подде́рживает её.

— Слыха́ли мы э́ту пе́сню мно́го раз, — возрази́л База́ров, — но что́ вы хоти́те э́тим доказа́ть?

— Я *э́фтим* хочу́ доказа́ть, ми́лостивый госуда́рь (Па́вел Петро́вич, когда́ серди́лся, с наме́рением говори́л: «э́фтим» и «э́фто», хотя́ о́чень хорошо́ знал, что подо́бных слов грамма́тика не допуска́ет. В э́той причу́де ска́зывался оста́ток преда́ний Алекса́ндровского вре́мени. Тогда́шние тузы́, в ре́дких слу́чаях, когда́ говори́ли на родно́м языке́, употребля́ли одни́ — *э́фто*, други́е — *э́хто*: мы, мол, коренны́е русаки́, и в то же вре́мя мы вельмо́жи, кото́рым позволя́ется пренебрега́ть шко́льными пра́вилами), — я *э́фтим* хочу́ доказа́ть, что без чу́вства со́бственного досто́инства, без уваже́ния к самому́ себе́, — а в аристокра́те э́ти чу́вства ра́звиты, — нет никако́го про́чного основа́ния обще́ственному... bien public, обще́ственному зда́нию. Ли́чность, ми́лостивый госуда́рь, — вот гла́вное; челове́ческая ли́чность должна́ быть крепка́, как скала́, и́бо на ней всё стро́ится. Я о́чень хорошо́ зна́ю, наприме́р, что вы изво́лите находи́ть смешны́ми мои́ привы́чки, мой туале́т, мою́ опря́тность наконе́ц, но э́то всё проистека́ет из чу́вства самоуваже́ния, из чу́вства до́лга, да-с, да-с, до́лга. Я живу́ в дере́вне, в глуши́, но я не роня́ю себя́, я уважа́ю в себе́ челове́ка.

— Позво́льте, Па́вел Петро́вич, — промо́лвил База́ров: — вы вот уважа́ете себя́ и сиди́те сложа́ ру́ки; кака́я ж от э́того по́льза для bien public? Вы бы не уважа́ли себя́, и то же бы де́лали.

Па́вел Петро́вич побледне́л.

— Это соверше́нно друго́й вопро́с. Мне во́все не прихо́дится объясня́ть вам тепе́рь, почему́ я сижу́ сложа́ ру́ки, как вы изво́лите выража́ться. Я хочу́ то́лько сказа́ть, что аристорка́ти́зм — принси́п, а без принсипов жить в наше время могут одни безнравственные или пустые люди. Я говорил это Аркадию на другой день его приезда и повторяю теперь вам. Не так ли, Николай?

Николай Петрович кивнул головой.

— Аристократизм, либерализм, прогресс, принципы, — говорил между тем Базаров: — подумаешь, сколько иностранных... и бесполезных слов! Русскому человеку они даром не нужны.

— Что же ему нужно, по-вашему? Послушать вас, так мы находимся вне человечества, вне его законов. Помилуйте — логика истории требует...

— Да на что нам эта логика? Мы и без неё обходимся.

— Как так?

— Да так же. Вы, я надеюсь, не нуждаетесь в логике для того, чтобы положить себе кусок хлеба в рот, когда вы голодны. Куда нам до этих отвлечённостей!

Павел Петрович взмахнул руками.

— Я вас не понимаю после этого. Вы оскорбляете русский народ. Я не понимаю, как можно не признавать принсипов, правил? В силу чего же вы действуете?

— Я уже говорил вам, дядюшка, что мы не признаём авторитетов, — вмешался Аркадий.

— Мы действуем в силу того, что мы признаём полезным, — промолвил Базаров. — В теперешнее время полезнее всего отрицание, — мы отрицаем.

— Всё?

— Всё.

— Как? не только искусство, поэзию... но и... страшно вымолвить...

— Всё, — с невыразимым спокойствием повторил Базаров.

Павел Петрович уставился на него. Он этого не ожидал, а Аркадий даже покраснел от удовольствия.

— Однако позвольте, — заговорил Николай Петрович. — Вы всё отрицаете, или, выражаясь точнее, вы всё разрушаете... Да ведь надобно же и строить.

— Это уже не наше дело... Сперва нужно место расчистить.

— Совреме́нное состоя́ние наро́да э́того тре́бует, —
с ва́жностью приба́вил Арка́дий: — мы должны́ исполня́ть
э́ти тре́бования, мы не име́ем пра́ва предава́ться удовлет-
воре́нию ли́чного эгои́зма.

Э́та после́дняя фра́за, ви́димо, не понра́вилась База́-
рову; от неё ве́яло филосо́фией, то есть романти́змом,
и́бо База́ров и филосо́фию называ́л романти́змом; но
он не почёл за ну́жное опроверга́ть своего́ молодо́го
ученика́.

— Нет, нет! — воскли́кнул с внеза́пным поры́вом Па́-
вел Петро́вич: — я не хочу́ ве́рить, что вы, господа́, то́чно
зна́ете ру́сский наро́д, что вы представи́тели его́ потре́б-
ностей, его́ стремле́ний! Нет, ру́сский наро́д не тако́й, ка-
ки́м вы его́ вообража́ете. Он свя́то чтит преда́ния, он —
патриарха́льный, он не мо́жет жить без ве́ры...

— Я не ста́ну про́тив э́того спо́рить, — переби́л База́-
ров: — я да́же гото́в согласи́ться, что *в э́том* вы пра́вы.

— А е́сли я прав...

— И всё-таки э́то ничего́ не дока́зывает.

— И́менно ничего́ не дока́зывает, — повтори́л Арка́-
дий с уве́ренностию о́пытного ша́хматного игрока́, кото́-
рый предви́дел опа́сный, повидимому, ход проти́вника и
потому́ ниско́лько не смути́лся.

— Как ничего́ не дока́зывает? — пробормота́л изумлён-
ный Па́вел Петро́вич. — Ста́ло быть, вы идёте про́тив сво-
его́ наро́да?

— А хоть бы и так? — воскли́кнул База́ров. — На-
ро́д полага́ет, что когда́ гром греми́т, э́то Илья́ проро́к [14]
в колесни́це по не́бу разъезжа́ет. Что ж? Мне согла-
ша́ться с ним? Да прито́м — он ру́сский, а ра́зве я сам
не ру́сский?

— Нет, вы не ру́сский по́сле всего́, что вы сейча́с ска-
за́ли! Я вас за ру́сского призна́ть не могу́.

— Мой дед зе́млю паха́л, — с надме́нною го́рдостию
отвеча́л База́ров. — Спроси́те любо́го из ва́ших же мужи-
ко́в, в ком из нас — в вас и́ли во мне — он скоре́е при-
зна́ет соотече́ственника. Вы и говори́ть-то с ним не
уме́ете.

— А вы говори́те с ним и презира́ете его́ в то же
вре́мя.

— Что ж, коли он заслу́живает презре́ния! Вы пори-
ца́ете моё направле́ние, а кто вам сказа́л, что оно́ во мне

случа́йно, что оно́ не вы́звано тем са́мым наро́дным ду́хом, во и́мя кото́рого вы так ра́туете?

— Как же! Очень нужны́ нигили́сты.

— Нужны́ ли они́, и́ли нет — не нам реша́ть. Ведь и вы счита́ете себя́ не бесполе́зным.

— Господа́, господа́, пожа́луйста, без ли́чностей! — воскли́кнул Никола́й Петро́вич и приподня́лся.

Па́вел Петро́вич улыбну́лся и, положи́в ру́ку на плечо́ бра́ту, заста́вил его́ сно́ва сесть.

— Не беспоко́йся, — промо́лвил он. — Я не позабу́дусь, и́менно всле́дствие того́ чу́вства досто́инства, над кото́рым так жесто́ко труни́т господи́н... господи́н до́ктор. Позво́льте, — продолжа́л он, обраща́ясь сно́ва к База́рову: — вы, мо́жет быть, ду́маете, что ва́ше уче́ние но́вость? Напра́сно вы э́то вообража́ете. Материали́зм, кото́рый вы пропове́дуете, был уже́ не раз в ходу́ и всегда́ ока́зывался несостоя́тельным...

— Опя́ть иностра́нное сло́во! — переби́л База́ров. Он начина́л зли́ться, и лицо́ его́ при́няло какой-то ме́дный и гру́бый цвет. — Во-пе́рвых, мы ничего́ не пропове́дуем; э́то не в на́ших привы́чках...

— Что́ же вы де́лаете?

— А вот что́ мы де́лаем. Пре́жде, в неда́внее ещё вре́мя[15], мы говори́ли, что чино́вники на́ши беру́т взя́тки, что у нас нет ни доро́г, ни торго́вли, ни пра́вильного суда́...

— Ну да, да, вы обличи́тели, — так, ка́жется, э́то называ́ется. Со мно́гими из ва́ших обличе́ний и я согла́шаюсь, но...

— А пото́м мы догада́лись, что болта́ть, всё то́лько болта́ть о на́ших я́звах не сто́ит труда́, что э́то ведёт то́лько к по́шлости и доктринёрству; мы увида́ли, что и у́мники на́ши, так называ́емые передовы́е лю́ди и обличи́тели, никуда́ не годя́тся, что мы занима́емся вздо́ром, толку́ем о како́м-то иску́сстве, бессозна́тельном тво́рчестве, о парламентари́зме, об адвокату́ре и чорт зна́ет о чём, когда́ де́ло идёт о насу́щном хле́бе, когда́ грубе́йшее суеве́рие нас ду́шит, когда́ все на́ши акционе́рные о́бщества ло́паются еди́нственно оттого́, что ока́зывается недоста́ток в че́стных лю́дях, когда́ са́мая свобо́да[16], о кото́рой хло́почет прави́тельство, едва́ ли пойдёт нам впрок[17], потому́ что мужи́к наш рад самого́ себя́ обокра́сть, чтобы то́лько напи́ться дурма́ну[18] в кабаке́.

— Так, — перебил Павел Петрович, — так: вы во всём этом убедились и решились сами ни за что серьёзно не приниматься.

— И решились ни за что не приниматься, — угрюмо повторил Базаров.

Ему вдруг стало досадно на самого себя, зачем он так распространился перед этим барином.

— А только ругаться?

— И ругаться.

— И это называется нигилизмом?

— И это называется нигилизмом, — повторил опять Базаров, на этот раз с особенной дерзостью.

Павел Петрович слегка прищурился.

— Так вот как! — промолвил он странно спокойным голосом. — Нигилизм всему горю помочь должен, и вы, вы наши избавители и герои. Так. Но за что же вы других-то, хоть бы тех же обличителей, честите?[19] Не так же ли вы болтаете, как и все?

— Чем другим, а этим грехом не грешны, — произнёс сквозь зубы Базаров.

— Так что ж? Вы действуете, что ли? Собираетесь действовать?

Базаров ничего не отвечал. Павел Петрович так и дрогнул, но тотчас же овладел собою.

— Гм!.. Действовать, ломать... — продолжал он. — Но как же это ломать, не зная даже почему?

— Мы ломаем, потому что мы сила, — заметил Аркадий.

Павел Петрович посмотрел на своего племянника и усмехнулся.

— Да, сила — так и не даёт отчёта, — проговорил Аркадий и выпрямился.

— Несчастный! — возопил Павел Петрович; он решительно не был в состоянии крепиться долее: — хоть бы ты подумал, *что* в России ты поддерживаешь твоею пошлою сентенцией! Нет, это может ангела из терпения вывести! Сила! И в диком калмыке, и в монголе есть сила — да на что нам она? Нам дорога цивилизация, да-с, да-с, милостивый государь; нам дороги её плоды. И не говорите мне, что эти плоды ничтожны: последний пачкун[20], *un barbouiller*, тапёр[21], которому дают пять копеек за вечер, и те полезнее вас, потому что они представители цивилизации, а не грубой монгольской силы! Вы воображаете себя передовыми людьми, а вам только в калмыцкой кибитке сидеть! Сила! Да вспомните, наконец, господа сильные, что вас всего четыре человека с половиною, а тех — миллионы, которые не позволят вам попирать ногами свои священнейшие верования, которые раздавят вас!

— Коли раздавят, туда и дорога[22], — промолвил Базаров. — Только бабушка ещё надвое сказала[23]. Нас не так мало, как вы полагаете.

— Как? Вы не шутя думаете сладить, сладить с целым народом?

— От копеечной свечи, вы знаете, Москва сгорела[24], — ответил Базаров.

— Так, так. Сперва гордость почти сатанинская, потом глумление. Вот, вот чем увлекается молодёжь, вот чем покоряются неопытные сердца мальчишек! Вот, поглядите, один из них рядом с вами сидит, ведь он чуть не молится на вас, полюбуйтесь. (Аркадий отворотился и нахмурился.) И эта зараза уже далеко распространилась. Мне сказывали, что в Риме наши художники в Ватикан ни ногой[25]. Рафаэля считают чуть не дураком, потому что это, мол, авторитет; а сами бессильны и бесплодны до гадости; а у самих фантазия дальше «Девушки у фонтана»[26] нехватает, хоть ты что! И написана-то девушка прескверно. По-вашему, они молодцы, не правда ли?

— По-моему, — возразил Базаров: — и Рафаэль гроша медного не стоит, да и они не лучше его.

— Браво, браво! Слушай, Аркадий... вот как должны современные молодые люди выражаться! И как, подумаешь, им не идти за вами! Прежде молодым людям приходилось учиться; не хотелось им прослыть за невежд, так они поневоле трудились. А теперь им стоит сказать: всё на свете вздор! — и дело в шляпе. Молодые люди обрадовались. И в самом деле, прежде они просто были болваны, а теперь они вдруг стали нигилисты.

— Вот и изменило вам хвалёное чувство собственного достоинства, — флегматически заметил Базаров, между тем как Аркадий весь вспыхнул и засверкал глазами. — Спор наш зашёл слишком далеко... Кажется, лучше его прекрати́ть. А я тогда́ бу́ду гото́в согласи́ться с ва́ми, — приба́вил он, встава́я: — когда́ вы предста́вите мне хоть одно́ постановле́ние в совреме́нном на́шем быту́, в семе́йном или обще́ственном, кото́рое бы не вызыва́ло по́лного и беспоща́дного отрица́ния.

— Я вам миллио́ны таки́х постановле́ний предоста́влю, — воскли́кнул Па́вел Петро́вич, — миллио́ны! Да вот хоть общи́на [27], наприме́р.

Холо́дная усме́шка скриви́ла гу́бы База́рова.

— Ну, насчёт общи́ны, — промо́лвил он: — поговори́те лу́чше с ва́шим бра́тцем. Он тепе́рь, ка́жется, изве́дал на де́ле, что тако́е общи́на, кругова́я пору́ка, тре́звость и тому́ подо́бные шту́чки.

— Семья́, наконе́ц, семья́, так, как она́ существу́ет у на́ших крестья́н! — закрича́л Па́вел Петро́вич.

— И э́тот вопро́с, я полага́ю, лу́чше для вас же сами́х не разбира́ть в подро́бности. Вы, чай, слыха́ли о снохача́х? [28] Послу́шайте меня́, Па́вел Петро́вич, да́йте себе́ денька́ два сро́ку, сра́зу вы едва́ ли что́-нибудь найдёте. Перебери́те все на́ши сосло́вия, да поду́майте хороше́нько над ка́ждым, а мы пока́ с Арка́дием бу́дем...

— На́до всем глуми́ться, — подхвати́л Па́вел Петро́вич.

— Нет, лягу́шек ре́зать. Пойдём, Арка́дий; до свида́ния, господа́!

О́ба прия́теля вы́шли. Бра́тья оста́лись наедине́ и сперва́ то́лько посма́тривали друг на дру́га.

— Вот, — на́чал наконе́ц Па́вел Петро́вич, — вот вам ны́нешняя молодёжь! Вот они́ — на́ши насле́дники!

— Насле́дники, — повтори́л с уны́лым вздо́хом Никола́й Петро́вич. Он в тече́ние всего́ спо́ра сиде́л, как на у́гольях [29], и то́лько укра́дкой боле́зненно взгля́дывал на Арка́дия. — Зна́ешь, что я вспо́мнил, брат? Одна́жды я с поко́йницей ма́тушкой поссо́рился: она́ крича́ла, не хоте́ла меня́ слу́шать... Я, наконе́ц, сказа́л ей, что вы, мол, меня́ поня́ть не мо́жете; мы, мол, принадлежи́м к двум разли́чным поколе́ниям. Она́ ужа́сно оби́делась, а я поду́мал: что де́лать? Пилю́ля горька́ — а проглоти́ть её ну́жно. Вот тепе́рь наста́ла на́ша о́чередь, и на́ши насле́дники мо́гут сказа́ть нам: вы, мол, не на́шего поколе́ния, глота́йте пилю́лю.

— Ты уже́ чересчу́р благоду́шен и скро́мен, — возрази́л Па́вел Петро́вич, — я, напро́тив, уве́рен, что мы с тобой гораздо правее этих господчиков, хотя выражаемся, может быть, несколько устарелым языком, *vieilli*, и не имеем той дерзкой самонадеянности... И такая надутая [30] эта нынешняя молодёжь! Спросишь иного: какого вина вы хотите, красного или белого? «Я имею привычку предпочитать красное!» отвечает он басом и с таким важным лицом, как будто вся вселенная глядит на него в это мгновение...

— Вам больше чаю не угодно? — промолвила Фенечка, просунув голову в дверь: она не решалась войти в гостиную, пока в ней раздавались голоса споривших.

— Нет, ты можешь велеть самовар принять, — отвечал Николай Петрович, и поднялся к ней навстречу. Павел Петрович отрывисто сказал ему: «bon soir», и ушёл к себе в кабинет.

XI

Полчаса спустя Николай Петрович отправился в сад, в свою любимую беседку. На него нашли грустные думы. Впервые он ясно сознал своё разъединение с сыном; он предчувствовал, что с каждым днём оно будет становиться всё больше и больше. Стало быть, напрасно он, бывало, зимою в Петербурге по целым дням просиживал над новейшими сочинениями; напрасно прислушивался к разговорам молодых людей; напрасно радовался, когда ему удавалось вставить и своё слово в их кипучие речи. «Брат говорит, что мы правы, — думал он: — и, отложив всякое самолюбие в сторону, мне самому кажется, что они дальше от истины, нежели мы, а в то же время я чувствую, что за ними есть что-то, чего мы не имеем, какое-то преимущество над нами... Молодость? Нет: не одна только молодость. Не в том ли состоит это преимущество, что в них меньше следов барства, чем в нас?»

Николай Петрович потупил голову и провёл рукой по лицу.

«Но отвергать поэзию? — подумал он опять: — не сочувствовать художеству, природе?..»

И он посмотрел кругом, как бы желая понять, как можно не сочувствовать природе. Уже вечерело; солнце

52

скрылось за небольшую осиновую рощу, лежавшую в полверсте от сада: тень от неё без конца тянулась через неподвижные поля. Мужичок ехал рысцой[1] на белой лошадке по тёмной узкой дорожке вдоль самой рощи: он весь был ясно виден, весь, до заплаты на плече, даром что ехал в тени; приятно-отчётливо мелькали ноги лошадки. Солнечные лучи, с своей стороны, забирались в рощу и, пробиваясь сквозь чащу, обливали стволы осин таким тёплым светом, что они становились похожи на стволы сосен, а листва их почти синела, и над нею поднималось бледно-голубое небо, чуть обрумяненное зарёй. Ласточки летали высоко; ветер совсем замер; запоздалые пчёлы лениво и сонливо жужжали в цветах сирени; мошки толклись столбом над одинокою, далеко протянутою веткой. «Как хорошо, боже мой!» подумал Николай Петрович, и любимые стихи пришли-было ему на уста: он вспомнил Аркадия, *Stoff und Kraft* — и умолк, но продолжал сидеть, продолжал предаваться горестной и отрадной игре одиноких дум. Он любил помечтать; деревенская жизнь развила в нём эту способность. Давно ли он так же мечтал, поджидая сына на постоялом дворике, а с тех пор уже произошла перемена, уже определились, тогда ещё неясные, отношения... и как! Представилась ему опять покойница жена, но не такою, какою он её знал в течение многих лет, не домовитою, доброю хозяйкою, а молодою девушкой с тонким станом, невинно-пытливым взглядом и туго закрученною косой над детскою шейкой. Вспомнил он, как он увидал её в первый раз. Он был тогда ещё студентом. Он встретил её на лестнице квартиры, в которой он жил, и, нечаянно толкнув её, обернулся, хотел извиниться и только мог пробормотать: «Pardon, monsieur», а она наклонила голову, усмехнулась, и вдруг как будто испугалась и побежала, а на повороте лестницы быстро взглянула на него, приняла серьёзный вид и покраснела. А потом, первые робкие посещения, полуслова, полуулыбки, и недоумение, и грусть, и порывы, и, наконец, эта задыхающаяся радость... Куда это всё умчалось? Она стала его женой, он был счастлив, как немногие на земле... «Но, — думал он: — те сладостные, первые мгновенья, отчего бы не жить им вечною, не умирающею жизнью?»

53

Он не старался уяснить самому себе свою мысль, но он чувствовал, что ему хотелось удержать то блаженное время чем-нибудь более сильным, нежели память, ему хотелось вновь осязать близость своей Марии, ощутить её теплоту и дыхание, и ему уже чудилось, как будто над ним...

— Николай Петрович, — раздался вблизи его голос Фенички: — где вы?

Он вздрогнул. Ему не стало ни больно, ни совестно... Он не допускал даже возможности сравнения между женой и Феничкой, но он пожалел о том, что она вздумала его отыскивать. Её голос разом напомнил ему его седые волосы, его старость, его настоящее...

Волшебный мир, в который он уже вступал, который уже возникал из туманных волн прошедшего, шевельнулся — и исчез.

— Я здесь, — отвечал он: — я приду, ступай. «Вот они, следы-то барства», мелькнуло у него в голове. Феничка молча заглянула к нему в беседку и скрылась; а он с изумленьем заметил, что ночь успела наступить с тех пор, как он замечтался. Всё потемнело и затихло кругом, и лицо Фенички скользнуло перед ним такое бледное и маленькое. Он приподнялся и хотел возвратиться домой; но размягчённое сердце не могло успокоиться в его груди, и он стал медленно ходить по саду, то задумчиво глядя себе под ноги, то поднимая глаза к небу, где уже роились и перемигивались звёзды. Он ходил много, почти до усталости, а тревога в нём, какая-то ищущая, неопределённая, печальная тревога, всё не унималась. О, как Базаров посмеялся бы над ним, если б он узнал, что в нём тогда происходило! Сам Аркадий осудил бы его. У него, у сорокачетырёхлетнего человека, агронома и хозяина, навёртывались слёзы, беспричинные слёзы; это было во сто раз хуже виолончели.

Николай Петрович продолжал ходить и не мог решиться войти в дом, в это мирное и уютное гнездо, которое так приветно глядело на него всеми своими освещёнными окнами; он не в силах был расстаться с темнотой, с садом, с ощущением свежего воздуха на лице и с этою грустию, с этою тревогой...

На повороте дорожки встретился ему Павел Петрович.

— Что́ с тобо́ю? — спроси́л он Никола́я Петро́вича. — Ты бле́ден, как привиде́нье; ты нездоро́в; отчего́ ты не ложи́шься?

Никола́й Петро́вич объясни́л ему́ в коро́тких слова́х своё душе́вное состоя́ние и удали́лся. Па́вел Петро́вич дошёл до конца́ са́да, и то́же заду́мался, и то́же по́днял глаза́ к не́бу. Но в его́ прекра́сных тёмных глаза́х не отрази́лось ничего́, кро́ме све́та звёзд. Он не́ был рождён рома́нтиком, и не уме́ла мечта́ть его́ щего́льски-суха́я и стра́стная, на францу́зский лад мизантропи́ческая душа́.

— Зна́ешь ли что́? — говори́л в ту же ночь База́ров Арка́дию. — Мне в го́лову пришла́ великоле́пная мысль. Твой оте́ц ска́зывал сего́дня, что он получи́л приглаше́ние от э́того ва́шего зна́тного ро́дственника. Твой оте́ц не пое́дет; махнём-ка[2] мы с тобо́й в ***; ведь э́тот господи́н и тебя́ зовёт. Вишь, кака́я сде́лалась здесь пого́да; а мы прока́тимся, го́род посмо́трим. Поболта́емся дней пять-шесть, и ба́ста!

— А отту́да ты вернёшься сюда́?

— Нет, на́до к отцу́ прое́хать. Ты зна́ешь, он от *** в тридцати́ верста́х. Я его́ давно́ не вида́л, и мать то́же; на́до старико́в поте́шить. Они́ у меня́ лю́ди хоро́шие, осо́бенно оте́ц; презаба́вный. Я же у них оди́н.

— И до́лго ты у них пробу́дешь?

— Не ду́маю. Чай, ску́чно бу́дет.

— А к нам на возвра́тном пути́ зае́дешь?

— Не зна́ю... посмотрю́. Ну, так, что ли? Мы отпра́вимся!

— Пожа́луй, — лени́во заме́тил Арка́дий.

Он в душе́ о́чень обра́довался предложе́нию своего́ прия́теля, но почёл обя́занностию скрыть своё чу́вство. Неда́ром же он был нигили́ст!

На друго́й день он уе́хал с База́ровым в ***. Молодёжь в Ма́рьине пожале́ла об их отье́зде; Дуня́ша да́же всплакну́ла... но старичка́м вздохну́лось легко́.

XII

Го́род ***, куда́ отпра́вились на́ши прия́тели, состоя́л в ве́дении губерна́тора из молоды́х, прогресси́ста и де́спота, как э́то сплошь да ря́дом случа́ется на Руси́. Он в течéние пéрвого гóда своегó управлéния успéл перессóриться не тóлько с губéрнским предводителем, отставны́м гвáрдии штабс-рóтмистром[1], кóнным завóдчиком и хлебосóлом, но и с сóбственными чинóвниками. Возникшие по э́тому пóводу рáспри приняли наконéц такие размéры, что министéрство в Петербýрге нашлó необходимым послáть довéренное лицó с поручéнием разобрáть всё на мéсте. Вы́бор начáльства пал на Матвéя Ильичá Коля́зина, сы́на тогó Коля́зина, под попечительством котóрого находились нéкогда брáтья Кирсáновы. Он был тóже из «молоды́х», то есть ему́ недáвно минýло сóрок лет, но он ужé мéтил в госудáрственные лю́ди[2] и на кáждой сторонé грýди носил по звездé. Однá, прáвда, былá, иностáнная, из плóхоньких[3]. Подóбно губернáтору, котóрого он приéхал судить, он считáлся прогрессистом и, бýдучи ужé тузóм, не походил на бóльшую часть тузóв. Он имéл о себé сáмое высóкое мнéние; тщеслáвие егó не знáло границ, но он держáлся прóсто, глядéл одобрительно, слýшал снисходительно и так добродýшно смея́лся, что на пéрвых порáх мог дáже прослы́ть за «чýдного мáлого». В вáжных слýчаях он умéл, однáко, как говорится, задáть пы́ли[4]. «Энéргия необходима», говáривал он тогдá: «l'énergie est la première qualité d'un homme d'état»; а со всем тем он обыкновéнно оставáлся в дуракáх, и вся́кий нéсколько óпытный чинóвник садился на негó верхóм[5]. Матвéй Ильич отзывáлся с большим уважéнием о Гизó[6] и старáлся внушить всем и кáждому, что он не принадлежит к числý рутинéров и отстáлых бюрокрáтов, что он не оставля́ет без внимáния ни одногó вáжного проявлéния обществéнной жи́зни... Все подóбные словá бы́ли ему́ хорошó извéстны. Он дáже следил, прáвда с небрéжной величáвостью, за развитием совремéнной литератýры: так взрóслый человéк, встрéтив на ýлице процéссию мальчишек, иногдá присоединя́ется к ней. В сýщности, Матвéй Ильич недалекó ушёл от тех госудáрственных мужéй Алексáндровского врéмени, котóрые, готóвясь итти на вéчер к г-же Свечинóй[7], жи́вшей тогдá в Петербýрге, прочи́тывали поутрý страницу из Кондильяка[8]; тóлько приёмы у негó бы́ли другие, бóлее совремéнные. Он был лóвкий придвóрный, большóй хитрéц, и бóльше ничегó; в делáх тóлку не знал, умá не имéл, а умéл вести свои сóбственные делá; тут уж никтó не мог егó оседлáть, а ведь э́то глáвное.

Матвей Ильич принял Аркадия с свойственным просвещённому сановнику добродушием, скажем более, с игривостью. Он, однако, изумился, когда узнал, что приглашённые им родственники остались в деревне. «Чудак был твой папа всегда», заметил он, побрасывая кистями своего великолепного бархатного шлафрока, и вдруг, обратясь к молодому чиновнику в благонамереннейше-застёгнутом виц-мундире, воскликнул с озабоченным видом: «чего»? Молодой человек, у которого от продолжительного молчанья слиплись губы, приподнялся и с недоуменьем посмотрел на своего начальника... Но, озадачив подчинённого, Матвей Ильич уже не обращал на него внимания. Сановники наши вообще любят озадачивать подчинённых; способы, к которым они прибегают для достижения этой цели, довольно разнообразны. Следующий способ, между прочим, в большом употреблении, «is quite a favourite», как говорят англичане: сановник вдруг перестаёт понимать самые простые слова, глухоту на себя напускает. Он спросит, например: какой сегодня день?

Ему почтительнейше докладывают: «Пятница сегодня, ваше с...с...с...ство»[9].

— А? Что? Что такое? Что вы говорите? — напряжённо повторяет сановник.

— Сегодня пятница, ваше с...с...ство.

— Как? Что? Что такое пятница? Какая пятница?

— Пятница, ваше с...ссс...ссс...ство, день в неделе.

— Ну-у, ты учить меня вздумал.

Матвей Ильич всё-таки был сановник, хоть и считался либералом.

— Я советую тебе, друг мой, съездить с визитом к губернатору, — сказал он Аркадию: — ты понимаешь, я тебе это советую не потому, чтобы я придерживался старинных понятий о необходимости ездить к властям на поклон, а просто потому, что губернатор порядочный человек; притом же ты, вероятно, желаешь познакомиться с здешним обществом... Ведь ты не медведь[10], надеюсь? А он послезавтра даёт большой бал.

— Вы будете на этом бале? — спросил Аркадий.

— Он для меня его даёт, — проговорил Матвей Ильич почти с сожалением. — Ты танцуешь?

— Танцую, только плохо.

— Это напрасно. Здесь есть хорошенькие, да и молодому человеку стыдно не танцевать. Опять-таки я это говорю не в силу старинных понятий; я вовсе не полагаю, что ум должен находиться в ногах; но байронизм[11] смешон, il a fait son temps.

— Да я, дядюшка, вовсе не из байронизма не...

— Я познакомлю тебя с здешними барынями, я беру тебя под свое крылышко, — перебил Матвей Ильич и самодовольно засмеялся. — Тебе тепло будет, а?

Слуга вошёл и доложил о приезде председателя казённой палаты[12], сладкоглазого старика со сморщенными губами, который чрезвычайно любил природу, особенно в летний день, когда, по его словам, «каждая пчёлочка с каждого цветочка берёт взяточку...» Аркадий удалился.

Он застал Базарова в трактире, где они остановились, и долго его уговаривал пойти к губернатору. «Нечего делать! — сказал наконец Базаров: — взялся за гуж[13] — не говори, что не дюж. Приехали смотреть помещиков, давай их смотреть!» Губернатор принял молодых людей приветливо, но не посадил их и сам не сел. Он вечно суетился и спешил; с утра надевал тесный вицмундир и чрезвычайно тугой галстук, недоедал и недопивал, все распоряжался. Его в губернии прозвали Бурдалу[14], намекая тем не на известного французского проповедника, а на бурду. Он пригласил Кирсанова и Базарова к себе на бал, и через две минуты пригласил их вторично, считая их уже братьями и называя их Кайсаровыми.

Они шли к себе домой от губернатора, как вдруг, из проезжающих мимо дрожек, выскочил человек, небольшого роста, в славянофильской венгерке[15], и с криком: «Евгений Васильич!» бросился к Базарову.

— А! это вы, герр Ситников, — проговорил Базаров, продолжая шагать по тротуару: — какими судьбами?[16]

— Вообразите, совершенно случайно, — отвечал тот и, обернувшись к дрожкам, махнул раз пять рукою и закричал: — ступай за нами, ступай! — У моего отца здесь дело, — продолжал он, перепрыгивая через канавку: — ну, так он меня просил... Я сегодня узнал о вашем приезде и уже был у вас... (Действительно, приятели, возвратясь к себе в номер, нашли там карточку с загнутыми углами и с и́менем Си́тникова, на одно́й стороне́ по-францу́зски, на друго́й — славя́нской вя́зью[17].) Я наде́юсь, вы не от губерна́тора?

— Не наде́йтесь, мы пря́мо от него́.

— А! в тако́м слу́чае я к нему́ пойду́. Евге́ний Васи́льич, познако́мьте меня́ с ва́шим... с ними́...

— Си́тников, Кирса́нов, — проворча́л, не остана́вливаясь, База́ров.

— Мне о́чень ле́стно, — на́чал Си́тников, выступа́я бо́ком, ухмыля́ясь и поспе́шно ста́скивая свои́ уже́ чересчу́р элега́нтные перча́тки. — Я о́чень мно́го слы́шал... Я стари́нный знако́мый Евге́ния Васи́льича и могу́ сказа́ть — его́ учени́к. Я ему́ обя́зан мои́м перерожде́нием...

Арка́дий посмотре́л на база́ровского ученика́. Трево́жное и тупо́е напряже́ние ска́зывалось в ма́леньких, впро́чем прия́тных черта́х его́ прили́занного лица́; небольши́е, сло́вно вда́вленные глаза́ гляде́ли при́стально и беспоко́йно, и смея́лся он беспоко́йно: каки́м-то коро́тким, деревя́нным сме́хом.

— Пове́рите ли, — продолжа́л он, — что когда́ при мне Евге́ний Васи́льич в пе́рвый раз сказа́л, что не должно́ признава́ть авторите́тов, я почу́вствовал тако́й восто́рг... сло́вно прозре́л![18] Вот, поду́мал я, наконе́ц нашёл я челове́ка! Кста́ти, Евге́ний Васи́льич, вам непреме́нно на́добно сходи́ть к одно́й зде́шней да́ме, кото́рая соверше́нно в состоя́нии поня́ть вас и для кото́рой ва́ше посеще́ние бу́дет настоя́щим пра́здником; вы, я ду́маю, слыха́ли о ней?

— Кто така́я? — произнёс не́хотя База́ров.

— Кукшина́, Eudoxie, Евдо́ксия Кукшина́. Э́то — замеча́тельная нату́ра, émancipée в и́стинном смы́сле сло́ва, передова́я же́нщина. Зна́ете ли что? Пойдёмте тепе́рь к ней все вме́сте. Она́ живёт отсю́да в двух шага́х... Мы там поза́втракаем. Ведь вы ещё не за́втракали?

— Нет ещё.

— Ну, и прекра́сно. Она́, вы понима́ете, разъе́халась с му́жем, ни от кого́ не зави́сит.

— Хоро́шенькая она́? — переби́л База́ров.

— Н... нет, э́того нельзя́ сказа́ть.

— Так для како́го же дья́вола вы нас к ней зовёте?

— Ну, шутни́к, шутни́к... Она́ нам буты́лку шампа́нского поста́вит.

— Вот как! Сейча́с ви́ден практи́ческий челове́к. Кста́ти, ваш ба́тюшка всё по откупа́м?[19]

— По откупа́м, — торопли́во проговори́л Си́тников и визгли́во засмея́лся. — Что же? идёт?

— Не зна́ю, пра́во.

— Ты хоте́л люде́й смотре́ть, ступа́й, — заме́тил вполго́лоса Арка́дий.

— А вы-то что ж, г. Кирса́нов? — подхвати́л Си́тников. — Пожа́луйте и вы; без вас нельзя́.

— Да как же э́то мы все ра́зом нагря́нем?

— Ничего́. Кукшина́ — челове́к чу́дный!

— Буты́лка шампа́нского бу́дет? — спроси́л База́ров.

— Три! — воскли́лнул Си́тников. — За э́то я руча́юсь!

— Чем?

— Со́бственной голово́й.

— Лу́чше бы мошно́ю ба́тюшки... А впро́чем, пойдём.

XIII

Небольшо́й дворя́нский до́мик на моско́вский мане́р, в кото́ром прожива́ла Авдо́тья Ники́тишна (или *Евдо́ксия*) Кукшина́, находи́лся в одно́й из ново-вы́горевших у́лиц го́рода ***; изве́стно, что на́ши губе́рнские города́ горя́т че́рез ка́ждые пять лет. У двере́й, над кри́во приби́той визи́тной ка́рточкой, видне́лась ру́чка колоко́льчика, и в пере́дней встре́тила прише́дших кака́я-то не то служа́нка, не то компаньо́нка в чепце́ — я́вные при́знаки прогресси́вных стремле́ний хозя́йки. Си́тников спроси́л, до́ма ли Авдо́тья Ники́тишна.

— Э́то вы, Victor? — разда́лся то́нкий го́лос из сосе́дней ко́мнаты. — Войди́те.

Же́нщина в чепце́ то́тчас исче́зла.

— Я не оди́н, — промо́лвил Си́тников, ли́хо ски́дывая свою́ венге́рку, под кото́рою оказа́лось не́что в ро́де подде́вки и́ли пальто́-сака, и броса́я бо́йкий взгляд Арка́дию и База́рову.

— Всё равно́, — отвеча́л го́лос. — Entrez.

Молоды́е лю́ди вошли́. Ко́мната, в кото́рой они́ очути́лись, походи́ла скоре́е на рабо́чий кабине́т, чем на гости́-

ную. Бума́ги, пи́сьма, то́лстые нумера́ ру́сских журна́лов, бо́льшей ча́стью неразре́занные, валя́лись по запылённым стола́м; ве́зде беле́ли разбро́санные оку́рки папиро́с. На ко́жаном дива́не полулежа́ла да́ма, ещё молода́я, белоку́рая, не́сколько растрёпанная, в шёлковом, не совсе́м опря́тном пла́тье, с кру́пными браслетами на коро́теньких рука́х и кружевно́й косы́нкой на голове́. Она́ вста́ла с дива́на и, небре́жно натя́гивая себе́ на пле́чи ба́рхатную шу́бку на пожелте́лом горноста́евом меху́, лени́во промо́лвила:

— Здра́вствуйте, Victor, — и пожа́ла Си́тникову ру́ку.

— База́ров, Кирса́нов, — проговори́л он отры́висто, в подража́ние База́рову.

— Ми́лости про́сим, — отвеча́ла Кукшина́ и, уста́вив на База́рова свои́ кру́глые глаза́, ме́жду кото́рыми сиротли́во красне́л кро́шечный вздёрнутый но́сик, приба́вила: — Я вас зна́ю, — и пожа́ла ему́ ру́ку то́же.

База́ров помо́рщился. В ма́ленькой и невзра́чной фигу́рке эмансипи́рованной же́нщины не́ было ничего́ безобра́зного; но выраже́ние её лица́ неприя́тно де́йствовало на зри́теля. Нево́льно хоте́лось спроси́ть у ней: «Что ты, голодна́? Или скуча́ешь? Или робе́ешь? Чего́ ты пру́жишься?»[1] И у ней, как у Си́тникова, ве́чно скребло́ на душе́[2]. Она́ говори́ла и дви́галась о́чень развя́зно и в то же вре́мя нело́вко; она́, очеви́дно, сама́ себя́ счита́ла за доброду́шное и просто́е существо́, и, ме́жду тем, что бы она́ ни де́лала, вам постоя́нно каза́лось, что она́ и́менно э́то-то и не хоте́ла сде́лать; всё у ней выходи́ло, как де́ти говоря́т — наро́чно, то есть не про́сто, не есте́ственно.

— Да, да, я зна́ю вас, База́ров, — повтори́ла она́. (За ней води́лась привы́чка, сво́йственная мно́гим провинциа́льным и моско́вским да́мам, — с пе́рвого дня знако́мства звать мужчи́н по фами́лии.) — Хоти́те сига́ру?

— Сига́рку сига́ркой[3], — подхвати́л Си́тников, кото́рый успе́л развали́ться в кре́слах и задра́ть но́гу кве́рху: — а да́йте-ка нам поза́втракать. Мы го́лодны ужа́сно; да вели́те нам воздви́гнуть буты́лочку шампа́нского.

— Сибари́т, — промо́лвила Евдо́ксия и засмея́лась. (Когда́ она́ смея́лась, её ве́рхняя десна́ обнажа́лась над зуба́ми.) — Не пра́вда ли, База́ров, он сибари́т?

— Я люблю комфорт жизни, — произнёс с важностию Ситников. — Это не мешает мне быть либералом.

— Нет, это мешает, мешает! — воскликнула Евдоксия и приказала, однако, своей прислужнице распорядиться и насчёт завтрака, и насчёт шампанского. — Как вы об этом думаете? — прибавила она, обращаясь к Базарову. — Я уверена, вы разделяете моё мнение.

— Ну, нет, — возразил Базаров: — кусок мяса лучше куска хлеба, даже с химической точки зрения.

— А вы занимаетесь химией? Это моя страсть. Я даже сама выдумала одну мастику.

— Мастику? вы?

— Да, я. И знаете ли, с какою целью? Куклы делать, головки, чтобы не ломались. Я ведь тоже практическая. Но всё это ещё не готово. Нужно ещё Либиха почитать. Кстати, читали вы статью Кислякова о женском труде в «Московских Ведомостях»?[4] Прочтите, пожалуйста. Ведь вас интересует женский вопрос? И школы тоже? Чем ваш приятель занимается? Как его зовут?

Госпожа Кукшина *роняла* свои вопросы один за другим с изнеженной небрежностью, не дожидаясь ответов; избалованные дети так говорят с своими няньками.

— Меня зовут Аркадий Николаич Кирсанов, — проговорил Аркадий: — и я ничем не занимаюсь.

Евдоксия захохотала.

— Вот это мило! Что, вы не курите? Виктор, вы знаете, я на вас сердита.

— За что?

— Вы, говорят, опять стали хвалить Жорж Санда. Отсталая женщина, и больше ничего! Как возможно сравнить её с Эмерсоном! Она никаких идей не имеет ни о воспитании, ни о физиологии, ни о чём. Она, я уверена, и не слыхивала об эмбриологии, а в наше время — как вы хотите без этого? (Евдоксия даже руки расставила.) Ах, какую удивительную статью по этому поводу написал Елисевич![5] Это гениальный господин. (Евдоксия постоянно употребляла слово «господин» вместо «человек».) Базаров, сядьте возле меня на диван. Вы, может быть, не знаете, я ужасно вас боюсь.

— Э́то почему́? Позво́льте полюбопы́тствовать.

— Вы опа́сный господи́н: вы тако́й кри́тик. Ах, бо́же мой! Мне смешно́, я говорю́, как кака́я-нибудь степна́я поме́щица. Впро́чем, я действи́тельно поме́щица. Я сама́ име́нием управля́ю, и, предста́вьте, у меня́ ста́роста Еро́фей — удиви́тельный тип, то́чно Патфа́ндер Ку́пера[6]: что́-то тако́е в нём непосре́дственное! Я оконча́тельно посели́лась здесь; несно́сный го́род, не пра́вда ли? Но что́ де́лать?

— Го́род как го́род[7], — хладнокро́вно заме́тил База́ров.

— Всё таки́е ме́лкие интере́сы, вот что́ ужа́сно! Пре́жде я по зима́м жила́ в Москве́... но тепе́рь там обита́ет мой благове́рный, мсьё Кукши́н. Да и Москва́ тепе́рь... уж я не зна́ю — то́же уж не то[8]. Я ду́маю съе́здить за грани́цу; я в про́шлом году́ уже́ совсе́м бы́ло собрала́сь.

— В Пари́ж, разуме́ется? — спроси́л База́ров.

— В Пари́ж и в Гейдельбе́рг.

— Заче́м в Гейдельбе́рг?

— Поми́луйте, там Бу́нзен![9]

На э́то База́ров ничего́ не нашёлся отве́тить.

— Pierre Сапо́жников... вы его́ зна́ете?

— Нет, не зна́ю.

— Поми́луйте, Pierre Сапо́жников... он ещё всегда́ у Ли́дии Хоста́товой быва́ет.

— Я и её не зна́ю.

— Ну, вот он взя́лся меня́ проводи́ть. Сла́ва бо́гу, я свобо́дна, у меня́ нет дете́й... Что́ э́то я сказа́ла: *сла́ва бо́гу*! Впро́чем, э́то всё равно́.

Евдо́ксия сверну́ла папиро́ску свои́ми побуре́вшими от табаку́ па́льцами, провела́ по ней языко́м, пососа́ла её и закури́ла. Вошла́ прислу́жница с подно́сом.

— А вот и за́втрак! Хоти́те закуси́ть? Виктор, отку́порьте буты́лку; э́то по ва́шей ча́сти.

— По мое́й, по мое́й, — пробормота́л Си́тников и опя́ть визгли́во засмея́лся.

— Есть здесь хоро́шенькие же́нщины? — спроси́л База́ров, допива́я тре́тью рю́мку.

— Есть, — отвеча́ла Евдо́ксия, — да все они́ таки́е пусты́е. Наприме́р, mon amie Одинцо́ва — недурна́. Жаль, что репута́ция у ней кака́я-то... Впро́чем, э́то бы ничего́, но никакой свободы воззрения, никакой ширины, ничего... этого. Всю систему воспитания надобно переменить. Я об этом уже думала: наши женщины очень дурно воспитаны.

— Ничего вы с ними не сделаете, — подхватил Ситников. — Их следует презирать, и я их презираю, вполне и совершенно! (Возможность презирать и выражать своё презрение было самым приятным ощущением для Ситникова; он в особенности нападал на женщин, не подозревая того, что ему предстояло несколько месяцев спустя пресмыкаться перед своей женой, потому только, что она была урождённая княжна Дурдолеосова.) Ни одна из них не была бы в состоянии понять нашу беседу; ни одна из них не стоит того, чтобы мы, серьёзные мужчины, говорили о ней!

— Да им совсем не нужно понимать нашу беседу, — промолвил Базаров.

— О ком вы говорите? — вмешалась Евдоксия.

— О хорошеньких женщинах.

— Как? Вы, стало быть, разделяете мнение Прудона?[10] Базаров надменно выпрямился.

— Я ничьих мнений не разделяю; я имею свои.

— Долой авторитеты! — закричал Ситников, обрадовавшись случаю резко выразиться в присутствии человека, перед которым раболепствовал.

— Но сам Маколей[11], — начала-было Кукшина.

— Долой Маколея! — загремел Ситников. — Вы заступаетесь за этих бабёнок?

— Не за бабёнок, а за права женщин, которые я поклялась защищать до последней капли крови.

— Долой! — Но тут Ситиков остановился. — Да я их не отрицаю, — промолвил он.

— Нет! я вижу, вы славянофил!

— Нет, я не славянофил, хотя, конечно...

— Нет! нет! нет! Вы славянофил. Вы последователь Домостроя[12]. Вам бы плётку в руки!

— Плётка дело доброе, — заметил Базаров, — только мы вот добрались до последней капли...

— Чего? — перебила Евдоксия.

— Шампанского, почтеннейшая Авдотья[13] Никитишна, шампанского — не вашей крови.

— Я не могу слышать равнодушно, когда нападают на женщин, — продолжала Евдоксия. — Это ужасно, ужасно. Вме́сто того́, что́бы напада́ть на них, прочти́те лу́чше кни́гу Мишле[14] *De l'amour*. Это чу́до! Господа́, бу́демте говори́ть о любви́, — приба́вила Евдо́ксия, то́мно урони́в ру́ку на смя́тую поду́шку дива́на.

Наступи́ло внеза́пное молча́ние.

— Нет, заче́м говори́ть о любви́, — промо́лвил База́ров: — а вот вы упомяну́ли об Одинцо́вой... Так, ка́жется, вы её назва́ли? Кто э́та ба́рыня?

— Пре́лесть! пре́лесть! — запища́л Си́тников. — Я вас предста́влю. У́мница, бога́чка, вдова́. К сожале́нию, она́ ещё недово́льно развита́: ей бы на́до с на́шей Евдо́ксией побли́же познако́миться. Пью ва́ше здоро́вье, Eudoxie! Чо́кнемтесь! «Et toc, et toc, et tin-tin-tin! Et toc, et toc, et tin-tin-tin!!»

— Victor, вы шалу́н.

За́втрак продолжа́лся до́лго. За пе́рвой буты́лкой шампа́нского после́довала друга́я, тре́тья и да́же четвёртая... Евдо́ксия болта́ла без у́молку; Си́тников ей вто́рил. Мно́го толкова́ли они́ о том, что тако́е брак — предрассу́док и́ли преступле́ние, и каки́е родя́тся лю́ди — одина́ковые и́ли нет? и в чём со́бственно состои́т индивидуа́льность? Де́ло дошло́, наконе́ц, до того́, что Евдо́ксия, вся кра́сная от вы́питого вина́ и стуча́ пло́скими но́гтями по кла́вишам расстро́енного фортепья́но, приняла́сь петь си́плым го́лосом сперва́ цыга́нские пе́сни, пото́м рома́нс Сеймур-Шиффа: «Дре́млет со́нная Грана́да», а Си́тников повяза́л го́лову ша́рфом и представля́л замира́вшего любо́вника, при слова́х:

> И уста́ твои́ с мои́ми
> В поцелу́й горя́чий слить...

Арка́дий не вы́терпел наконе́ц.

— Господа́, уж э́то что́-то на Бе́длам похо́же ста́ло, — заме́тил он вслух.

База́ров, кото́рый лишь и́зредка вставля́л в разгово́р насме́шливое сло́во — он занима́лся бо́льше шампа́нским — гро́мко зевну́л, встал и, не проща́ясь с хозя́йкой, вы́шел вон вме́сте с Арка́дием. Си́тников вы́скочил вслед за ни́ми.

— Ну что, ну что? — спра́шивал он, подобостра́стно забега́я то спра́ва, то сле́ва: — ведь я говори́л вам: замечáтельная лИчность! Вот какИх бы нам жéнщин побóльше! Онá, в своём рóде, высоко-нрáвственное явлéние.

— А э́то заведéние *твоего́* отцá тóже нрáвственное явлéние? — промóлвил Базáров, ткнув пáльцем на кабáк, мИмо котóрого онИ в э́то мгновéнье проходИли.

СИтников опя́ть засмея́лся с вИзгом. Он óчень стыдИлся своегó происхождéнья и не знал, чýвствовать ли емý себя́ польщённым Или обИженным от неожИданного *ты́канья* [15] Базáрова.

XIV

Нéсколько дней спустя́ состоя́лся бал у губернáтора. Матвéй ИльИч был настоя́щим «герóем прáздника». Губéрнский предводИтель [1] объявля́л всем и кáждому, что он приéхал сóбственно из уважéния к немý, а губернáтор, дáже и на бáле, дáже оставáясь неподвИжным, продолжáл «распоряжáться». Мя́гкость в обращéнии Матвéя Ильичá моглá равня́ться тóлько с его величáвостью. Он ласкáл всех — однИх с оттéнком гадлИвости, другИх с оттéнком уважéния; рассыпáлся «en vrai chevalier français» пéред дáмами и беспрестáнно смея́лся крýпным звýчным и одинóким смéхом, как онó и слéдует санóвнику. Он потрепáл по спинé Аркáдия и грóмко назвáл его «племя́нничком», удостóил Базáрова, облечённого в старовáтый фрак, — рассéянного, но снисходИтельного взгля́да вскользь, чéрез щекý, и нея́сного, но привéтливого мычáнья, в котóром тóлько и мóжно бы́ло разобрáть, что «я...» да «ссьма»; пóдал пáлец СИтникову и улыбнýлся емý, но ужé отвернýв гóлову; дáже самóй КукшинóЙ, яви́вшейся на бал безо вся́кой кринолИны и в гря́зных перчáтках, но с рáйскою птИцей в волосáх, дáже КукшинóЙ он сказáл: «enchanté». Нарóду бы́ло прóпасть, и в кавалéрах нé было недостáтка; штáтские бóлее теснИлись вдоль стен, но воéнные танцевáли усéрдно, осóбенно одИн из них, котóрый прóжил недéль шесть в ПарИже, где он вы́учился рáзным залихвáтским восклицáньям врóде: «Zut», «Ah fichtrrre», «Pst, pst, mon bibi» и т. п. Он произносИл их в совершéнстве, с настоя́щим парИжским *шИком*, и в то же врéмя говорИл: «si j’aurais» вмéсто «si j’avais», «absolument» в смы́сле «непремéнно», слóвом, выражáлся на том великорýсско-французском наречии, над которым так смеются французы, когда они не имеют нужды уверять нашу братью², что мы говорим на их языке, как ангелы, «comme des anges».

Аркадий танцевал плохо, как мы уже знаем, а Базаров вовсе не танцевал: они оба поместились в уголке; к ним присоединился Ситников. Изобразив на лице своём презрительную насмешку и отпуская ядовитые замечания, он дерзко поглядывал кругом и, казалось, чувствовал истинное наслаждение. Вдруг лицо его изменилось и, обернувшись к Аркадию, он, как бы с смущением, проговорил: «Одинцова приехала».

Аркадий оглянулся и увидал женщину высокого роста в чёрном платье, остановившуюся в дверях залы. Она поразила его достоинством своей осанки. Обнажённые её руки красиво лежали вдоль стройного стана; красиво падали с блестящих волос на покатые плечи лёгкие ветки фуксий; спокойно и умно, именно спокойно, а не задумчиво, глядели светлые глаза из-под немного нависшего белого лба, и губы улыбались едва заметною улыбкою. Какою-то ласковой и мягкой силой веяло от её лица.

— Вы с ней знакомы? — спросил Аркадий Ситникова.

— Коротко. Хотите, я вас представлю?

— Пожалуй... после этой кадрили.

Базаров также обратил внимание на Одинцову.

— Это что за фигура? — проговорил он. — На остальных баб не похожа.

Дождавшись конца кадрили, Ситников подвёл Аркадия к Одинцовой; но едва ли он был коротко с ней знаком: и сам он запутался в речах своих, и она глядела на него с некоторым изумлением. Однако лицо её приняло радушное выражение, когда она услышала фамилию Аркадия. Она спросила его, не сын ли он Николая Петровича.

— Точно так.

— Я видела вашего батюшку два раза и много слышала о нём, — продолжала она: — я очень рада с вами познакомиться.

В это мгновение подлетел к ней какой-то адъютант и пригласил её на кадриль. Она согласилась.

— Вы разве танцуете? — почтительно спросил Аркадий.

— Танцу́ю. А вы почему́ ду́маете, что я не танцу́ю? И́ли я вам кажу́сь сли́шком стара́?

— Поми́луйте, как мо́жно... Но в тако́м слу́чае позво́льте мне пригласи́ть вас на мазу́рку.

Одинцо́ва снисходи́тельно усмехну́лась.

— Изво́льте, — сказа́ла она́ и посмотре́ла на Арка́дия, не то чтобы свысока́, а так, как заму́жние сёстры смо́трят на о́чень молоде́ньких бра́тьев.

Одинцо́ва была́ немно́го ста́рше Арка́дия, ей пошёл два́дцать девя́тый год, но в её прису́тствии он чу́вствовал себя́ шко́льником, студе́нтиком, то́чно ра́зница лет ме́жду ни́ми была́ гора́здо значи́тельней. Матве́й Ильи́ч прибли́зился к ней с вели́чественным ви́дом и подобостра́стными реча́ми. Арка́дий отошёл в сто́рону, но продолжа́л наблюда́ть за не́ю: он не спуска́л с неё глаз и во вре́мя кадри́ли. Она́ так же непринуждённо разгова́ривала с свои́м танцо́ром, как и с сано́вником; ти́хо поводи́ла голово́й и глаза́ми и ра́за два ти́хо засмея́лась. Нос у ней был немно́го толст, как почти́ у всех ру́сских, и цвет ко́жи не́ был соверше́нно чист; со всем тем Арка́дий реши́л, что он ещё никогда́ не встреча́л тако́й преле́стной же́нщины. Звук ее го́лоса не выходи́л у него́ из уше́й; са́мые скла́дки её пла́тья, каза́лось, ложи́лись у ней ина́че, чем у други́х, стройне́е и ши́ре, и движе́ния её бы́ли осо́бенно пла́вны и есте́ственны в одно́ и то же вре́мя.

Арка́дий ощуща́л на се́рдце не́которую ро́бость, когда́, при пе́рвых зву́ках мазу́рки, он уса́живался во́зле свое́й да́мы и, гото́вясь вступи́ть в разгово́р, то́лько проводи́л руко́й по волоса́м и не находи́л ни еди́ного сло́ва. Но он робе́л и волнова́лся не до́лго; споко́йствие Одинцо́вой сообщи́лось и ему́: че́тверти часа́ не прошло́, как уж он свобо́дно расска́зывал о своём отце́, дя́де, о жи́зни в Петербу́рге и в дере́вне. Одинцо́ва слу́шала его́ с ве́жливым уча́стием, слегка́ раскрыва́я и закрыва́я ве́ер; болтовня́ его́ прерыва́лась, когда́ её выбира́ли кавале́ры; Си́тников, ме́жду про́чим, пригласи́л её два ра́за. Она́ возвраща́лась, сади́лась сно́ва, сно́ва брала́ ве́ер, и да́же грудь её не дыша́ла быстре́е, а Арка́дий опя́ть принима́лся болта́ть, весь прони́кнутый сча́стием находи́ться в её бли́зости, говори́ть с ней, гля́дя в её глаза́, в её прекра́сный лоб, во всё её ми́лое, ва́жное и у́мное лицо́. Сама́ она́ говори́ла ма́ло, но зна́ние жи́зни ска́зывалось в её слова́х;

по ины́м её замеча́ниям Арка́дий заключи́л, что э́та молода́я же́нщина уже́ успе́ла перечу́вствовать и переду́мать мно́гое...

— С кем вы э́то стоя́ли? — спроси́ла она́ его́: — когда́ г-н Си́тников подвёл вас ко мне?

— А вы его́ заме́тили? — спроси́л в свою́ о́чередь Арка́дий. — Не пра́вда ли, како́е у него́ сла́вное лицо́? Э́то не́кто База́ров, мой прия́тель.

Арка́дий приня́лся говори́ть о «своём прия́теле».

Он говори́л о нём так подро́бно и с таки́м восто́ргом, что Одинцо́ва оберну́лась к нему́ и внима́тельно на него́ посмотре́ла. Ме́жду тем мазу́рка приближа́лась к концу́. Арка́дию ста́ло жа́лко расста́ться с свое́ю да́мой: он так хорошо́ провёл с ней о́коло ча́са! Пра́вда, он в тече́ние всего́ э́того вре́мени постоя́нно чу́вствовал, как бу́дто она́ к нему́ снисходи́ла, как бу́дто ему́ сле́довало быть ей благода́рным... но молоды́е сердца́ не тяготя́тся э́тим чу́вством.

Му́зыка умо́лкла.

— Merci, — промо́лвила Одинцо́ва, встава́я. — Вы обеща́ли мне посети́ть меня́, привези́те же с собо́й и ва́шего прия́теля. Мне бу́дет о́чень любопы́тно ви́деть челове́ка, кото́рый име́ет сме́лость ни во что не ве́рить.

Губерна́тор подошёл к Одинцо́вой, объяви́л, что у́жин гото́в, и с озабо́ченным лицо́м по́дал ей ру́ку. Уходя́, она́ оберну́лась, что́бы в после́дний раз улыбну́ться и кивну́ть Арка́дию. Он ни́зко поклони́лся, посмотре́л ей вслед (как стро́ен показа́лся ему́ её стан, о́блитый [3] серова́тым бле́ском чёрного шёлка!) и, поду́мав: «в э́то мгнове́нье она́ уже́ забы́ла о моём существова́нии», почу́вствовал на душе́ како́е-то изя́щное смире́ние...

— Ну что? — спроси́л База́ров Арка́дия, как то́лько тот верну́лся к нему́ в уголо́к. — Получи́л удово́льствие? Мне сейча́с ска́зывал оди́н ба́рин, что э́та госпожа́ — ой-ой-ой; да ба́рин-то, ка́жется, дура́к. Ну, а по-тво́ему, что она́, то́чно — ой-ой-ой?

— Я э́того определе́нья не совсе́м понима́ю, — отвеча́л Арка́дий.

— Вот ещё! Како́й неви́нный!

— В тако́м слу́чае я не понима́ю твоего́ ба́рина. Одинцо́ва о́чень мила́ — бесспо́рно, но она́ так хо́лодно и стро́го себя́ де́ржит, что...

— В ти́хом о́муте [4]... ты зна́ешь! — подхвати́л База́-
ров. — Ты говори́шь, она́ холодна́. В э́том-то са́мый вкус
и есть. Ведь ты лю́бишь моро́женое.

— Мо́жет быть, — пробормота́л Арка́дий, — я об э́том
суди́ть не могу́. Она́ жела́ет с тобо́й познако́миться, и про-
си́ла меня́, чтоб я привёз тебя́ к ней.

— Вообража́ю, как ты меня́ распи́сывал! Впро́чем,
ты поступи́л хорошо́. Вези́ меня́. Кто бы она́ ни была́
— про́сто ли губе́рнская льви́ца, и́ли «эманципе́» в ро́-
де Куки́ной, то́лько у ней таки́е пле́чи, каки́х я не ви́-
дывал давно́.

Арка́дия покоро́било [5] от цини́зма База́рова, но — как
э́то ча́сто случа́ется — он упрекну́л своего́ прия́теля не за
то и́менно, что ему́ в нём не понра́вилось...

— Отчего́ ты не хо́чешь допусти́ть свобо́ды мы́сли в
же́нщинах? — проговори́л он вполго́лоса.

— Оттого́, бра́тец, что, по мои́м замеча́ниям, свобо́д-
но мы́слят ме́жду же́нщинами то́лько уро́ды.

Разгово́р на э́том прекрати́лся. О́ба молоды́х челове́ка
уе́хали то́тчас по́сле у́жина. Куки́на́ нерви́чески зло́бно,
но не без ро́бости, засмея́лась им во след: её самолю́бие
бы́ло глубоко́ уя́звлено тем, что ни тот, ни друго́й не обра-
ти́л на неё внима́ния. Она́ остава́лась по́зже всех на ба́ле
и в четвёртом часу́ но́чи протанцева́ла по́льку-мазу́рку
с Си́тниковым на пари́жский мане́р. Э́тим поучи́тель-
ным зре́лищем и заверши́лся губерна́торский пра́здник.

XV

— Посмо́трим, к како́му разря́ду млекопита́ющих при-
надлежи́т сия́ осо́ба, — говори́л на сле́дующий день Арка́-
дию База́ров, поднима́ясь вме́сте с ним по ле́стнице гос-
ти́ницы, в кото́рой останови́лась Одинцо́ва. — Чу́вствует
мой нос, что тут что́-то не ла́дно.

— Я тебе́ удивля́юсь! — воскли́кнул Арка́дий. — Как?
Ты, ты, База́ров, приде́рживаешься той у́зкой мора́ли, ко-
то́рую...

— Эко́й ты чуда́к! — небре́жно переби́л База́ров. —
Ра́зве ты не зна́ешь, что на на́шем наре́чии и для на́шего
бра́та «не ла́дно» зна́чит «ла́дно»? Пожи́ва есть, зна́чит.
Не сам ли ты сего́дня говори́л, что она́ стра́нно вы́шла

замуж, хотя́, по мне́нию моему́, вы́йти за бога́того ста-
рика́ — де́ло ничу́ть не стра́нное, а, напро́тив, благора-
зу́мное. Я городски́м то́лкам не ве́рю; но люблю́ ду́мать,
как говори́т наш образо́ванный губерна́тор, что они́
справедли́вы.

Арка́дий ничего́ не отвеча́л и постуча́лся в дверь но́-
мера. Молодо́й слуга́ в ливре́е ввёл обо́их прия́телей в боль-
шу́ю ко́мнату, меблиро́ванную ду́рно, как все ко́мнаты
ру́сских гости́ниц, но уста́вленную цвета́ми. Ско́ро появи́-
лась сама́ Одинцо́ва в просто́м у́треннем пла́тье. Она́ ка-
за́лась ещё моло́же при све́те весе́ннего со́лнца. Арка́дий
предста́вил ей База́рова и с та́йным удивле́нием заме́тил,
что он как бу́дто сконфу́зился, ме́жду тем как Одинцо́ва
остава́лась соверше́нно споко́йною, по-вчера́шнему. База́-
ров сам почу́вствовал, что сконфу́зился, и ему́ ста́ло доса́д-
но. «Вот тебе́ раз![1] — Ба́бы испуга́лся!» поду́мал он и, раз-
валя́сь в кре́сле, не ху́же Си́тникова, заговори́л преувели́чен-
но развя́зно, а Одинцо́ва не спуска́ла с него́ свои́х я́сных глаз.

А́нна Серге́евна Одинцо́ва родила́сь от Серге́я Нико-
ла́евича Локтёва, изве́стного краса́вца, афери́ста[2] и игро-
ка́, кото́рый, продержа́вшись и прошуме́в лет пятна́дцать
в Петербу́рге и в Москве́, ко́нчил тем, что проигра́лся в
прах и принуждён был посели́ться в дере́вне, где, впро́-
чем, ско́ро у́мер, оста́вив кро́шечное состоя́ние двум свои́м
дочеря́м, А́нне — два́дцати и Катери́не — двена́дцати лет.
Мать их, из обедне́вшего ро́да князе́й X......, сконча́лась
в Петербу́рге, когда́ муж её находи́лся ещё в по́лной си́ле.
Положе́ние А́нны по́сле сме́рти отца́ бы́ло о́чень тяжёлое.
Блестя́щее воспита́ние, полу́ченное е́ю в Петербу́рге, не
подгото́вило её к перенесе́нию забо́т по хозя́йству и по до́-
му, — к глухо́му дереве́нскому житью́. Она́ не зна́ла ни-
кого́ реши́тельно в це́лом около́тке[3], и посове́товаться ей
бы́ло не с кем. Оте́ц её стара́лся избега́ть сноше́ний с сосе́-
дями, он их презира́л, и они́ его́ презира́ли, ка́ждый по-
сво́ему. Она́, одна́ко, не потеря́ла головы́ и неме́дленно
вы́писала к себе́ сестру́ свое́й ма́тери, княжну́ Авдо́тью Сте-
па́новну X.....ю, злу́ю и чва́нную стару́ху, кото́рая, посе-
ли́вшись у племя́нницы в до́ме, забра́ла себе́ все лу́чшие
ко́мнаты, ворча́ла и брюзжа́ла с утра́ до ве́чера и да́же по
са́ду гуля́ла не ина́че, как в сопровожде́нии еди́нствен-
ного своего́ крепостно́го челове́ка, угрю́мого лаке́я в изно́-

шенной гороховой ливрее с голубым позументом и в треуголке. Анна терпеливо выносила все причуды тётки, исподволь занималась воспитанием сестры и, казалось, уже примирилась с мыслию увянуть в глуши... Но судьба судила ей другое. Её случайно увидел некто Одинцов, очень богатый человек лет сорока шести, чудак, ипохондрик, пухлый, тяжёлый и кислый, впрочем не глупый и не злой; влюбился в неё и предложил ей руку. Она согласилась быть его женой, — а он пожил с ней лет шесть и, умирая, упрочил за ней всё своё состояние[4]. Анна Сергеевна около года после его смерти не выезжала из деревни, потом отправилась вместе с сестрой за границу, но побывала только в Германии; соскучилась и вернулась на жительство в своё любезное Никольское, отстоявшее вёрст сорок от города***. Там у ней был великолепный, отлично убранный дом, прекрасный сад с оранжереями: покойный Одинцов ни в чём себе не отказывал. В город Анна Сергеевна являлась очень редко, большею частью по делам, и то не надолго. Её не любили в губернии, ужасно кричали по поводу её брака с Одинцовым, рассказывали про неё всевозможные небылицы, уверяли, что она помогала отцу в его шулерских проделках, что и за границу она ездила недаром, а из необходимости скрыть несчастные последствия... «Вы понимаете чего?» договаривали негодующие рассказчики. «Прошла через огонь и воду», говорили о ней; а известный губернский остряк обыкновенно прибавлял: «И через медные трубы». Все эти толки доходили до неё; но она пропускала их мимо ушей: характер у неё был свободный и довольно решительный.

Одинцова сидела, прислонясь к спинке кресел, и, положив руку на руку, слушала Базарова. Он говорил, против обыкновения, довольно много и явно старался занять свою собеседницу, что опять удивило Аркадия. Он не мог решить, достигал ли Базаров своей цели. По лицу Анны Сергеевны трудно было догадаться, какие она испытывала впечатления: оно сохраняло одно и то же выражение, приветливое, тонкое; её прекрасные глаза светились вниманием, но вниманием безмятежным. Ломание Базарова, в первые минуты посещения, неприятно подействовало на неё, как дурной запах или резкий звук; но она тотчас же поняла, что он чувствовал смущение, и это ей даже польстило.

Одно́ по́шлое её отта́лкивало, а в по́шлости никто́ бы не упрекну́л База́рова. Арка́дию пришло́сь в тот день не переставать удивля́ться. Он ожида́л, что База́ров заговори́т с Одинцо́вой, как с же́нщиной у́мною, о свои́х убежде́ниях и воззре́ниях: она́ же сама́ изъяви́ла жела́ние послу́шать челове́ка, «кото́рый име́ет сме́лость ничему́ не ве́рить»; но вме́сто того́ База́ров толкова́л о медици́не, о гомеопа́тии, о бота́нике. Оказа́лось, что Одинцо́ва не теря́ла вре́мени в уедине́нии: она́ прочла́ не́сколько хоро́ших книг и выража́лась пра́вильным ру́сским языко́м. Она́ навела́ речь на му́зыку, но заме́тив, что База́ров не признаёт иску́сства, потихо́ньку возврати́лась к бота́нике, хотя́ Арка́дий и пусти́лся-бы́ло толкова́ть о значе́нии наро́дных мело́дий. Одинцо́ва продолжа́ла обраща́ться с ним, как с мла́дшим бра́том: каза́лось, она́ цени́ла в нем доброту́ и простоду́шие мо́лодости — и то́лько. Часа́ три сли́шком дли́лась бесе́да, неторопли́вая, разнообра́зная и жива́я.

Прия́тели наконе́ц подня́лись и ста́ли проща́ться. А́нна Серге́евна ла́сково погляде́ла на них, протяну́ла обо́им свою́ краси́вую бе́лую ру́ку и, поду́мав немно́го, с нереши́тельною, но хоро́шею улы́бкой проговори́ла:

— Е́сли вы, господа́, не бо́йтесь ску́ки, приезжа́йте ко мне в Нико́льское.

— Поми́луйте, А́нна Серге́евна! — воскли́кнул Арка́дий: — я за осо́бенное сча́стье почту́...

— А вы, мсьё База́ров?

База́ров то́лько поклони́лся, — и Арка́дию в после́дний раз пришло́сь удиви́ться: он заме́тил, что прия́тель его́ покрасне́л.

— Ну? — говори́л он ему́ на у́лице: — ты всё того́ же мне́ния, что она́ — ой-ой-ой?

— А кто её зна́ет! Вишь, как она́ себя́ заморо́зила! — возрази́л База́ров и, помолча́в немно́го, приба́вил: — герцоги́ня, владе́тельная осо́ба. Ей бы то́лько шлейф сза́ди носи́ть, да коро́ну на голове́.

— На́ши герцоги́ни так по-ру́сски не говоря́т, — заме́тил Арка́дий.

— В переде́ле была́[5], бра́тец ты мой, на́шего хле́ба поку́шала.

— А всё-таки она́ пре́лесть, — промо́лвил Арка́дий.

— Эда́кое бога́тое те́ло! — продолжа́л База́ров: — хоть сейча́с в анатоми́ческий теа́тр.

— Переста́нь, ра́ди бо́га, Евге́ний! э́то ни на что не похо́же.

— Ну, не серди́сь, не́женка. Ска́зано — пе́рвый сорт. На́до бу́дет пое́хать к ней.

— Когда́?

— Да хоть послеза́втра. Что́ нам здесь де́лать-то! Шампа́нское с Кукши́ной пить? Ро́дственника твоего́, либера́льного сано́вника, слу́шать?.. Послеза́втра же и махнём. Кста́ти — и моего́ отца́ уса́дьбишка отту́да недалеко́. Ведь э́то Нико́льское по*** доро́ге?

— Да.

— Optime. Не́чего ме́шкать; ме́шкают одни́ дураки́ — да у́мники. Я тебе́ говорю́: бога́тое те́ло!

Три дня спустя́[6] о́ба прия́теля кати́ли по доро́ге в Нико́льское. День стоя́л све́тлый и не сли́шком жа́ркий, и я́мские сы́тые лоша́дки дру́жно бежа́ли, слегка́ пома́хивая свои́ми закру́ченными и заплетёнными хвоста́ми.

Арка́дий гляде́л на доро́гу и улыба́лся, сам не зна́я чему́.

— Поздра́вь меня́, — воскли́кнул вдруг База́ров: — сего́дня 22-е ию́ня, день моего́ а́нгела[7]. Посмо́трим, ка́к-то он обо мне печётся. Сего́дня меня́ до́ма ждут, — приба́вил он, пони́зив го́лос... — Ну, подожду́т, что́ за ва́жность!

XVI

Уса́дьба, в кото́рой жила́ А́нна Серге́евна, стоя́ла на поло́гом откры́том холме́, в неда́льнем расстоя́нии от жёлтой ка́менной це́ркви с зелёною кры́шей, бе́лыми коло́ннами и жи́вописью al fresco над гла́вным вхо́дом, представля́вшею «Воскресе́ние Христо́во» в «италья́нском» вку́се. Осо́бенно замеча́телен свои́ми округлёнными конту́рами был распростёртый на пе́рвом пла́не сму́глый во́ин в шиша́ке. За це́рковью тяну́лось в два ря́да дли́нное село́ с ко́е-где мелька́ющими тру́бами над соло́менными кры́шами. Госпо́дский дом был постро́ен в одно́м сти́ле с це́рковью, в том сти́ле, кото́рый изве́стен у нас под и́менем Алекса́ндровского; дом э́тот был та́кже вы́крашен жёлтою кра́ской, и кры́шу име́л зелёную, и бе́лые коло́нны, и фронто́н с гербо́м. Губе́рнский архите́ктор воздви́гнул о́ба зда́ния с одобре́ния поко́йного Одинцо́ва, не терпе́вшего ника-

ких пусты́х и самопроизво́льных, как он выража́лся, но-
вовведе́ний. К до́му с обе́их сторо́н прилега́ли тёмные
дере́вья стари́нного са́да, — алле́я стри́женых ёлок вела́
к подъе́зду.

Прия́телей на́ших встре́тили в пере́дней два ро́слых ла-
ке́я в ливре́е, оди́н из них то́тчас побежа́л за дворе́цким.
Дворе́цкий, то́лстый челове́к в чёрном фра́ке, неме́дленно
яви́лся и напра́вил госте́й по у́стланной коврами́ ле́ст-
нице в осо́бую ко́мнату, где уже́ стоя́ли две крова́ти со
все́ми принадле́жностями туале́та. В до́ме, ви́димо, ца́р-
ствовал поря́док: всё бы́ло чи́сто, всю́ду па́хло каки́м-
то прили́чным за́пахом, то́чно в министе́рских приёмных.

— А́нна Серге́евна про́сят вас пожа́ловать к ним че́рез
полчаса́, — доложи́л дворе́цкий: — не бу́дет ли от вас пока́-
мест каки́х приказа́ний?

— Никаки́х приказа́ний не бу́дет, почте́ннейший, — отве́-
тил База́ров: — ра́зве рю́мку во́дочки соблаговоли́те под-
нести́.

— Слу́шаю-с, — промо́лвил дворе́цкий не без недоуме́-
нья и удали́лся, скрипя́ сапога́ми.

— Како́й гранжа́нр! — заме́тил База́ров. — Ка́жется, э́то
так по-ва́шему называ́ется? Герцоги́ня, да и по́лно.

— Хороша́ герцоги́ня[1], — возрази́л Арка́дий: — с пе́р-
вого ра́за[2] пригласи́ла к себе́ таки́х си́льных аристокра́тов,
каковы́ мы с тобо́й.

— Осо́бенно я, бу́дущий ле́карь и ле́карский сын и дьяч-
ко́вский[3] внук... Ведь ты зна́ешь, что я внук дьячка́?..

— Как Спера́нский[4], — приба́вил База́ров по́сле небольшо́-
го молча́ния и скриви́в гу́бы. — А всё-таки избалова́ла
она́ себя́: ох, как избалова́ла себя́ э́та ба́рыня! Уж не фра́ки
ли нам наде́ть?

Арка́дий то́лько плечо́м пожа́л... но и он чу́вствовал
небольшо́е смуще́ние.

Полчаса́ спустя́ База́ров с Арка́дием сошли́ в гости́ную.
Э́то была́ просто́рная, высо́кая ко́мната, у́бранная дово́льно
роско́шно, но без осо́бенного вку́са. Тяжёлая дорога́я ме́-
бель стоя́ла в обы́чном чо́порном поря́дке вдоль стен, оби́-
тых кори́чневыми обо́ями с золоты́ми разво́дами; поко́й-
ный Одинцо́в вы́писал её из Москвы́ че́рез своего́ прия́теля
и комиссионе́ра ви́нного торго́вца. Над сре́дним дива́ном
висе́л портре́т обрю́зглого белоку́рого мужчи́ны — и, каза́-
лось, недружелю́бно гляде́л на госте́й. — Должно́ быть,

сам, — шепнул Базаров Аркадию и, сморщив нос, прибавил: — аль удрать?[5]

Но в это мгновенье вошла хозяйка. На ней было лёгкое барежевое платье; гладко зачёсанные за уши волосы придавали девическое выражение её чистому и свежему лицу.

— Благодарствуйте, что сдержали слово, — начала она: — погостите у меня: здесь, право, недурно. Я вас познакомлю с моей сестрою; она хорошо играет на фортепьяно. Вам, мсьё Базаров, это всё равно; но вы, мсьё Кирсанов, кажется, любите музыку; кроме сестры, у меня живёт старушка-тётка, да сосед один иногда наезжает в карты играть: вот и всё наше общество. А теперь сядем.

Одинцова произнесла весь этот маленький спич с особенною отчётливостью, словно она наизусть его выучила; потом она обратилась к Аркадию. Оказалось, что мать её знавала Акрадиеву мать и была даже повéренною её любви к Николаю Петровичу. Аркадий с жаром заговорил о покойнице; а Базаров между тем принялся рассматривать альбомы. «Какой я смирненький стал», думал он про себя.

Красивая борзая собака с голубым ошейником вбежала в гостиную, стуча ногтями по полу, а вслед за нею вошла дéвушка лет восемнадцати, черноволосая и смуглая, с несколько круглым, но приятным лицом, с небольшими тёмными глазами. Она держала в руках корзину, наполненную цветами.

— Вот вам и моя Катя, — проговорила Одинцова, указав на неё движением головы.

Катя слегка присела, поместилась возле сестры и принялась разбирать цветы. Борзая собака, имя которой было Фифи, подошла, махая хвостом, поочерёдно к обоим гостям и ткнула каждого из них своим холодным носом в руку.

— Это ты всё сама нарвала? — спросила Одницова.

— Сама, — отвечала Катя.

— А тётушка придёт к чаю?

— Придёт.

Когда Катя говорила, она очень мило улыбалась, застенчиво и откровенно, и глядела как-то забавно-сурово, снизу вверх. Всё в ней было ещё молодо-зелено[6]: и голос, и пушок на всём лице, и розовые руки с беловатыми кружками на ладонях, и чуть-чуть сжатые плечи... Она беспрестанно краснела и быстро переводила дух.

Одинцо́ва обрати́лась к База́рову.

— Вы из прили́чия рассма́триваете карти́нки, Евге́ний Васи́льич, — начала́ она́. — Вас э́то не занима́ет. Подви́ньтесь-ка лу́чше к нам, и дава́йте поспо́римте о чём-нибудь.

База́ров прибли́зился.

— О чём прика́жете-с? — промо́лвил он.

— О чём хоти́те. Предупрежда́ю вас, что я ужа́сная спо́рщица.

— Вы?

— Я. Вас э́то как бу́дто удивля́ет. Почему́?

— Потому́ что, ско́лько я могу́ суди́ть, у вас нрав споко́йный и холо́дный, а для спо́ра ну́жно увлече́ние.

— Как э́то вы успе́ли меня́ узна́ть так ско́ро? Я, во-пе́рвых, нетерпели́ва и насто́йчива, спроси́те лу́чше Ка́тю; а во-вторы́х, я о́чень легко́ увлека́юсь.

База́ров погляде́л на А́нну Серге́евну.

— Мо́жет быть, вам лу́чше знать. Ита́к, вам уго́дно спо́рить, — изво́льте. Я рассма́тривал ви́ды Саксо́нской Швейца́рии[7] в ва́шем альбо́ме, а вы мне заме́тили, что э́то меня́ заня́ть не мо́жет. Вы э́то сказа́ли оттого́, что не предполага́ете во мне худо́жественного смы́сла, — да во мне действи́тельно его́ нет; но э́ти ви́ды могли́ меня́ заинтересова́ть с то́чки зре́ния геологи́ческой, с то́чки зре́ния форма́ции гор, наприме́р.

— Извини́те; как гео́лог вы скоре́е к кни́ге прибе́гнете, к специа́льному сочине́нию, а не к рису́нку.

— Рису́нок нагля́дно предста́вит мне то, что в кни́ге изло́женно на це́лых десяти́ страни́цах.

А́нна Серге́евна помолча́ла.

— И так-таки у вас ни ка́пельки худо́жественного смы́сла нет? — промо́лвила она́, облокотя́сь на стол и э́тим са́мым движе́нием прибли́зив своё лицо́ к База́рову. — Как же вы э́то без него́ обхо́дитесь?

— А на что он ну́жен, позво́льте спроси́ть?

— Да хоть на то, чтоб уме́ть узнава́ть и изуча́ть люде́й.

База́ров усмехну́лся.

— Во-пе́рвых, на э́то существу́ет жи́зненный о́пыт; а во-вторы́х, доложу́ вам, изуча́ть отде́льные ли́чности не сто́ит труда́. Все лю́ди друг на дру́га похо́жи, как те́лом, так и душо́й: у ка́ждого из нас мозг, селезёнка, се́рдце, лёгкие одина́ково устро́ены; и так называ́емые нра́вственные ка́чества одни́ и те же у всех: небольши́е видоизмене́ния ничего́ не зна́чат. Доста́точно одного́ челове́ческого экземпля́ра, что́бы суди́ть обо всех други́х. Лю́ди, что́ дере́вья в лесу́; ни оди́н бота́ник не ста́нет занима́ться ка́ждою отде́льною берёзой.

Ка́тя, кото́рая, не спеша́, подбира́ла цвето́к к цветку́, с недоуме́нием подняла́ глаза́ на База́рова и, встре́тив его́ бы́стрый и небре́жный взгляд, вспы́хнула вся до уше́й. А́нна Серге́евна покача́ла голово́й.

— Дере́вья в лесу́, — повтори́ла она́. — Ста́ло быть, по-ва́шему нет ра́зницы ме́жду глу́пым и у́мным челове́ком, ме́жду до́брым и злым?

— Нет, есть: как ме́жду больны́м и здоро́вым. Лёгкие у чахо́точного не в том положе́нии, как у нас с ва́ми, хоть устро́ены одина́ково. Мы приблизи́тельно зна́ем, отчего́ происхо́дят теле́сные неду́ги; а нра́вственные боле́зни происхо́дят от дурно́го воспита́ния, от вся́ких пустяко́в, кото́рыми сы́змала набива́ют людски́е го́ловы; от безобра́зного состоя́ния о́бщества, одни́м сло́вом. Испра́вьте о́бщество, и боле́зней не бу́дет.

База́ров говори́л всё э́то с таки́м ви́дом, как бу́дто в то же вре́мя ду́мал про себя́: «Верь мне, и́ли не верь, э́то мне всё еди́но!» Он ме́дленно проводи́л свои́ми дли́нными па́льцами по бакенба́рдам, а глаза́ его́ бе́гали по угла́м.

— И вы полага́ете, — промо́лвила А́нна Серге́евна: — что, когда́ о́бщество испра́вится, уже́ не бу́дет ни глу́пых, ни злых люде́й?

— По кра́йней ме́ре, при пра́вильном устро́йстве о́бщества, соверше́нно бу́дет равно́, глуп ли челове́к и́ли умён, зол и́ли добр.

— Да, понима́ю; у всех бу́дет одна́ и та же селезёнка.

— И́менно так-с, суда́рыня.

Одинцо́ва обрати́лась к Арка́дию:

— А ва́ше како́е мне́ние, Арка́дий Никола́евич?

— Я согла́сен с Евге́нием, — отвеча́л он.

Ка́тя погляде́ла на него́ исподло́бья.

— Вы меня́ удивля́ете, господа́, — промо́лвила Одинцо́ва: — но мы ещё с ва́ми потолку́ем. А тепе́рь, я слы́шу, тётушка идёт чай пить; мы должны́ пощади́ть её у́ши.

Тётушка А́нны Серге́евны, княжна́ X......ая, ху́денькая и ма́ленькая же́нщина с сжа́тым в кулачо́к лицо́м и неподви́жными злы́ми глаза́ми под седо́ю накла́дкой[8], вошла́ и, едва́ поклони́вшись гостя́м, опусти́лась в ши́рокое ба́рхатное кре́сло, на кото́ром никто́, кро́ме неё, не име́л пра́ва сади́ться. Ка́тя поста́вила ей скаме́йку под но́ги; стару́ха не поблагодари́ла её, да́же не взгляну́ла на неё, то́лько пошевели́ла рука́ми под жёлтою ша́лью, покрыва́вшею почти́ всё её тщеду́шное те́ло. Княжна́ люби́ла жёлтый цвет: у ней и на чепце́ бы́ли я́рко-жёлтые ле́нты.

— Как вы почива́ли, тётушка? — спроси́ла Одинцо́ва, возвы́сив го́лос.

— Опя́ть э́та соба́ка здесь, — проворча́ла в отве́т стару́ха и, заме́тив, что Фифи́ сде́лала два нереши́тельных шага́ в её направле́нии, воскли́кнула: — брысь, брысь! 9

Ка́тя позвала́ Фифи́ и отвори́ла ей дверь.

Фифи́ ра́достно бро́силась вон, в наде́жде, что её поведу́т гуля́ть, но, оста́вшись одна́ за две́рью, начала́ скрести́сь и повизгивать. Кн ЧЖна́ нахму́рилась, Ка́тя хоте́ла-было вы́йти...

— Я ду́маю, чай гото́в? — промо́лвила Одинцо́ва. — Господа́, пойдёмте; тётушка, пожа́луйте чай ку́шать.

Княжна́ мо́лча вста́ла с кре́сла и пе́рвая вы́шла из гости́ной. Все отпра́вились вслед за ней в столо́вую. Казачо́к в ливре́е с шу́мом отодви́нул от стола́ обло́женное поду́шками, та́кже заве́тное 10, кре́сло, в кото́рое опусти́лась княжна́; Ка́тя, разлива́вшая чай, пе́рвой ей подала́ ча́шку с раскра́шенным гербо́м. Стару́ха положи́ла себе́ мёду в ча́шку (она́ находи́ла, что пить чай с са́харом и гре́шно и до́рого, хотя́ сама́ не тра́тила копе́йки ни на что), и вдруг спроси́ла хри́плым го́лосом:

— А что пи́шет *кнесь* 11 Ива́н?

Ей никто́ не отвеча́л. База́ров и Арка́дий ско́ро догада́лись, что на неё не обраща́ли внима́ния, хотя́ обходи́лись с не́ю почти́тельно. «Для *ра́ди* 12 ва́жности де́ржат, потому́ что кня́жеское отро́дье», поду́мал База́ров... По́сле ча́ю А́нна Серге́евна предложи́ла пойти́ гуля́ть; но стал накра́пывать до́ждик, и всё о́бщество, за исключе́нием княжны́, верну́лось в гости́ную. Прие́хал сосе́д, люби́тель ка́рточной игры́, по и́мени Порфи́рий Плато́ныч, то́лстенький, се́денький челове́к с коро́тенькими, то́чно вы́точенными 13 но́жками, о́чень ве́жливый и смешли́вый. А́нна Серге́евна, кото́рая разгова́ривала всё бо́льше с База́ровым, спроси́ла его́ — не хо́чет ли он срази́ться с ни́ми по-старомо́дному в преферанс[14]. Базаров согласился, говоря, что ему надобно заранее приготовиться к предстоящей ему должности уездного лекаря.

— Берегитесь, — заметила Анна Сергеевна: — мы с Порфирием Платонычем вас разобьём. А ты, Катя, — прибавила она: — сыграй что-нибудь Аркадию Николаевичу: он любит музыку, мы кстати послушаем.

Катя неохотно приблизилась к фортепьяно; и Аркадий, хотя точно любил музыку, неохотно пошёл за ней: ему казалось, что Одинцова его отсылает, — а у него на сердце, как у всякого молодого человека в его годы, уже накипало какое-то смутное и томительное ощущение, похожее на предчувствие любви. Катя подняла крышку фортепьяно и, не глядя на Аркадия, промолвила вполголоса:

— Что же вам сыграть?

— Что хотите, — равнодушно ответил Аркадий.

— Вы какую музыку больше любите? — повторила Катя, не переменяя положения.

— Классическую, — тем же голосом ответил Аркадий.

— Моцарта любите?

— Моцарта люблю.

Катя достала це-мольную[15] сонату-фантазию Моцарта. Она играла очень хорошо, хотя немного строго и сухо. Не отводя глаз от нот и крепко стиснув губы, сидела она неподвижно и прямо, и только к концу сонаты лицо её разгорелось, и маленькая прядь развившихся волос упала на тёмную бровь.

Аркадия в особенности поразила последняя часть сонаты, та часть, в которой, посреди пленительной весёлости беспечного напева, внезапно возникают порывы такой гористой, почти трагической скорби... Но мысли, возбуждённые в нём звуками Моцарта, относились не к Кате. Глядя на неё, он только подумал: «А ведь не дурно играет эта барышня, и сама она не дурна».

Кончив сонату, Катя, не принимая рук[16] с клавишей, спросила: «довольно?» Аркадий объявил, что не смеет утруждать её более, и заговорил с ней о Моцарте, спросил её, — сама ли она выбрала эту сонату или кто ей её отрекомендовал? Но Катя отвечала ему односложно: она *спряталась*, ушла в себя. Когда это с ней случалось, она нескоро выходила наружу, самое лицо её принимало тогда выражение упрямое, почти тупое. Она была не то что робка, а недоверчива и немного запугана воспитавшею её сестрой, чего, разумеется, та и не подозревала. Аркадий кончил тем, что, подозвав возвратившуюся Фифи, стал для контенансу, с благосклонною улыбкой, гладить её по голове. Катя опять взялась за свои цветы.

А Базаров, между тем, ремизился[17] да ремизился. Анна Сергеевна играла мастерски в карты, Порфирий Платоныч тоже мог постоять за себя. Базаров остался в проигрыше, хотя не значительном, но всё-таки не совсем для него приятном. За ужином Анна Сергеевна снова завела речь о ботанике.

— Пойдёмте гулять завтра поутру, — сказала она ему: — я хочу узнать от вас латинские названия полевых растений и их свойства.

— На что вам латинские названия? — спросил Базаров.

— Во всём нужен порядок, — отвечала она.

— Что за чудесная женщина Анна Сергеевна! — воскликнул Аркадий, оставшись наедине с своим другом в отведённой им комнате.

— Да, — отвечал Базаров, — баба с мозгом. Ну, и видала же она виды[18].

— В каком смысле ты это говоришь, Евгений Васильич?

— В хорошем смысле, в хорошем, батюшка вы мой, Аркадий Николаич! Я уверен, что она и своим имением отлично распоряжается. Но чудо — не она, а её сестра.

— Как? Эта смугленькая?

— Да, эта смугленькая. Это вот свежо, и нетронуто, и пугливо, и молчаливо, и всё, что хочешь. Вот кем можно заняться. Из этой ещё что вздумаешь, то и сделаешь; а та — тёртый калач[19].

Аркадий ничего не отвечал Базарову, и каждый из них лёг спать с особенными мыслями в голове.

И Анна Сергеевна в тот вечер думала о своих гостях. Базаров ей понравился — отсутствием кокетства и самою резкостью суждений. Она видела в нём что-то новое, с чем ей не случалось встретиться, а она была любопытна.

Анна Сергеевна было довольно странное существо. Не имея никаких предрассудков, не имея даже никаких сильных верований, она ни перед чем не отступала и никуда не шла. Она многое ясно видела, многое её занимало, и ничто не удовлетворяло её вполне; да она едва ли и желала полного удовлетворения. Её ум был пытлив в равнодушен в одно и то же время; её сомнения не утихали никогда до забывчивости и никогда не дорастали до тревоги. Не будь она богата и независима, она, быть может, бросилась бы в битву, узнала бы страсть... Но ей жилось легко, хотя она и скучала подчас, и она продолжала провождать день за днём, не спеша и лишь изредка волнуясь. Радужные краски загорались иногда и у ней перед глазами, но она отдыхала [20], когда они угасали, и не жалела о них. Воображение её уносилось даже за пределы того, что по законам обыкновенной морали считается дозволенным; но и тогда кровь её попрежнему тихо катилась в её обаятельно-стройном и спокойном теле. Бывало, выйдя из благовонной ванны, вся тёплая и разнеженная, она замечтается о ничтожности жизни, об её горе, труде и зле... Душа её наполнится внезапною смелостию, закипит благородным стремлением; но сквозной ветер [21] подует из полузакрытого окна, и Анна Сергеевна вся сожмётся, и жалуется, и почти сердится, и только одно ей и нужно в это мгновение: чтобы не дул на неё этот гадкий ветер.

Как все женщины, которым не удалось полюбить, она хотела чего-то, сама не зная, чего именно. Собственно, ей ничего не хотелось, хотя ей казалось, что ей хотелось всего. Покойного Одинцова она едва выносила (она вышла за него по расчёту [22], хотя она, вероятно, не согласилась бы сделаться его женой, если б она не считала его за доброго человека) и получила тайное отвращение ко всем мужчинам, которых представляла себе не иначе, как неопрятными, тяжёлыми и вялыми, бессильно докучливыми существами. Раз она где-то за границей встретила молодого, красивого шведа с рыцарским выражением лица, с честными голубыми глазами под открытым лбом; он произвёл на неё сильное впечатление, но это не помешало ей вернуться в Россию.

«Странный человек этот лекарь!» думала она, лёжа в своей великолепной постели, на кружевных подушках, под лёгким шёлковым одеялом... Анна Сергеевна наследовала от отца частицу его наклонности к роскоши. Она очень любила своего грешного, но доброго отца, а он обожал её, дружелюбно шутил с ней, как с ровней, и доверялся ей вполне, советовался с ней. Мать свою она едва помнила.

«Странный этот лекарь!» повторила она про себя. Она потянулась, улыбнулась, закинула руки за голову, потом пробежала глазами страницы две глупого французского романа, выронила книжку — и заснула, вся чистая и холодная, в чистом и душистом белье.

На следующее утро Анна Сергеевна тотчас после завтрака отправилась ботанизировать с Базаровым и возвратилась перед самым обедом; Аркадий никуда не отлучался и провёл около часа с Катей. Ему не было скучно с нею, она сама вызвалась [23] повторить ему вчерашнюю сонату; но когда Одинцова возвратилась наконец, когда он увидал её — сердце в нём мгновенно сжалось... Она шла по саду несколько усталою походкой; щёки её алели, и глаза светились ярче обыкновенного под соломенною круглою шляпой. Она вертела в пальцах тонкий стебелёк полевого цветка, лёгкая мантилья спустилась ей на локти, и широкие серые ленты её шляпы прильнули к её груди. Базаров шёл сзади её, самоуверенно и небрежно, как всегда, но выражение его лица, хотя весёлое и даже ласковое, не понравилось Аркадию. Пробормотав сквозь зубы: «Здравствуй!» — Базаров отправился к себе в комнату, а Одинцова рассеянно пожала Аркадию руку и тоже прошла мимо него.

«Здравствуй, — подумал Аркадий... — Разве мы не виделись сегодня?»

XVII

Время (дело известное) летит иногда птицей, иногда ползёт червяком; но человеку бывает особенно хорошо тогда, когда он даже не замечает — скоро ли, тихо ли оно проходит. Аркадий и Базаров именно таким образом провели дней пятнадцать у Одинцовой. Этому отчасти способствовал порядок, который она завела у себя в доме и в жизни. Она строго его придерживалась и заставляла других ему покоряться. Всё в течение дня совершалось в известную пору. Утром, ровно в восемь часов, всё общество собиралось к чаю; от чая до завтрака всякий делал, что хотел, сама хозяйка занималась с приказчиком (имение было на оброке), с дворецким, с главною ключницей. Перед обедом общество опять сходилось для беседы или для чтения; вечер посвящался прогулке, картам, музыке; в половине одиннадцатого Анна Сергеевна уходила к себе в комнату, отдавала приказания на следующий день и ложилась спать. Базарову не нравилась эта размеренная, несколько торжественная правильность ежедневной жизни: «как по рельсам катишься», уверял он; ливрейные лакеи, чинные дворецкие оскорбляли его демократическое чувство. Он находил, что уж если на то пошло[1], так и обедать следовало бы по-английски — во фраках и в белых галстуках. Он однажды объяснился об этом с Анной Сергеевной.

Она так себя держала, что каждый человек, не обинуясь, высказывал перед ней свои мнения. Она выслушала его и промолвила: «с вашей точки зрения вы правы — и, может быть, в этом случае, я — барыня; но в деревне нельзя жить беспорядочно, скука одолеет», — и продолжала делать по-своему. Базаров ворчал; но и ему и Аркадию оттого и жилось так легко у Одинцовой, что всё в её доме «катилось, как по рельсам». Со всем тем в обоих молодых людях, с первых же дней их пребывания в Никольском, произошла перемена. В Базарове, к которому Анна Сергеевна, очевидно, благоволила, хотя редко с ним соглашалась, стала проявляться небывалая прежде тревога: он легко раздражался, говорил нехотя, глядел сердито и не мог усидеть на месте, словно что его подмывало[2]; а Аркадий, который окончательно сам с собой решил, что влюблён в Одинцову, начал предаваться тихому унынию. Впрочем, это уныние не мешало ему сблизиться с Катей; оно даже помогло ему войти с нею в ласковые, приятельские отношения. «Меня *она* не ценит! Пусть!.. А вот доброе существо меня не отвергает», думал он, и сердце его снова вкушало сладость великодушных ощущений. Катя смутно понимала, что он искал какого-то утешения в её обществе, и не отказывала ни ему, ни себе в невинном удовольствии полустыдливой, полудоверчивой дружбы. В присутствии Анны Сергеевны они не разговаривали между собою: Катя всегда сжималась под зорким взглядом сестры, а Аркадий, как оно и следует влюблённому человеку, вблизи своего предмета уже не мог обращать внимание ни на что другое; но хорошо ему было с одной Катей. Он чувствовал, что не в силах занять Одинцову; он робел и терялся, когда оставался с ней наедине; и она не зна́ла, что́ ему́ сказа́ть: он был сли́шком для неё мо́лод. Напро́тив, с Ка́тей Арка́дий был, как до́ма; он обраща́лся с ней снисходи́тельно, не меша́л ей выска́зывать впечатле́ния, возбуждённые в ней му́зыкой, чте́нием повесте́й, стихо́в и про́чими пустяка́ми, сам не замеча́я и́ли не сознава́я, что э́ти *пустяки́* и его́ занима́ли. С свое́й стороны́, Ка́тя не меша́ла ему́ грусти́ть. Арка́дию бы́ло хорошо́ с Ка́тей, Одинцо́вой — с База́ровым, а потому́ обыкнове́нно случа́лось так: о́бе па́рочки, побы́в немно́го вме́сте, расходи́лись ка́ждая в свою́ сто́рону, осо́бенно во вре́мя прогу́лок. Ка́тя *обожа́ла* приро́ду, и Арка́дий её люби́л, хоть и не смел призна́ться в э́том; Одинцо́ва была́ к ней дово́льно равноду́шна, так же как и База́ров. Почти́ постоя́нное разъедине́ние на́ших прия́телей не оста́лось без после́дствий: отноше́ния ме́жду ни́ми ста́ли меня́тся. База́ров переста́л говори́ть с Арка́дием об Одинцо́вой, переста́л да́же брани́ть её «аристократи́ческие зама́шки»; пра́вда, Ка́тю он хвали́л попре́жнему и то́лько сове́товал умеря́ть в ней сентимента́льные накло́нности, но похвалы́ его́ бы́ли торопли́вы, сове́ты су́хи, и вообще́ он с Арка́дием бесе́довал гора́здо ме́ньше пре́жнего... он как бу́дто избега́л, как бу́дто стыди́лся его́...

Арка́дий всё э́то замеча́л, но храни́л про себя́ свои́ замеча́ния.

Настоя́щею причи́ной всей э́той «новизны́» бы́ло чу́вство, внушённое База́рову Одинцо́вой, чу́вство, кото́рое его́ му́чило и беси́ло, и от кото́рого он то́тчас отказа́лся бы с презри́тельным хо́хотом и цини́ческою бра́нью, е́сли бы кто́-нибудь, хотя́ отдалённо, намекну́л ему́ на возмо́жность того́, что́ в нём происходи́ло. База́ров был вели́кий охо́тник до же́нщин и до же́нской красоты́, но любо́вь в смы́сле идеа́льной и́ли, как он выража́лся, романти́ческом, называ́л белибердо́й, непрости́тельною ду́рью, счита́л ры́царские чу́вства чем́-то в ро́де уро́дства и́ли боле́зни, и не одна́жды выража́л своё удивле́ние: почему́ не посади́ли в жёлтый дом [3] Тоггенбу́рга [4] со все́ми миннезе́нгерами и трубаду́рами [5]? «Нра́вится тебе́ же́нщина, — гова́ривал он: — стара́йся доби́ться то́лку [6]; а нельзя́ — ну, не на́до, отверни́сь — земля́ не кли́ном сошла́сь» [7]. Одинцо́ва ему́ нра́вилась; распространённые слу́хи о ней, свобо́да и незави́симость её мы́слей, её несомне́нное расположе́ние к нему́ — всё, каза́лось, говори́ло в его́ по́льзу; но он ско́ро по́нял, что с ней «не добьёшься то́лку», а отверну́ться от неё он, к изумлению своему, не имел сил. Кровь его загора́лась, как то́лько он вспомина́л о ней; он легко́ сла́дил бы с свое́ю кро́вью, но что́-то друго́е в него́ всели́лось, чего́ он ника́к не допуска́л, над чем всегда́ труни́л, что́ возмуща́ло всю его́ го́рдость. В разгово́рах с А́нной Серге́евной он ещё бо́льше пре́жнего выска́зывал своё равноду́шное презре́ние ко всему́ романти́ческому; а оста́вшись наедине́, он с негодова́нием сознава́л рома́нтика в само́м себе́. Тогда́ он отправля́лся в лес и ходи́л по нём больши́ми шага́ми, лома́я попада́вшиеся ве́тки и браня́ вполго́лоса и её и себя́; и́ли забира́лся на сенова́л, в сара́й, и, упря́мо закрыва́я глаза́, заставля́л себя́ спать, что́ ему́, разуме́ется, не всегда́ удава́лось. Вдруг ему́ предста́вится, что э́ти целому́дренные ру́ки когда́-нибудь обовью́тся вокру́г его́ ше́и, что э́ти го́рдые гу́бы отве́тят на его́ поцелу́и, что э́ти у́мные глаза́ с не́жностию — да, с не́жностию остано́вятся на его́ глаза́х, и голова́ его́ закру́жится, и он забу́дется на миг, пока́ опя́ть не вспы́хнет в нём негодова́ние. Он лови́л самого́ себя́ на вся́кого ро́да «посты́дных» мы́слях, то́чно бес его́ дразни́л. Ему́ каза́лось иногда́, что и в Одинцо́вой происхо́дит переме́на, что в выраже́нии её лица́ проявля́лось что́-то осо́бенное, что́, мо́жет быть... Но тут он обыкнове́нно то́пал ного́ю и́ли скрежета́л зуба́ми и грози́л себе́ кулако́м.

А ме́жду тем База́ров не совсе́м ошиба́лся. Он порази́л воображе́ние Одинцо́вой; он занима́л её, она́ мно́го о нём ду́мала. В его́ отсу́тствии она́ не скуча́ла, не ждала́ его́; но его́ появле́ние то́тчас её оживля́ло; она́ охо́тно остава́лась с ним наедине́ и охо́тно с ним разгова́ривала, да́же тогда́, когда́ он её серди́л и́ли оскорбля́л её вкус, её изя́щные привы́чки. Она́ как бу́дто хоте́ла и его́ испыта́ть и себя́ изве́дать.

Одна́жды он, гуля́я с ней по са́ду, внеза́пно промо́лвил угрю́мым го́лосом, что наме́рен ско́ро уе́хать в дере́вню к отцу́... Она́ побледне́ла, сло́вно её что́ в се́рдце кольну́ло, да так кольну́ло, что она́ удиви́лась и до́лго пото́м размышля́ла о том, что́ бы э́то зна́чило. База́ров объяви́л ей о своём отъе́зде не с мы́слью испыта́ть её, посмотре́ть, что́ из э́того вы́йдет: он никогда́ не «сочиня́л». У́тром того́ дня он ви́делся с отцо́вским прика́зчиком, бы́вшим свои́м дя́дькой[8] Тимофе́ичем. Э́тот Тимофе́ич, потёртый[9] и прово́рный старичо́к, с вы́цветшими, жёлтыми волоса́ми, вы́ветренным, кра́сным лицо́м и кро́шечными слези́нками в съёженных глаза́х, неожи́данно предста́л пе́ред База́ровым в свое́й коро́тенькой чу́йке из то́лстого се́ро-синева́того сукна́, подпоя́санный ремённым обры́вочком, и в дегтя́рных сапога́х.

— А, старина́, здра́вствуй! — воскли́кнул База́ров.

— Здра́вствуйте, ба́тюшка Евге́ний Васи́льевич, — на́чал старичо́к и ра́достно улыбну́лся, отчего́ всё лицо́ его́ вдруг покры́лось морщи́нами.

— Заче́м пожа́ловал? За мной, что ль, присла́ли?

— Поми́луйте, ба́тюшка, как мо́жно! — залепета́л Тимофе́ич (он вспо́мнил стро́гий нака́з, полу́ченный от ба́рина, при отъе́зде). — В го́род по госпо́дским дела́м е́хали да про ва́шу ми́лость услыха́ли так вот и заверну́ли по пути́, то есть — посмотре́ть на ва́шу ми́лость... а то как же мо́жно беспоко́ить!

— Ну, не ври, — переби́л его́ База́ров. — В го́род тебе́ ра́зве здесь доро́га?

Тимофе́ич помя́лся и ничего́ не отвеча́л.

— Оте́ц здоро́в?

— Сла́ва бо́гу-с.

— И мать?

— И Ари́на Вла́сьевна, сла́ва тебе́ го́споди.

— Ждут меня́, небо́сь?[10]

Старичо́к склони́л на́бок свою́ кро́шечную голо́вку.

— Ах, Евге́ний Васи́льич, как не ждать-то-с! Ве́рите ли бо́гу, се́рдце изны́ло на роди́телей на ва́ших гля́дючи[11].

— Ну, хорошо́, хорошо́! не распи́сывай. Скажи́ им, что ско́ро бу́ду.

— Слу́шаю-с, — со вздо́хом отвеча́л Тимофе́ич.

Вы́йдя из до́ма, он обе́ими рука́ми нахлобу́чил себе́ карту́з на го́лову[12], взобра́лся на убо́гие беговы́е дро́жки, оста́вленные им у воро́т, и поплёлся рысцо́й, то́лько не в направле́нии го́рода.

Ве́чером того́ же дня Одинцо́ва сиде́ла у себя́ в ко́мнате с База́ровым, а Арка́дий расха́живал по за́ле и слу́шал игру́ Ка́ти. Княжна́ ушла́ к себе́ наве́рх; она́ вообще́ терпе́ть не могла́ госте́й, и в осо́бенности э́тих «но́вых оголте́лых», как она́ их называ́ла. В пара́дных ко́мнатах она́ то́лько ду́лась; зато́ у себя́, пе́ред свое́ю го́рничной, она́ разража́лась иногда́ тако́ю бра́нью, что чепе́ц пры́гал у ней на голове́ вме́сте с накла́дкой. Одинцо́ва всё э́то зна́ла.

— Как же это вы ехать собираетесь, — начала она: — а обещание ваше?

Базаров встрепенулся.

— Какое-с?

— Вы забыли? Вы хотели дать мне несколько уроков химии.

— Что делать-с! Отец меня ждёт; нельзя мне больше мешкать. Впрочем, вы можете прочесть Pelouse et Frémy[13], *Notions générales de Chimie*; книга хорошая и написана ясно. Вы в ней найдёте всё, что нужно.

— А помните: вы меня уверяли, что книга не может заменить... я забыла, как вы выразились, но вы знаете, что я хочу сказать... помните?

— Что делать-с! — повторил Базаров.

— Зачем ехать? — проговорила Одинцова, понизив голос.

Он взглянул на неё. Она закинула голову на спинку кресел и скрестила на груди руки, обнажённые до локтей. Она казалась бледней при свете одинокой лампы, завешенной вырезною бумажною сеткой. Широкое белое платье покрывало её всю своими мягкими складками; едва виднелись кончики её ног, тоже скрещённых.

— А зачем оставаться? — отвечал Базаров.

Одинцова слегка повернула голову.

— Как зачем? Разве вам у меня не весело? Или вы думаете, что об вас здесь жалеть не будут?

— Я в этом убеждён.

Одинцова помолчала.

— Напрасно вы это думаете. Впрочем, я вам не верю. Вы не могли сказать это серьёзно. — Базаров продолжал сидеть неподвижно. — Евгений Васильевич, что же вы молчите?

— Да что мне сказать вам? О людях вообще жалеть не стоит, а обо мне подавно.

— Это почему?

— Я человек положительный, неинтересный. Говорить не умею.

— Вы напрашиваетесь на любезность[14], Евгений Васильевич.

— Это не в моих привычках. Разве вы не знаете сами, что изящная сторона жизни мне недоступна, та сторона, которою вы так дорожите?

Одинцо́ва покуса́ла у́гол носово́го платка́.

— Ду́майте, что́ хоти́те, но мне бу́дет ску́чно, когда́ вы уе́дете.

— Арка́дий оста́нется, — заме́тил База́ров.

Одинцо́ва слегка́ пожа́ла плечо́м.

— Мне бу́дет ску́чно, — повтори́ла она́.

— В са́мом де́ле? Во вся́ком слу́чае, до́лго вы скуча́ть не бу́дете.

— Отчего́ вы так полага́ете?

— Оттого́, что вы са́ми мне сказа́ли, что скуча́ете то́лько тогда́, когда́ ваш поря́док наруша́ется. Вы так непогреши́тельно-пра́вильно устро́или ва́шу жизнь, что в ней не мо́жет быть ме́ста ни ску́ке, ни тоске́... никаки́м тяжёлым чу́вствам.

— И вы нахо́дите, что я непогреши́тельна... то есть, что я так пра́вильно устро́ила свою́ жизнь?

— Ещё бы! Да вот наприме́р: че́рез не́сколько мину́т пробьёт де́сять часо́в, и я уже́ наперёд зна́ю, что вы прого́ните меня́.

— Нет, не прогоню́, Евге́ний Васи́льич. Вы мо́жете оста́ться. Отвори́те э́то окно́... мне что́-то ду́шно.

База́ров встал и толкну́л окно́. Оно́ ра́зом со сту́ком распахну́лось... Он не ожида́л, что оно́ так легко́ отворя́лось; прито́м его́ ру́ки дрожа́ли. Тёмная, мя́гкая ночь гляну́ла в ко́мнату с свои́м почти́ чёрным не́бом, сла́бо шуме́вшими дере́вьями и све́жим за́пахом во́льного, чи́стого во́здуха.

— Спусти́те сто́ру и ся́дьте, — промо́лвила Одинцо́ва: — мне хо́чется поболта́ть с ва́ми перед ва́шим отъе́здом. Расскажи́те мне что́-нибудь о само́м себе́; вы никогда́ о себе́ не говори́те.

— Я стара́юсь бесе́довать с ва́ми о предме́тах поле́зных, А́нна Серге́евна.

— Вы о́чень скро́мны... Но мне хоте́лось бы узна́ть что́-нибудь о вас, о ва́шем семе́йстве, о ва́шем отце́, для кото́рого вы нас покида́ете.

«Заче́м она́ говори́т таки́е слова́?» поду́мал База́ров.

— Всё э́то ниско́лько не занима́тельно, — произнёс он вслух: — осо́бенно для вас; мы лю́ди тёмные...[15]

— А я, по-ва́шему, аристокра́тка?

База́ров по́днял глаза́ на Одинцо́ву.

— Да, — промо́лвил он преувели́ченно-ре́зко.

Она́ усмехну́лась.

— Я ви́жу, вы меня́ зна́ете ма́ло, хотя́ вы и уверя́ете, что все лю́ди друг на дру́га похо́жи и что их изуча́ть не сто́ит. Я вам когда́-нибудь расскажу́ свою́ жизнь... но вы мне пре́жде расска́жете свою́.

— Я вас зна́ю ма́ло, — повтори́л База́ров. — Мо́жет быть, вы пра́вы; мо́жет быть, то́чно, вся́кий челове́к — зага́дка. Да хоть вы, наприме́р, вы чужда́етесь о́бщества, вы им тяготи́тесь — и пригласи́ли к себе́ на жи́тельство двух студе́нтов. Заче́м вы, с ва́шим умо́м, с ва́шей красото́ю, живёте в дере́вне?

— Как? Как вы э́то сказа́ли? — с жи́востью подхвати́ла Одинцо́ва. — С мое́й... красото́й?

База́ров нахму́рился.

— Э́то всё равно́, — пробормота́л он: — я хоте́л сказа́ть, что не понима́ю хороше́нько, заче́м вы посели́лись в дере́вне.

— Вы э́того не понима́ете... Одна́ко, вы объясня́ете э́то себе́ ка́к-нибудь?

— Да... я полага́ю, что вы постоя́нно остаётесь на одно́м ме́сте потому́, что вы себя́ избалова́ли, потому́, что вы о́чень лю́бите комфо́рт, удо́бства, а ко всему́ остально́му о́чень равноду́шны.

Одинцо́ва опя́ть усмехну́лась.

— Вы реши́тельно не хоти́те ве́рить, что я способна́ увлека́ться?

База́ров исподло́бья взгляну́л на неё.

— Любопы́тством — пожа́луй; но не ина́че.

— В са́мом де́ле? Ну, тепе́рь я понима́ю, почему́ мы сошли́сь с ва́ми: ведь и вы тако́й же, как я.

— Мы сошли́сь... — глу́хо промо́лвил База́ров.

— Да!.. ведь я забы́ла, что вы хоти́те уе́хать.

База́ров встал. Ла́мпа ту́скло горе́ла посреди́ потемне́вшей, благово́нной, уединённой ко́мнаты; сквозь и́зредка колыха́вшуюся сто́ру влива́лась раздражи́тельная све́жесть но́чи, слы́шалось ее таи́нственное шепта́ние. Одинцо́ва не шевели́лась ни одни́м чле́ном, но та́йное волне́ние охва́тывало её понемно́гу... Оно́ сообщи́лось База́рову. Он вдруг почу́вствовал себя́ наедине́ с молодо́ю прекра́сною же́нщиной...

— Куда́ вы? — ме́дленно проговори́ла она́.

Он ничего́ не отвеча́л и опусти́лся на стул.

— Ита́к, вы счита́ете меня споко́йным, изне́женным, избало́ванным существо́м, — продолжа́ла она́ тем же го́лосом, не спуска́я глаз с окна́. — А я так зна́ю о себе́, что я о́чень несча́стлива.

— Вы несча́стливы! Отчего́? Неуже́ли вы мо́жете придава́ть како́е-нибудь значе́ние дрянны́м спле́тням?

Одинцо́ва нахму́рилась. Ей ста́ло доса́дно, что он так её по́нял.

— Меня́ э́ти спле́тни да́же не смеша́т, Евге́ний Васи́льич, и я сли́шком горда́, чтобы позво́лить им меня́ беспоко́ить. Я несча́стлива оттого́... что нет во мне жела́ния, охо́ты жить. Вы недове́рчиво на меня́ смо́трите, вы ду́маете: э́то говори́т «аристокра́тка», кото́рая вся в кружева́х и сиди́т на ба́рхатном кре́сле. Я и не скрыва́юсь: я люблю́ то, что́ вы называ́ете комфо́ртом, и в то же вре́мя я ма́ло жела́ю жить. Примири́те э́то противоре́чие как зна́ете. Впро́чем, э́то всё в ва́ших глаза́х романти́зм.

База́ров покача́л голово́ю.

— Вы здоро́вы, незави́симы, бога́ты; чего́ же ещё? Чего́ вы хоти́те?

— Чего́ я хочу́, — повтори́ла Одинцо́ва и вздохну́ла. — Я о́чень уста́ла, я стара́; мне ка́жется, я о́чень давно́ живу́. Да, я стара́, — приба́вила она́, тихо́нько натя́гивая концы́ манти́льи на свои́ обнажённые ру́ки. Её глаза́ встре́тились с глаза́ми База́рова, и она́ чуть-чуть покрасне́ла. — Позади́ меня́ уже́ так мно́го воспомина́ний: жизнь в Петербу́рге, бога́тство, пото́м бе́дность, пото́м смерть отца́, заму́жество, пото́м заграни́чная пое́здка, как сле́дует... воспомина́ний мно́го, а вспо́мнить не́чего [16], и впереди́, пе́редо мной — дли́нная, дли́нная доро́га, а це́ли нет... Мне и не хо́чется идти́.

— Вы так разочаро́ваны? — спроси́л База́ров.

— Нет, — промо́лвила с расстано́вкой Одинцо́ва: — но я не удовлетворена́. Ка́жется, е́сли б я могла́ си́льно привяза́ться к чему́-нибудь...

— Вам хо́чется полюби́ть, — переби́л её База́ров: — а полюби́ть вы не мо́жете: вот в чём ва́ше несча́стие.

Одинцо́ва приняла́сь рассма́тривать рукава́ свое́й манти́льи.

— Ра́зве я не могу́ полюби́ть? — промо́лвила она́.

— Едва́ ли! То́лько я напра́сно назва́л э́то несча́стием. Напро́тив, тот скоре́е досто́ин сожале́ния, с кем э́та шту́ка случа́ется.

— Случается, что?

— Полюбить.

— А вы почём это знаете?

— Понаслышке, — сердито отвечал Базаров.

«Ты кокетничаешь, — подумал он: — ты скучаешь и дразнишь меня от нечего делать, а мне...» Сердце у него, действительно, так и рвалось.

— Притом вы, может быть, слишком требовательны, — промолвил он, наклонившись всем телом вперёд и играя бахромою кресла.

— Может быть. По-моему, или всё или ничего. Жизнь за жизнь. Взял мою, отдай свою, и тогда уже без сожаления без возврата. А то лучше и не надо.

— Что ж? — заметил Базаров: — это условие справедливое, и я удивляюсь, как вы до сих пор... не нашли, чего желали.

— А вы думаете, легко отдаться вполне чему бы то ни было?

— Не легко, если станешь размышлять, да выжидать, да самому себе придавать цену, дорожить собою, то есть; а не размышляя отдаться очень легко.

— Как же собою не дорожить? Если я не имею никакой цены, кому же нужна моя преданность?

— Это уже не моё дело; это дело другого разбирать, какая моя цена. Главное, надо уметь отдаться.

Одинцова отделилась от спинки кресла.

— Вы говорите так, — начала она: — как будто всё это испытали.

— К слову пришлось [17] Анна Сергеевна: это всё, вы знаете, не по моей части.

— Но вы бы сумели отдаться?

— Не знаю, хвастаться не хочу.

Одинцова ничего не сказала, и Базаров умолк. Звуки фортепьяно долетели до них из гостиной.

— Что это Катя так поздно играет, — заметила Одинцова.

Базаров поднялся.

— Да, теперь точно поздно, вам пора почивать.

— Погодите, куда же вы спешите... мне нужно сказать вам одно слово.

— Какое?

— Погодите, — шепнула Одинцова.

Её глаза остановились на Базарове; казалось, она внимательно его рассматривала.

Он прошёлся по комнате, потом вдруг приблизился к ней, торопливо сказал «прощайте», стиснул ей руку так, что она чуть не вскрикнула, и вышел вон. Она поднесла свои склеившиеся пальцы к губам, подула на них и, внезапно, порывисто поднявшись с кресла, направилась быстрыми шагами к двери, как бы желая вернуть Базарова... Горничная вошла в комнату с графином на серебряном подносе. Одинцова остановилась, велела ей уйти и села опять, и опять задумалась. Коса её развилась и тёмною змеей упала к ней на плечо. Лампа ещё долго горела в комнате Анны Сергеевны, и долго она оставалась неподвижною, лишь изредка проводя пальцами по своим рукам, которые слегка покусывал ночной холод.

А Базаров, часа два спустя, вернулся к себе в спальню с мокрыми от росы сапогами, взъерошенный и угрюмый. Он застал Аркадия за письменным столом с книгой в руках, в застёгнутом доверху сюртуке.

— Ты ещё не ложился? — проговорил он как бы с досадой.

— Ты долго сидел сегодня с Анной Сергеевной, — промолвил Аркадий, не отвечая на его вопрос.

— Да, я с ней сидел всё время, пока вы с Катериной Сергеевной играли на фортепьяно.

— Я не играл... — начал-было Акрадий и умолк. Он чувстовал, что слёзы приступали к его глазам, а ему не хотелось заплакать перед своим насмешливым другом.

XVIII

На следующий день, когда Одинцова явилась к чаю, Базаров долго сидел, нагнувшись над своею чашкой, да вдруг взглянул на неё... Она обернулась к нему, как будто он её толкнул, и ему показалось, что лицо её слегка побледнело за ночь. Она скоро ушла к себе в комнату и появилась только к завтраку. С утра погода стояла дождливая, не было возможности гулять. Всё общество собралось в гостиную. Аркадий достал последний нумер журнала и на-

чал читáть. Княжнá, по обыкновéнию своемý, сперва вы́-
разила на лицé своём удивлéние, тóчно он затевáл нéчто
неприлúчное, потóм злóбно устáвилась на негó, но он не
обратúл на неё внимáния.

— Евгéний Васúльич, — проговорúла Áнна Сергéевна: —
пойдёмте ко мне... Я хочý у вас спросúть... Вы назвáли
вчерá однó руковóдство...

Онá встáла и напрáвилась к дверя́м. Княжнá посмотрé-
ла вокрýг с такúм выражéнием, как бы желáла сказáть: «посмотрúте, посмотрúте, как я изумля́юсь!» и опя́ть устáвилась на Акрáдия, но он возвы́сил гóлос и, переглянýвшись
с Кáтей, вóзле котóрой сидéл, продолжáл чтéние.

Одинцóва скóрыми шагáми дошлá до своегó кабинéта.
Базáров провóрно слéдовал за нéю, не поднимáя глаз и тóлько ловя́ слýхом тóнкий свист и шéлест скользúвшего пéред
ним шёлкового плáтья. Одинцóва опустúлась на то же сáмое крéсло, на котóром сидéла наканýне, и Базáров зáнял
вчерáшнее мéсто.

— Так как же называ́ется э́та кнúга? — начала́ она́ пóсле
небольшóго молчáния.

— Pelouse et Frémy, *Notions générales*... — отвечáл
Базáров. — Впрóчем, мóжно вам тáкже порекомендовáть
Ganot[1], *Traité élémentaire de physique expérimentale*. В э́том
сочинéнии рисýнки отчётливее, и вообщé э́тот учéбник...

Одинцóва протянýла рýку.

— Евгéний Васúльич, извинúте меня́, но я позвалá вас
сюдá не с тем, чтóбы рассуждáть об учéбниках. Мне хотé-
лось возобновúть наш вчерáшний разговóр. Вы ушлú так
внезáпно... Вам не бýдет скýчно?

— Я к вáшим услýгам, Áнна Сергéвна. Но о чём, бишь,
бесéдовали мы вчерá с вáми?

Одинцóва брóсила кóсвенный взгляд на Базáрова.

— Мы говорúли с вáми, кáжется, о счáстии. Я вам рас-
скáзывала о самóй себé. Кстáти вот, я упомянýла слóво
«счáстие». Скажúте, отчегó, дáже когдá мы наслаждáемся,
напримéр, мýзыкой, хорóшим вéчером, разговóром с сим-
патúческими людьмú, отчегó всё э́то кáжется скорéе намё-
ком на какóе-то безмéрное, гдé-то существýющее счáстие,
чем действúтельным счáстием, то есть такúм, котóрым мы

сами обладаем? Отчего это? Или вы, может быть, ничего подобного не ощущаете?

— Вы знаете поговорку: «Там хорошо, где нас нет», — возразил Базаров: — притом же вы сами сказали вчера, что вы не удовлетворены. А мне в голову, точно, такие мысли не приходят.

— Может быть, они кажутся вам смешными?

— Нет, но они мне не приходят в голову.

— В самом деле? Знаете, я бы очень желала знать, о чём *вы* думаете?

— Как? я вас не понимаю.

— Послушайте, я давно хотела объясниться с вами. Вам нечего говорить, — вам это самим известно, — что вы человек не из числа обыкновенных: — вы ещё молоды — вся жизнь перед вами. К чему вы себя готовите? какая будущность ожидает вас; я хочу сказать — какой цели вы хотите достигнуть, куда вы идёте, что у вас на душе? словом, кто вы, что вы?

— Вы меня удивляете, Анна Сергеевна. Вам известно, что я занимаюсь естественными науками, а кто я...

— Да, кто вы?

— Я уже докладывал вам, что я будущий уездный лекарь.

Анна Сергеевна сделала нетерпеливое движение.

— Зачем вы это говорите? Вы этому сами не верите. Аркадий мог бы мне отвечать так, а не вы.

— Да чем же Аркадий...

— Перестаньте! Возможно ли, чтобы вы удовольствовались такою скромною деятельностью, и не сами ли вы всегда утверждаете, что для вас медицина не существует. Вы — с вашим самолюбием — уездный лекарь! Вы мне отвечаете так, чтоб отделаться от меня[2], потому что вы не имеете никакого доверия ко мне. А знаете ли, Евгений Васильич, что я умела бы понять вас: я сама была бедна и самолюбива, как вы; я прошла, может быть, через такие же испытания, как и вы.

— Всё это прекрасно, Анна Сергевна, но вы меня извините... я вообще не привык высказываться, и между вами и мною такое расстояние...

— Какое расстояние? — Вы опять мне скажете, что я аристократка? Полноте, Евгений Васильич; я вам, кажется, доказала...

— Да и кроме того, — перебил Базаров, — что за охота говорить и думать о будущем, которое большею частью не от нас зависит? Выйдет случай что-нибудь сделать — прекрасно, а не выйдет — по крайней мере тем будешь доволен, что заранее напрасно не болтал.

— Вы называете дружескую беседу болтовнёй... Или, может быть, вы меня, как женщину, не считаете достойною вашего доверия? — Ведь вы нас всех презираете!

— Вас я не презираю, Анна Сергеевна, и вы это знаете.

— Нет, я ничего не знаю... но положим: я понимаю ваше нежелание говорить о будущей вашей деятельности; но то, что в вас теперь происходит...

— Происходит! — повторил Базаров: — точно я государство какое, или общество! Во всяком случае, это вовсе не любопытно; и притом разве человек всегда может громко сказать всё, что в нём «происходит»?

— А я не вижу, почему нельзя высказать всё, что имеешь на душе.

— Вы можете? — спросил Базаров.

— Могу, — отвечала Анна Сергеевна после небольшого колебания.

Базаров наклонил голову.

— Вы счастливее меня.

Анна Сергеевна вопросительно посмотрела на него.

— Как хотите, — продолжала она, — а мне всё-таки что-то говорит, что мы сошлись не даром, что мы будем хорошими друзьями. Я уверена, что ваша эта, как бы сказать, ваша напряжённость, сдержанность исчезнет наконец.

— А вы заметили во мне сдержанность... как вы ещё выразились... напряжённость?

— Да.

Базаров встал и подошёл к окну.

— И вы желали бы знать причину этой сдержанности, вы желали бы знать, что во мне происходит?

— Да, — повторила Одинцова с каким-то, ей ещё непонятным испугом.

— И вы не рассердитесь?

— Нет.

— Нет? — Базаров стоял к ней спиною. — Так знайте же, что я люблю вас глупо, безумно... Вот чего вы добились.

Одинцова протянула вперёд обе руки, а Базаров упёрся лбом в стекло окна. Он задыхался; всё тело его видимо трепета́ло. Но э́то бы́ло не трепета́ние ю́ношеской ро́бости, не сла́дкий у́жас пе́рвого призна́ния овладе́л им: э́то страсть в нём би́лась, си́льная и тяжёлая, — страсть, похо́жая на зло́бу и, быть мо́жет, сродни́ ей[3]... Одинцо́вой ста́ло и стра́шно, и жа́лко его́...

— Евге́ний Васи́льич... — проговори́ла она́, и нево́льная не́жность зазвене́ла в её го́лосе.

Он бы́стро оберну́лся, бро́сил на неё пожира́ющий взор — и, схвати́в её о́бе руки́, внеза́пно привлёк её к себе́ на грудь.

Она́ не то́тчас освободи́лась из его́ объя́тий; но мгнове́нье спустя́, она́ уже́ стоя́ла далеко́ в углу́, и гляде́ла отту́да на База́рова. Он рвану́лся к не́й...

— Вы меня́ не по́няли, — прошепта́ла она́ с торопли́вым испу́гом. Каза́лось, шагни́ он ещё раз, она́ бы вскри́кнула... База́ров закуси́л гу́бы и вы́шел.

Полчаса́ спустя́ служа́нка подала́ А́нне Серге́евне запи́ску от База́рова; она́ состоя́ла из одно́й то́лько стро́чки: «До́лжен ли я сего́дня уе́хать — и́ли могу́ оста́ться до за́втра?» — «Заче́м уезжа́ть? Я вас не понима́ла — вы меня́ не по́няли», отве́тила ему́ А́нна Серге́евна, а сама́ поду́мала: «Я и себя́ не понима́ла».

Она́ до обе́да не пока́зывалась и всё ходи́ла взад и вперёд по свое́й ко́мнате, заложи́в ру́ки наза́д, и́зредка остана́вливаясь то пе́ред окно́м, то пе́ред зе́ркалом, и ме́дленно проводи́ла платко́м по ше́е, на кото́рой ей всё чу́дилось горя́чее пятно́. Она́ спра́шивала себя́, что заставля́ло её «добива́ться», по выраже́нию База́рова, его́ открове́нности, и не подозрева́ла ли она́ чего́-нибудь... «Я винова́та, — промо́лвила она́ вслух, — но я э́то не могла́ предви́деть». Она́ заду́мывалась и красне́ла, вспомина́я почти́ зве́рское лицо́ База́рова, когда́ он бро́сился к ней.

«И́ли?» произнесла́ она́ вдруг и останови́лась, и тряхну́ла кудря́ми... Она́ увида́ла себя́ в зе́ркале; её наза́д заки́нутая голова́ с таи́нственною улы́бкой на полузакры́тых, полураскры́тых глаза́х и губа́х, каза́лось, говори́ла ей в э́тот миг что́-то тако́е, от чего́ она́ сама́ смути́лась...

«Нет, — реши́ла она́ наконе́ц: — бог зна́ет, куда́ бы э́то повело́, э́тим нельзя́ шути́ть, споко́йствие всё-таки лу́чше всего́ на све́те».

Её споко́йствие не́ было потрясено́; но она́ опеча́лилась и да́же всплакну́ла раз, сама́ не зна́я отчего́, то́лько не от нанесённого оскорбле́ния. Она́ не чу́вствовала себя́ оскорблённою: она́ скоре́е чу́вствовала себя́ винова́тою. Под влия́нием разли́чных сму́тных чувств, созна́ния уходя́щей жи́зни, жела́ния новизны́, она́ заста́вила себя́ дойти́ до изве́стной черты́, заста́вила себя́ загляну́ть за неё — и увида́ла за ней да́же не бе́здну, а пустоту́... и́ли безобра́зие.

XIX

Как ни владе́ла собо́ю Одинцо́ва, как ни стоя́ла вы́ше вся́ких предрассу́дков, но и ей бы́ло нело́вко, когда́ она́ яви́лась в столо́вую, к обе́ду. Впро́чем, он прошёл дово́льно благополу́чно. Порфи́рий Плато́ныч прие́хал, рассказа́л ра́зные анекдо́ты; он то́лько что верну́лся из го́рода. Ме́жду про́чим, он сообщи́л, что губерна́тор Бурдалу́ приказа́л свои́м чино́вникам по осо́бым поруче́ниям носи́ть шпо́ры, на слу́чай, е́сли он пошлёт их куда́-нибудь, для ско́рости, верхо́м. Арка́дий вполго́лоса рассужда́л с Ка́тей и дипломати́чески прислу́живался княжне́. База́ров упо́рно и угрю́мо молча́л. Одинцо́ва ра́за два — пря́мо, не укра́дкой посмотре́ла на его́ лицо́, стро́гое и жёлчное, с опу́щенными глаза́ми, с отпеча́тком презри́тельной реши́мости в ка́ждой черте́, и поду́мала: «нет... нет... нет...» По́сле обе́да она́ со всем о́бществом отпра́вилась в сад и, ви́дя, что База́ров жела́ет заговори́ть с не́ю, сде́лала не́сколько шаго́в в сто́рону и останови́лась. Он прибли́зился к ней, но и тут не по́днял глаз и глу́хо промо́лвил:

— Я до́лжен извини́ться пе́ред ва́ми, А́нна Серге́евна. Вы не мо́жете не гне́ваться на меня́.

— Нет, я на вас не сержу́сь, Евге́ний Васи́льич, — отвеча́ла Одинцо́ва: — но я огорчена́.

— Тем ху́же. Во вся́ком слу́чае, я дово́льно нака́зан. Моё положе́ние, с э́тим вы, вероя́тно, согласи́тесь, са́мое глу́пое. Вы мне написа́ли: заче́м уезжа́ть? А я не могу́ и не хочу́ оста́ться. За́втра меня́ здесь не бу́дет.

— Евге́ний Васи́льич, заче́м вы...

— Заче́м я уезжа́ю?

— Нет, я не то хоте́ла сказа́ть.

— Проше́дшего не вороти́шь, А́нна Серге́вна... а ра́но и́ли по́здно э́то должно́ бы́ло случи́ться. Сле́довательно, мне на́добно уе́хать. Я понима́ю то́лько одно́ усло́вие, при кото́ром я бы мог оста́ться; но э́тому усло́вию не быва́ть никогда. Ведь вы, извините мою дерзость, не любите меня и не полюбите никогда?

Глаза Базарова сверкнули на мгновенье из-под тёмных его бровей.

Анна Сергеевна не отвечала ему. «Я боюсь этого человека», мелькнуло у ней в голове.

— Прощайте-с, — проговорил Базаров, как бы угадав её мысль, и направился к дому.

Анна Сергеевна тихонько пошла вслед за ним и, подозвав Катю, взяла её под руку. Она не расставалась с ней до самого вечера. В карты она играть не стала, и всё больше посмеивалась, что вовсе не шло к её побледневшему и смущённому лицу. Аркадий недоумевал и наблюдал за нею, как молодые люди наблюдают, то есть постоянно вопрошал самого себя: что, мол, это значит? Базаров заперся у себя в комнате; к чаю он, однако, вернулся. Анне Сергеевне хотелось сказать ему какое-нибудь доброе слово, но она не знала, как заговорить с ним...

Неожиданный случай вывел её из затруднения: дворецкий доложил о приезде Ситникова.

Трудно передать словами, какою перепёлкой [1] влетел в комнату молодой прогрессист. Решившись, с свойственною ему назойливостью, поехать в деревню к женщине, которую он едва знал, которая никогда его не приглашала, но у которой, по собранным сведениям, гостили такие умные и близкие ему люди, он всё-таки робел до мозга костей и вместо того, чтобы произнести заранее затверженные извинения и приветствия, пробормотал какую-то дрянь, что Евдоксия, дескать [2], Кукшина прислала его узнать о здоровье Анны Сергеевны, и что Аркадий Николаевич, тоже, ему всегда отзывался с величайшею похвалой... На этом слове он запнулся и потерялся до того, что сел на собственную шляпу. Однако, так как никто его не прогнал, и Анна Сергеевна даже представила его тётке и сестре, он скоро оправился и затрещал наславу [3]. Появление пошлости бывает часто полезно в жизни: оно ослабляет слишком высоко настроенные струны, отрезвляет самоуверенные или самозабывчивые чувства, напоминая им своё близкое родство с ними. С прибытием Ситникова всё стало как-то тупее, пустее — и проще; все даже поужинали плотней и розошлись спать получасом раньше обыкновенного.

— Я могу́ тебе́ тепе́рь повтори́ть, — говори́л, лёжа в посте́ли, Арка́дий База́рову, кото́рый то́же разде́лся: — то, что́ ты мне сказа́л одна́жды: «Отчего́ ты так гру́стен? Ве́рно, испо́лнил како́й-нибу́дь свяще́нный долг?»

Ме́жду обо́ими молоды́ми людьми́ с не́которых пор установи́лось како́е-то лжеразвя́зное подтру́нивание, что́ всегда́ слу́жит при́знаком та́йного неудово́льствия и́ли невы́сказанных подозре́ний.

— Я за́втра к ба́тьке уезжа́ю, — проговори́л База́ров.

Арка́дий приподня́лся и оперся́ на ло́коть. Он и удиви́лся и почему́-то обра́довался.

— А! — промо́лвил он. — И ты от э́того гру́стен?

База́ров зевну́л.

— Мно́го бу́дешь знать, состаре́ешься.

— А как же А́нна Серге́евна? — продолжа́л Арка́дий.

— Что́ тако́е А́нна Серге́евна?

— Я хочу́ сказа́ть: ра́зве она́ тебя́ отпу́стит?

— Я у ней не нанима́лся.

Арка́дий заду́мался, а База́ров лёг и поверну́лся лицо́м к стене́.

Прошло́ не́сколько мину́т в молча́нии.

— Евге́ний! — воскли́кнул вдруг Арка́дий.

— Ну?

— Я за́втра с тобо́й уе́ду то́же.

База́ров ничего́ не отвеча́л.

— То́лько я домо́й пое́ду, — продолжа́л Арка́дий. — Мы вме́сте отпра́вимся до Хохло́вских вы́селков, а там ты возьмёшь у Федо́та лошаде́й. Я бы с удово́льствием познако́нился с твои́ми, да я бою́сь и их стесни́ть, и тебя́. Ведь ты пото́м опя́ть прие́дешь к нам?

— Я у вас свои́ ве́щи оста́вил, — отозва́лся База́ров, не обора́чиваясь.

«Заче́м же он меня́ не спра́шивает, почему́ я е́ду? и так же внеза́пно, как и он? — поду́мал Арка́дий. — В са́мом де́ле, заче́м я е́ду, и заче́м он е́дет?» продолжа́л он свои́ размышле́ния. Он не мог отвеча́ть удовлетвори́тельно на со́бственный вопро́с, а се́рдце его́ наполня́лось чем-то е́дким. Он чу́вствовал, что тяжело́ ему́ бу́дет расста́ться с э́той жи́знью, к кото́рой он так привы́к; но и остава́ться одному́ бы́ло ка́к-то стра́нно. «Что́-то у них произошло́, — рассужда́л он сам с собо́ю: — заче́м же я бу́ду торча́ть пе́ред не́ю по́сле отъе́зда? я ей оконча́тельно надое́м; я и после́днее потеряю». Он начал представлять себе Анну Сергеевну; потом другие черты понемногу проступили сквозь красивый облик молодой вдовы.

«Жаль и Кати!» шепнул Аркадий в подушку, на которую уже капнула слеза... Он вдруг вскинул волосами и громко промолвил:

— На какого чорта этот глупец Ситников пожаловал?

Базаров сперва пошевелился на постели, а потом произнёс следующее:

— Ты, брат, глуп ещё, я вижу. Ситниковы нам необходимы. Мне, пойми ты это — мне нужны подобные олухи. Не богам же, в самом деле, горшки обжигать![4]...

«Эге, ге!..» подумал про себя Аркадий, и тут только открылась ему на миг вся бездонная пропасть базаровского самолюбия. «Мы, стало быть, с тобою боги? То есть — ты бог, а олух уж не я ли?»

— Да, — повторил угрюмо Базаров, — ты ещё глуп.

Одинцова не изъявила особенного удивления, когда на другой день Аркадий сказал ей, что уезжает с Базаровым; она казалась рассеянною и усталою. Катя молча и серьёзно посмотрела на него, княжна даже перекрестилась[5] под своею шалью, так что он не мог этого не заметить; зато Ситников совершенно переполошился. Он только что сошёл к завтраку в новом щегольском, на этот раз не славянофильском наряде; накануне он удивил приставленного к нему человека[6] множеством навезённого им белья, и вдруг его товарищи его покидают! — Он немножко посеменил ногами[7], пометался[8], как гонный заяц на опушке леса, — и внезапно, почти с испугом, почти с криком объявил, что и он намерен уехать. Одинцова не стала его удерживать.

— У меня очень покойная коляска, — прибавил несчастный молодой человек, обращаясь к Аркадию: — я могу вас подвезти, а Евгений Васильич может взять ваш тарантас; так оно даже удобнее будет.

— Да помилуйте, вам совсем не по дороге, и до меня далеко.

— Это ничего, ничего; времени у меня много, притом у меня в той стороне дела есть.

— По откупам? — спросил Аркадий, уже слишком презрительно.

Но Ситников находился в таком отчаянии, что, против обыкновения, даже не засмеялся.

— Я вас уверяю, коляска чрезвычайно покойная, — пробормотал он, — и всем место будет.

— Не огорчайте мсьё Ситникова отказом, — промолвила Анна Сергеевна...

Аркадий взглянул на неё и значительно наклонил голову.

Гости уехали после завтрака. Прощаясь с Базаровым, Одинцова протянула ему руку и сказала:

— Мы ещё увидимся, не правда ли?

— Как прикажете, — ответил Базаров.

— В таком случае, мы увидимся.

Аркадий первый вышел на крыльцо: он взобрался в ситниковскую коляску. Его почтительно подсаживал дворецкий, а он бы с удовольствием его побил или расплакался. Базаров поместился в тарантасе. — Добравшись до Хохловских выселков, Аркадий подождал, пока Федот, содержатель постоялого двора, запряг лошадей, и, подойдя к тарантасу, с прежнею улыбкой сказал Базарову:

— Евгений, возьми меня с собой; я хочу к тебе поехать.

— Садись, — произнёс сквозь зубы Базаров.

Ситников, который расхаживал, бойко посвистывая, вокруг колёс своего экипажа, только рот разинул, услышав эти слова, а Аркадий хладнокровно вынул свои вещи из его коляски, сел возле Базарова — и, учтиво поклонившись своему бывшему спутнику, крикнул: «Трогай!» Тарантас покатил и скоро исчез из вида... Ситников, окончательно сконфуженный, посмотрел на своего кучера, но тот играл кнутиком над хвостом пристяжной[9]. Тогда Ситников вскочил в коляску — и, загремев на двух проходивших мужиков: «Наденьте шапки, дураки!» — потащился в город, куда прибыл очень поздно и где на следующий день у Кукшиной сильно досталось двум «противным гордецам и невежам».

Садясь в тарантас к Базарову, Аркадий крепко стиснул ему руку и долго ничего не говорил. Казалось, Базаров понял и оценил и это пожатие и это молчание. Предшествовавшую ночь он всю не спал, и не курил, и почти ничего не ел уже несколько дней. Сумрачно и резко выдавался его похудалый профиль из-под нахлобученной фуражки.

— Что, брат, — проговорил он наконец: — дай-ка сигарку... Да посмотри, чай, жёлтый у меня язык?

— Жёлтый, — ответил Аркадий.

— Ну-да... вот и сигарка не вкусна. — Расклеилась машина.

— Ты, действительно, изменился в это последнее время, — заметил Аркадий.

— Ничего! поправимся. Одно скучно, — мать у меня такая сердобольная: коли брюха не отрастил да не ешь десять раз на день, она и убивается. Ну, отец ничего, тот сам был везде, и в сите и в решете[10]. Нет, нельзя курить, — прибавил он и швырнул сигарку в пыль дороги.

— До твоего имения двадцать пять вёрст? — спросил Аркадий.

— Двадцать пять. Да вот спроси у этого мудреца.

Он указал на сидевшего на козлах мужика, Федотова работника.

Но мудрец отвечал, что «хтошь е знает[11] — вёрсты тутотка не меряные»[12], и продолжал вполголоса бранить коренную за то, что она «головизной лягает»[13], то есть дёргает головой.

— Да, да, — заговорил Базаров: — урок вам, юный друг мой, поучительный некий пример. Чорт знает, что за вздор! Каждый человек на ниточке висит, бездна ежеминутно под ним развернуться может, а ещё сам придумывает себе всякие неприятности, портит свою жизнь.

— Ты на что намекаешь? — спросил Аркадий.

— Я ни на что не намекаю, я прямо говорю, что мы оба с тобою очень глупо себя вели. Что тут толковать! Но я уже в клинике заметил: кто злится на свою боль — тот непременно её победит.

— Я тебя не совсем понимаю, — промолвил Аркадий: — кажется, тебе не на что было пожаловаться.

— А коли ты не совсем меня помимаешь, так я тебе доложу следующее: по-моему — лучше камни бить на мостовой, чем позволить женщине завладеть хотя бы кончиком пальца. Это всё... — Базаров чуть было не произнёс своего любимого слова «романтизм», — да удержался и сказал: — вздор. — Ты мне теперь не поверишь, но я тебе говорю: мы вот с тобой попали в женское общество, и нам было приятно; но бросить подобное общество — все равно, что в жаркий день холодною водой окатиться. Мужчине некогда занима́ться таки́ми пустяка́ми; мужчи́на до́лжен быть свире́п, гласи́т отли́чная испа́нская погово́рка. Ведь вот ты, — приба́вил он, обраща́ясь к сиде́вшему на ко́злах мужику́: — ты, у́мница, есть у тебя́ жена́?

Мужи́к показа́л обо́им прия́телям своё пло́ское и подслепова́тое лицо́.

— Жена́-то? Есть. Как не быть жене́.

— Ты её бьёшь?

— Жену́-то? Вся́ко случа́ется. Без причи́ны не бьём.

— И прекра́сно. Ну, а она́ тебя́ бьёт?

Мужи́к задёргал вожжа́ми.

— Эко сло́во ты сказа́л, ба́рин. Тебе́ бы всё шути́ть… — Он, ви́димо, оби́делся.

— Слы́шишь, Арка́дий Никола́евич! А нас с ва́ми приби́ли… вот оно́ что́ зна́чит быть образо́ванными людьми́.

Арка́дий принуждённо засмея́лся, а База́ров отверну́лся и во всю доро́гу уже́ не разева́л рта.

Два́дцать пять вёрст показа́лись Арка́дию за це́лых пятьдеся́т. Но вот на ска́те поло́гого холма́ откры́лась наконе́ц небольша́я дереву́шка, где жи́ли роди́тели База́рова. Ря́дом с не́ю, в молодо́й берёзовой ро́щице, видне́лся дворя́нский до́мик под соло́менною кры́шей. У пе́рвой избы́ стоя́ли два мужика́ в ша́пках и брани́лись. «Больша́я ты свинья́, — говори́л оди́н друго́му, — а ху́же ма́лого поросёнка». — «А твоя́ жена́ — колду́нья», возража́л друго́й.

— По непринуждённости обраще́ния, — заме́тил Арка́дию База́ров: — и по игри́вости оборо́тов ре́чи ты мо́жешь суди́ть, что мужики́ у моего́ отца́ не сли́шком притеснены́. Да вот и он сам выхо́дит на крыльцо́ своего́ жили́ща. Услыха́л, знать, колоко́льчик. Он, он — узнаю́ его́ фигу́ру. Эге́, ге! Как он, одна́ко, поседе́л, бедня́га!

XX

База́ров вы́сунулся из таранта́са, а Арка́дий вы́тянул го́лову из-за спины́ своего́ това́рища, и увида́л на крыле́чке госпо́дского до́мика высо́кого, худоща́вого челове́ка, с взъеро́шенными волоса́ми и то́нким орли́ным но́сом, оде́того в ста́рый вое́нный сюрту́к нараспа́шку. Он стоя́л, растопы́рив но́ги, кури́л дли́нную тру́бку и щу́рился от со́лнца.

Ло́шади останови́лись.

— Наконец пожаловал, — проговорил отец Базарова, все продолжая курить, хотя чубук[1] так и прыгал у него между пальцами. — Ну, вылезай, вылезай, почеломкаемся[2]. Он стал обнимать сына... «Енюшка, Енюша», раздался трепещущий женский голос. Дверь распахнулась, и на пороге показалась кругленькая, низенькая старушка в белом чепце и короткой пёстрой кофточке. Она ахнула, пошатнулась и наверно бы упала, если бы Базаров не поддержал её. Пухлые её ручки мгновенно обвились вокруг его шеи, голова прижалась к его груди, и всё замолкло. Только слышались её прерывистые всхлипыванья.

Старик Базаров глубоко дышал и щурился пуще прежнего.

— Ну, полно, полно, Ариша! перестань, — заговорил он, поменявшись взглядом с Аркадием, который стоял неподвижно у тарантаса, между тем как мужик на козлах даже отвернулся: — это совсем не нужно! пожалуйста, перестань.

— Ах, Василий Иваныч, — пролепетала старушка: — в кои-то веки[3] батюшку-то моего, голубчика-то, Енюшеньку... — и, не разжимая рук, она отодвинула от Базарова своё мокрое от слёз, смятое и умилённое лицо, посмотрела на него какими-то блаженными и смешными глазами и опять к нему припала.

— Ну да, конечно, это всё в натуре вещей, — промолвил Василий Иваныч: — только лучше уж в комнату пойдём. С Евгением вот гость приехал. Извините, — прибавил он, обращаясь к Аркадию, и шаркнул слегка ногой[4]: — вы понимаете, женская слабость; ну, и сердце матери...

А у самого и губы и брови дёргало, и подбородок трясся... но он видимо желал победить себя и казаться чуть не равнодушным. Аркадий наклонился.

— Пойдёмте, матушка, в самом деле, — промолвил Базаров и повёл в дом ослабевшую старушку. Усадив её в покойное кресло, он ещё раз наскоро обнялся с отцом и представил ему Аркадия.

— Душевно рад знакомству, — проговорил Василий Иванович: — только уж вы не взыщите: у меня здесь всё по простоте, на военную ногу. Арина Власьевна, успокойся, сделай одолжение: что за малодушие? Господин гость должен осудить тебя.

— Батюшка, — сквозь слёзы проговорила старушка: — имени и отчества не имею чести знать...

— Аркадий Николаич, — с важностию, вполголоса, подсказал Василий Иванович.

— Извините меня, глупую. — Старушка высморкалась и, нагиная[5] голову то направо, то налево, тщательно утёрла один глаз после другого. — Извините вы меня. Ведь я так и думала, что умру, не дождусь моего го... о... о...лубчика.

— А вот и дождались, сударыня, — подхватил Василий Иванович. — Танюшка, — обратился он к босоногой девочке лет тринадцати, в ярко-красном ситцевом платье, пугливо выглядывавшей из-за двери, — принеси барыне стакан воды — на подносе, слышишь? — а вас, господа, — прибавил он с какою-то старомодною игривостью: — позвольте попросить в кабинет к отставному ветерану.

— Хоть ещё разочек дай обнять себя, Енюшечка, — простонала Арина Власьевна. Базаров нагнулся к ней. — Да какой же ты красавчик стал!

— Ну, красавчик не красавчик[6], — заметил Василий Иванович, — а мужчина, как говорится оммфе[7]. А теперь, я надеюсь, Арина Власьевна, что, насытив своё материнское сердце, ты позаботишься о насыщении своих дорогих гостей, потому что, тебе известно, соловья баснями кормить не следует[8].

Старушка привстала с кресел.

— Сию минуту, Василий Иваныч, стол накрыт будет, сама в кухню сбегаю и самовар поставить велю, всё будет, всё. Ведь три года его не видала, не кормила, не поила, легко ли?[9]

— Ну, смотри же, хозяюшка, хлопочи, не осрамись; а вас, господа, прошу за мной пожаловать. Вот и Тимофеич явился к тебе на поклон, Евгений. И он, чай, обрадовался, старый барбос[10]. Что? ведь обрадовался, старый барбос? Милости просим за мной.

И Василий Иванович суетливо пошёл вперёд, шаркая и шлёпая стоптанными[11] туфлями.

Весь его домик состоял из шести крошечных комнат. Одна из них, та, куда он привёл наших приятелей, называлась кабинетом. Толстоногий стол, заваленный почерневшими от старинной пыли, словно прокопчёнными бумагами, занимал весь промежуток между двумя окнами; по стенам висели турецкие ружья, нагайки, сабля, две ландкарты, какие-то анатомические рисунки, портрет Гуфеланда[12], вензель из волос в чёрной рамке и диплом под стеклóм; кóжаный, кóе-где продáвленный и разóрванный дивáн помещáлся мéжду двумя громáдными шкáпами из карéльской берёзы; на пóлках в беспорядке тесни́лись кни́ги, корóбочки, пти́чьи чу́челы, бáнки, пузырьки́; в однóм углу́ стояла слóманная электри́ческая маши́на.

— Я вас предупреди́л, любéзный мой посети́тель, — нáчал Васи́лий Ивáнович, — что мы живём здесь, так сказáть, на бивуáках...

— Да перестáнь, что ты извиняешься? — переби́л Базáров. — Кирсáнов óчень хорошó знáет, что мы с тобóй не Крéзы [13], и что у тебя не дворéц. Куда́ мы егó помести́м, вот вопрóс.

— Поми́луй, Евгéний; там у меня во флигелькé отли́чная кóмнатка: им там óчень хорошó бу́дет.

— Так у тебя и флигелёк завёлся?

— Как же-с; где бáня [14]-с, — вмешáлся Тимофéич.

— То есть рядом с бáней, — поспéшно присовокупи́л Васи́лий Ивáнович. — Тепéрь же лéто... Я сейчáс сбéгаю туда́, распоряжу́сь; а ты бы, Тимофéич, покá их вéщи внёс. Тебé, Евгéний, я, разумéется, предостáвлю мой кабинéт. Suum cuique.

— Вот тебé нá! Презабáвный старикáшка и добрéйший, — прибáвил Базáров, как тóлько Васи́лий Ивáнович вы́шел. — Такóй же чудáк, как твой, тóлько в другóм рóде. Мнóго уж óчень болтáет.

— И мать твоя, кáжется, прекрáсная жéнщина, — замéтил Аркáдий.

— Да, онá у меня без хи́трости [15]. Обéд нам, посмотри́, какóй задáст.

— Сегóдня вас не ждáли, бáтюшка, говядинки не привезли́, — промóлвил Тимофéич, котóрый тóлько что втащи́л базáровский чемодáн.

— И без говядинки обойдёмся, на нет и судá нет [16]. Бéдность, говорят, не порóк.

— Скóлько у твоегó отцá душ? — спроси́л вдруг Аркáдий.

— Имéние не егó, а мáтери; душ, пóмнится, пятнáдцать.

— И всё двáдцать две, — с неудовóльствием замéтил Тимофéич.

Послы́шалось шлёпание ту́фель, и снóва появи́лся Васи́лий Ивáнович.

— Чéрез нéсколько мину́т вáша кóмната бу́дет готóва приня́ть вас, — восклáкнул он с торжéственностию: —

Аркадий... Николаич? так, кажется, вы изволите величаться? А вот вам и прислуга, — прибавил он, указывая на вошедшего с ним коротко остриженного мальчика в синем, на локтях прорванном, кафтане[17] и в чужих сапогах. — Зовут его Фёдькой. Опять-таки повторяю, хоть сын и запрещает, не взыщите. Впрочем, трубку набивать он умеет. Ведь вы курите?

— Я курю больше сигары, — ответил Аркадий.

— И весьма благоразумно поступаете. Я сам отдаю преферанс сигаркам, но в наших уединённых краях доставать их чрезвычайно затруднительно.

— Да полно тебе Лазаря петь[18], — перебил опять Базаров. — Сядь лучше вот тут на диван да дай на себя посмотреть.

Василий Иванович засмеялся и сел. Он очень походил лицом на своего сына, только лоб у него был ниже и уже, и рот немного шире, и он беспрестанно двигался, поводил плечами, точно платье ему подмышками резало, моргал, покашливал и шевелил пальцами, между тем как сын его отличался какою-то небрежною неподвижностию.

— Лазаря петь! — повторил Василий Иванович. — Ты, Евгений, не думай, что я хочу, так сказать, разжалобить гостя: вот, мол, мы в каком захолустье живём. Я, напротив, того мнения, что для человека мыслящего нет захолустья. По крайней мере, я стараюсь, по возможности, не зарасти, как говорится, мохом, не отстать от века.

Василий Иванович вытащил из кармана новый жёлтый фуляр, который успел захватить, бегая в Аркадиеву комнату, и продолжал, помахивая им по воздуху:

— Я уже не говорю о том, что я, например, не без чувствительных для себя пожертвований, посадил мужиков на оброк и отдал им свою землю исполу[19]. Я считал это своим долгом, самое благоразумие в этом случае повелевает, хотя другие владельцы даже не помышляют об этом; я говорю о науках, об образовании.

— Да; вот я вижу у тебя — «Друг здравия»[20] на 1855 год, — заметил Базаров.

— Мне его по знакомству старый товарищ высылает, — поспешно проговорил Василий Иванович: — но мы, например, и о френологии имеем понятие, — прибавил он, обращаясь, впрочем, более к Аркадию и указывая на стоявшую на шкапе небольшую гипсовую головку, разбитую на нумеро́ванные четы́реуго́льники: — нам и Ше́нлейн не оста́лся безызве́стен — и Радема́хер[21].

— А в Радема́хера ещё ве́рят в *** губе́рнии? — спроси́л База́ров.

Васи́лий Ива́нович зака́шлял.

— В губе́рнии... Коне́чно, вам, господа́, лу́чше знать; где ж нам за ва́ми угоня́ться?[22] Ведь вы нам на сме́ну пришли́. И в моё вре́мя како́й-нибудь гуморали́ст[23] Го́ффман[24], како́й-нибудь Броун[25] с его витали́змом[26] — каза́лись о́чень смешны́, а ведь то́же греме́ли[27] когда́-то. Кто́-нибудь но́вый замени́л у вас Радема́хера, вы ему́ поклоня́етесь, а че́рез два́дцать лет, пожа́луй, и над тем смея́ться бу́дут.

— Скажу́ тебе́ в утеше́ние, — промо́лвил База́ров: — что мы тепе́рь вообще́ над медици́ной смеёмся и ни пе́ред кем не преклоня́емся.

— Как же э́то так? Ведь ты до́ктором хо́чешь быть?

— Хочу́, да одно́ друго́му не меша́ет.

Васи́лий Ива́нович поты́кал тре́тьим па́льцем в тру́бку, где ещё остава́лось немно́го горя́чей золы́.

— Ну, мо́жет быть, мо́жет быть — спо́рить не ста́ну. Ведь я что? — Отставно́й штаб-ле́карь, *волату́*[28]; тепе́рь вот в агроно́мы попа́л. — Я у ва́шего де́душки в брига́де служи́л, — обрати́лся он опя́ть к Арка́дию: — да-с, да-с; мно́го я на своём веку́ вида́л ви́дов. И в каки́х то́лько обще́ствах не быва́л, с кем не ва́живался[29] — Я, тот са́мый я, кото́рого вы изво́лите ви́деть тепе́рь пе́ред собо́ю, я у кня́зя Витгенште́йна[30] и у Жуко́вского[31] пульс щу́пал! Тех-то, в ю́жной-то а́рмии, по четы́рнадцатому[32], вы понима́ете (и тут Васи́лий Ива́нович значи́тельно сжал гу́бы), всех знал наперечёт. Ну, да ведь моё де́ло — сторона́[33]; знай свой ланце́т, и ба́ста! А де́душка ваш о́чень почте́нный был челове́к, настоя́щий вое́нный.

— Созна́йся, дуби́на была́ поря́дочная, — лени́во промо́лвил База́ров.

— Ах, Евге́ний, как э́то ты выража́ешься! помилосе́рдуй... Коне́чно, генера́л Кирса́нов не принадлежа́л к числу́...

— Ну, брось его́, — переби́л База́ров. — Я, как подъезжа́л сюда́, пора́довался на твою́ берёзовую ро́щицу, сла́вно вы́тянулась.

Васи́лий Ива́нович оживи́лся.

— А ты посмотри́, са́дик у меня́ тепе́рь како́й! Сам ка́ждое деревцо́ сажа́л. И фру́кты есть, и я́годы, и вся́кие медицинские травы. Уж как вы там ни хитрите, господа молодые, а всё-таки старик Парацельсий[34] святую правду изрёк: in herbis, verbis et lapidibus...[35] Ведь я, ты знаешь, от практики отказался, а раза два в неделю приходится стариной тряхнуть[36]. Идут за советом — нельзя же гнать в шею. Случается, бедные прибегают к помощи. Да и докторов здесь совсем нет. Один здешний сосед, представь, отставной майор, тоже лечит. Я спрашиваю о нём: учился ли он медицине? Говорят мне: нет, он не учился, он больше из филантропии... Ха-ха, из филантропии! а? каково! ха-ха! ха-ха!

— Фёдька! набей мне трубку! — сурово проговорил Базаров.

— А то здесь другой доктор, приезжает к больному, — продолжал с каким-то отчаяньем Василий Иванович, — а больной уже ad patres; человек и не пускает доктора, говорит: теперь больше не надо. Тот этого не ожидал, сконфузился и спрашивает: «что, барин перед смертью икал?» — «Икали-с» «И много икал?» — «Много». — «А, ну это хорошо», да и верть назад. Ха-ха-ха!

Старик один засмеялся; Аркадий выразил улыбку на своём лице. Базаров только затянулся. Беседа продолжалась таким образом около часа; Аркадий успел сходить в свою комнату, которая оказалась предбанником, но очень уютным и чистым. Наконец, вошла Танюша и доложила, что обед готов.

Василий Иванович первый поднялся.

— Пойдёмте, господа! Извините великодушно, коли наскучил. Авось хозяйка моя удовлетворит вас более моего.

Обед, хотя наскоро сготовленный, вышел очень хороший, даже обильный, только вино немного, как говорится, подгуляло[37]: почти чёрный херес, купленный Тимофеичем в городе у знакомого купца, отзывался не то медью, не то канифолью[38]; и мухи тоже мешали. В обыкновенное время дворовый мальчик отгонял их большою зелёною веткой; но на этот раз Василий Иванович услал его из боязни осуждения со стороны юного поколения. Арина Власьевна успела принарядиться; надела высокий чепец с шёлковыми лентами и голубую шаль с разводами. Она опять всплакнула, как только увидела своего Енюшу, но мужу не пришлось её усовещевать: она сама поскорей утёрла свои слёзы, чтобы не закапать шаль. Ели одни молодые люди: хозяева давно пообедали. Прислуживал Федька, видимо обременённый необычными сапогами, да помогала ему женщина с мужественным лицом и кривая[39], по имени Анфисушка, исполнявшая должности ключницы, птичницы и прачки. Василий Иванович во всё время обеда расхаживал по комнате и с совершенно счастливым и даже блаженным видом говорил о тяжких опасениях, внушаемых ему наполеоновскою политикой[40] и запутанностью итальянского вопроса. Арина Власьевна не замечала Аркадия, не потчевала его; подпёрши кулачком своё круглое лицо, которому одутловатые, вишнёвого цвета, губки и родинки на щеках и над бровями придавали выражение очень добродушное, она не сводила глаз с сына и всё вздыхала: ей смертельно хотелось узнать, на сколько времени он приехал, но спросить она его боялась. — «Ну, как скажет — на два дня», думала она, и сердце у ней замирало. После жареного Василий Иванович исчез на мгновение и возвратился с откупоренною полбутылкой шампанского. «Вот, — воскликнул он: — хоть мы и в глуши живём, а в торжественных случаях имеем чем себя повеселить!» Он налил три бокала и рюмку, провозгласил здоровье «неоценённых посетителей» и разом, по-военному, хлопнул свой бокал[41], Арину Власьевну заставил выпить рюмку до последней капельки. Когда очередь дошла до варенья, Аркадий, не терпевший ничего сладкого, почёл, однако, своею обязанностью отведать от четырёх различных[42], только что сваренных сортов, тем более, что Базаров отказался наотрез и тотчас закурил сигарку. Потом явился на сцену чай со сливками, с маслом и кренделями; потом Василий Иванович повёл всех в сад, для того чтобы полюбоваться красотою вечера. Проходя мимо скамейки, он шепнул Аркадию: — На сём месте я люблю философствовать, глядя на захождение солнца: оно приличествует пустыннику. А там подальше я посадил несколько деревьев, любимых Горацием[43].

— Что за деревья? — спросил, вслушавшись, Базаров.

— А как же... акации.

Базаров начал зевать.

— Я полагаю, пора путешественникам в объятия к Морфею, — заметил Василий Иванович.

— То есть пора спать! — подхватил Базаров. — Это суждение справедливое. Пора, точно.

Проща́ясь с ма́терью, он поцелова́л её в лоб, а она́ обняла́ его́ и за спино́й, укра́дкой, его́ благослови́ла три́жды. Васи́лий Ива́нович проводи́л Арка́дия в его́ ко́мнату и пожела́л ему́ «тако́го благода́тного отдохнове́ния, како́е и я вкуша́л в ва́ши счастли́вые лета́». И действи́тельно, Арка́дию отли́чно спало́сь в своём предба́ннике: в нём па́хло мя́той, и два сверчка́ вперебивку усыпи́тельно треща́ли за пе́чкой. Васи́лий Ива́нович отпра́вился от Арка́дия в свой кабине́т и, прикорну́в на дива́не в нога́х у сы́на, собира́лся-было поболта́ть с ним; но База́ров то́тчас его́ отосла́л, говоря́, что ему́ спать хо́чется, а сам не засну́л до утра́. Широко́ раскры́в глаза́, он зло́бно гляде́л на темноту́: воспомина́ния де́тства не име́ли вла́сти над ним, да к тому́ ж он ещё не успе́л отде́латься от после́дних го́рьких впечатле́ний. Ари́на Вла́сьевна сперва́ помоли́лась всласть; пото́м до́лго-до́лго бесе́довала с Анфи́сушкой, кото́рая, став, как вко́панная, пе́ред ба́рыней и впери́в в неё свой еди́нственный глаз, передава́ла ей таи́нственным шо́потом все свои́ замеча́ния и соображе́ния насчёт Евге́ния Васи́льевича. У стару́шки от ра́дости, от вина́, от сига́рочного ды́ма совсе́м закружи́лась голова́; муж заговори́л-было с ней, и махну́л руко́ю.

Ари́на Вла́сьевна была́ настоя́щая ру́сская дворя́ночка пре́жнего вре́мени; ей бы сле́довало жить лет за́ двести, в старомоско́вские времена́. Она́ была́ о́чень на́божна и чувстви́тельна, ве́рила во всевозмо́жные приме́ты, гада́нья, за́говоры, сны; ве́рила в юро́дивых[44], в домовы́х, в ле́ших, в дурны́е встре́чи, в по́рчу[45], в наро́дные лека́рства, в четверго́вую соль[46], в ско́рый коне́ц све́та; ве́рила, что е́сли в све́тлое воскресе́ние на всено́щной не пога́снут све́чи, то гречи́ха хорошо́ уроди́тся[47], и что гриб бо́льше не растёт, е́сли его́ челове́ческий глаз уви́дит; ве́рила, что чорт лю́бит быть там, где вода́, и что у ка́ждого жида́ на груди́ крова́вое пя́тнышко; боя́лась мыше́й, уже́й, лягу́шек, воробьёв, пия́вок, гро́ма, холо́дной воды́, сквозно́го ве́тра, лошаде́й, козло́в, ры́жих люде́й и чёрных ко́шек и почита́ла сверчко́в и соба́к нечи́стыми живо́тными; не е́ла ни теля́тины, ни голубе́й, ни ра́ков, ни сы́ру, ни спаржи́, ни земляны́х груш[48], ни за́йца, ни арбу́зов, потому́ что изре́занный арбу́з напомина́ет го́лову Иоа́нна Предте́чи[49]; а об у́стрицах говори́ла не ина́че, как с содрога́нием; люби́ла поку́шать — и стро́го пости́лась; спала́ де́сять часо́в в су́тки — и не ложи́лась во́все, е́сли у Васи́лия Ива́новича заболева́ла голова́; не прочла́ ни одной книги, кроме *Алексиса, или Хижины в лесу* [50], писала одно, много два письма в год, а в хозяйстве, сушенье и варенье знала толк, хотя своими руками ни до чего не прикасалась и вообще неохотно двигалась с места. Арина Власьевна была очень добра и, по-своему, вовсе не глупа. Она знала, что есть на свете господа, которые должны приказывать, и простой народ, который должен служить, — а потому не гнушалась ни подобострастием, ни земными поклонами [51], но с подчинёнными обходилась ласково и кротко, ни одного нищего не пропускала без подачки и никогда никого не осуждала, хотя и сплетничала подчас. В молодости она была очень миловидна, играла на клавикордах и изъяснялась немного по-французски; но в течение многолетних странствий с своим мужем, за которого она вышла против воли, расплылась [52] и позабыла и музыку и французский язык. Сына своего она любила и боялась несказанно; управление имением предоставила Василию Ивановичу — и уже не входила ни во что [53]; она охала, отмахивалась платком и от испуга подымала брови всё выше и выше, как только её старик начинал толковать о предстоящих преобразованиях и о своих планах. Она была мнительна, постоянно ждала какого-то большого несчастья и тотчас плакала, как только вспоминала о чём-нибудь печальном... Подобные женщины теперь уже переводятся. Бог знает — сделует ли радоваться этому!

XXI

Встав с постели, Аркадий раскрыл окно, — и первый предмет, бросившийся ему в глаза, был Василий Иванович. В бухарском шлафроке, подпоясанный носовым платком, старик усердно рылся в огороде. Он заметил своего молодого гостя и, опершись на лопатку, воскликнул:

— Здравия желаем! Как почивать изволили?

— Прекрасно, — отвечал Аркадий.

— А я здесь, как видите, как некий Цинциннат [1], грядку под позднюю репу отбиваю [2]. Теперь настало такое время, — да и славу богу! — что каждый должен собственными руками пропитание себе доставать; на других нечего надеяться: надо трудиться самому. И выходит, что Жан-Жак Руссо прав. Полчаса тому назад, сударь вы мой, вы бы увидали меня в совершенно другой позиции. Одной бабе, которая жаловалась на гнётку[3] — это по-ихнему, а по-нашему — дизентерию, — я... как бы выразиться лучше... я вливал опиум; а другой я зуб вырвал. Этой я предложил эфиризацию[4]... только она не согласилась. Всё это я делаю gratis — *анаматёр*. Впрочем, мне не в диво; я ведь плебей, homo novus — не из столбовых, не то, что моя благоверная... А не угодно ли пожаловать сюда в тень, вдохнуть перед чаем утреннюю свежесть?

Аркадий вышел к нему.

— Добро пожаловать ещё раз! — промолвил Василий Иванович, прикладывая по-военному руку к засаленной ермолке, прикрывавшей его голову. — Вы, я знаю, привыкли к роскоши, к удовольствиям, но и великие мира сего не гнушаются провести короткое время под кровом хижины.

— Помилуйте, — возопил Аркадий: — какой же я великий мира сего? И к роскоши я не привык.

— Позвольте, позвольте, — возразил с любезною ужимкой Василий Иванович. — Я хоть теперь и сдан в архив, а тоже потёрся[5] в свете — узнаю птицу по полёту. Я тоже психолог по-своему и физиогномист. Не имей я этого, смею сказать, дара — давно бы я пропал; затёрли бы[5] меня, маленького человека. Скажу вам без комплиментов: дружба, которую я замечаю между вами и моим сыном, меня искренно радует. Я сейчас виделся с ним: он, по обыкновению своему, вероятно вам известному, вскочил очень рано и побежал по окрестностям. Позвольте полюбопытствовать, — вы давно с моим Евгением знакомы?

— С нынешней зимы.

— Так-с. И позвольте вас ещё спросить, — но не присесть ли нам? — Позвольте вас спросить, как отцу, со всею откровенностью: какого вы мнения о моём Евгении?

— Ваш сын — один из самых замечательных людей, с которыми я когда-либо встречался, — с живостью ответил Аркадий.

Глаза Василия Ивановича внезапно раскрылись, и щёки его слабо вспыхнули. Лопата вывалилась из его рук.

— Итак, вы полагаете, — начал он...

— Я уверен, — подхватил Аркадий: — что сына вашего ждёт великая будущность, что он прославит ваше имя. Я убедился в этом с первой нашей встречи.

— Как... как это было? — едва проговорил Василий Иванович. Восторженная улыбка раздвинула его широкие губы, и уже не сходила с них.

— Вы хотите знать, как мы встретились?

— Да... и вообще...

Аркадий начал рассказывать и говорить о Базарове ещё с большим жаром, с большим увлечением, чем в тот вечер, когда он танцевал мазурку с Одинцовой.

Василий Иванович его слушал, слушал, сморкался, катал платок в обеих руках, кашлял, ерошил свои волосы — и наконец не вытерпел: нагнулся к Аркадию и поцеловал его в плечо[6].

— Вы меня совершенно осчастливили, — промолвил он, не переставая улыбаться: — я — должен вам сказать, что я... боготворю моего сына; о моей старухе я уже не говорю: известно — мать! — но я не смею при нём выказывать свои чувства, потому что он этого не любит. Он враг всех излияний; многие его даже осуждают за таковую твёрдость его нрава и видят в ней признак гордости или бесчувствия; но подобных ему людей не приходится мерить обыкновенным аршином, не правда ли? Да вот, например: другой на его месте тянул бы да тянул с своих родителей: а у нас, поверите ли? он отроду лишней копейки не взял, ей-богу!

— Он бескорыстный, честный человек, — заметил Аркадий.

— Именно бескорыстный. А я, Аркадий Николаич, не только боготворю его, я горжусь им, и всё моё честолюбие состоит в том, чтобы со временем в его биографии стояли следующие слова: «сын простого штаб-лекаря, который, однако, рано умел разгадать его[7] и ничего не жалел для его воспитания»...

Голос старика перервался.

Аркадий стиснул ему руку.

— Как вы думаете, — спросил Василий Иванович после некоторого молчания: — ведь он не на медицинском поприще достигнет той известности, которую вы ему пророчите?

— Разумеется, не на медицинском, хотя он и в этом отношении будет из первых учёных.

— На каком же, Аркадий Николаич?

— Это трудно сказать теперь, но он будет знаменит.

— Он будет знаменит! — повторил старик и погрузился в думу.

— Арина Власьевна приказали просить чай кушать, — проговорила Анфисушка, проходя мимо с огромным блюдом спелой малины.

Василий Иванович встрепенулся.

— А холодные сливки к малине будут?

— Будут-с.

— Да холодные, смотри! Не церемоньтесь, Аркадий Николаич, — берите больше. Что ж это Евгений не идёт?

— Я здесь, — раздался голос Базарова из Аркадиевой комнаты.

Василий Иванович быстро обернулся.

— Ага! Ты захотел посетить своего приятеля; но ты опоздал, amice, и мы имели уже с ним продолжительную беседу. Теперь надо идти чай пить: мать зовёт. Кстати, мне нужно с тобой поговорить.

— О чём?

— Здесь есть мужичок, он страдает иктером[8]...

— То есть желтухой?[8]

— Да, хроническим и очень упорным иктером. Я прописывал ему золототысячник и зверобой[9], морковь заставлял есть, давал соду; но это всё *паллиативные* средства; надо что-нибудь порешительней. Ты хоть и смеёшься над медициной, а я уверен, можешь подать мне дельный совет. Но об этом речь впереди. А теперь пойдём чай пить.

Василий Иванович живо вскочил с скамейки и запел из «Роберта»[10].

> Закон, закон, закон себе поставим
> На ра... на ра... на радости пожить!

— Замечательная живучесть! — проговорил, отходя от окна, Базаров.

Настал полдень. Солнце жгло из-за тонкой завесы сплошных беловатых облаков. Всё молчало: одни петухи задорно перекликались на деревне, возбуждая в каждом, кто их слышал, странное ощущение дремоты и скуки; да где-то высоко в верхушке деревьев звенел плаксивым призывом немолчный писк молодого ястребка. Аркадий и Базаров лежали в тени небольшого стога сена, подостлавши под себя охапки две шумливо-сухой, но ещё зелёной и душистой травы.

— Та осина, — заговорил Базаров: — напоминает мне моё детство: она растёт на краю ямы, оставшейся от кирпичного сарая, и я в то время был уверен, что эта яма и осина обладали особенным талисманом: я никогда не скучал возле них. Я не понимал тогда, что я не скучал оттого, что был ребёнком. Ну, теперь я взрослый, талисман не действует.

— Сколько ты времени провёл здесь всего? — спросил Аркадий.

— Года два сряду; потом мы наезжали[11]. Мы вели бродячую жизнь; больше всё по городам шлялись.

— А дом этот давно стоит?

— Давно. Его ещё дед построил, отец моей матери.

— Кто он был, твой дед?

— Чорт его знает. Секунд-майор какой-то. При Суворове[12] служил, и всё рассказывал о переходе через Альпы. Врал, должно быть.

— То-то[13] у вас в гостиной портрет Суворова висит. А я люблю такие домики, как ваш, старенькие да тёпленькие, и запах в них какой-то особенный.

— Лампадным маслом отзывает да донником[14], — произнёс, зевая, Базаров. — А что мух в этих милых домиках... Фа!

— Скажи, — начал Аркадий после небольшого молчания: — тебя в детстве не притесняли?

— Ты видишь, какие у меня родители. Народ не строгий.

— Ты их любишь, Евгений?

— Люблю, Аркадий!

— Они тебя так любят!

Базаров помолчал.

— Знаешь ли ты, о чём я думаю? — промолвил он, наконец, закидывая руки за голову.

— Не знаю. О чём?

— Я думаю: хорошо моим родителям жить на свете! Отец в шестьдесят лет хлопочет, толкует о «паллиативных» средствах, лечит людей, великодушничает с крестьянами, — кутит, одним словом; и матери моей хорошо: день её до того напичкан всякими занятиями, охами да ахами, что ей и опомниться некогда; а я...

— А ты?

— А я думаю: я вот лежу здесь под стогом... Узенькое местечко, которое я занимаю, до того крохотно в сравнении с остальны́м простра́нством, где меня́ нет и где де́ла до меня́ нет; и часть вре́мени, кото́рую мне уда́стся прожи́ть, так ничто́жна пе́ред ве́чностию, где меня́ не́ было и не бу́дет... А в э́том а́томе, в э́той математи́ческой то́чке, кровь обраща́ется, мозг рабо́тает, чего́-то хо́чет то́же... Что̀ за безобра́зие! Что̀ за пустяки́!

— Позво́ль тебе́ заме́тить: то, что̀ ты говори́шь, применя́ется вообще́ ко всем лю́дям...

— Ты прав, — подхвати́л База́ров. — Я хоте́л сказа́ть, что они́ вот, мои́ роди́тели то есть, за́няты и не беспоко́ятся о со́бственном ничто́жестве, оно́ им не смерди́т[15]... а я... я чу́вствую то́лько ску́ку да злость.

— Злость? почему́ же злость?

— Почему́? Как почему́? Да ра́зве ты забы́л?

— Я по́мню всё, но всё-таки я не признаю́ за тобо́ю пра́ва зли́ться. Ты несча́стлив, я согла́сен, но...

— Э! да ты, я ви́жу, Арка́дий Никола́евич, понима́ешь любо́вь, как все нове́йшие молоды́е лю́ди: цып, цып, цы́п, ку́рочка, а как то́лько ку́рочка начина́ет приближа́ться, дава́й бог но́ги![16] — Я не тако́в. Но дово́льно об э́том. Чему́ помо́чь нельзя́, о том и говори́ть сты́дно. — Он поверну́лся на́ бок. — Эге́! вон молоде́ц мураве́й та́щит полумёртвую му́ху. Тащи́ её, брат, тащи́! Не смотри́ на то, что она́ упира́ется, по́льзуйся тем, что ты, в ка́честве живо́тного, име́ешь пра́во не признава́ть чу́вства сострада́ния, не то́, что наш брат, самоло́манный!

— Не ты бы говори́л, Евге́ний! — Когда́ ты себя́ лома́л?

База́ров приподня́л го́лову.

— Я то́лько э́тим и горжу́сь. Сам себя́ не слома́л, так и бабёнка меня́ не слома́ет. Ами́нь! Ко́нчено! Слова́ об э́том бо́льше от меня́ не услы́шишь.

О́ба прия́теля полежа́ли не́которое вре́мя в молча́нии.

— Да, — на́чал База́ров: — стра́нное существо́ челове́к. Как посмо́тришь э́так сбо́ку да и́здали на глуху́ю жизнь, каку́ю веду́т здесь «отцы́», ка́жется: чего́ лу́чше? Ешь, пей, и знай, что поступа́ешь са́мым пра́вильным, са́мым разу́мным мане́ром. Ан нет; тоска́ одоле́ет. Хо́чется с людьми́ вози́ться, хоть руга́ть их, да вози́ться с ни́ми.

— На́до бы так устро́ить жизнь, чтобы ка́ждое мгнове́ние в ней бы́ло значи́тельно, — произнёс заду́мчиво Арка́дий.

— Кто́ говори́т! Значи́тельное хоть и ло́жно быва́ет, да сла́дко, но и с незначи́тельным помири́ться мо́жно... а вот — дря́зги, дря́зги... э́то беда́.

— Дря́зги не существу́ют для челове́ка, е́сли он то́лько не захо́чет их призна́ть.

— Гм... э́то ты сказа́л *противополо́жное общее ме́сто*.

— Что? — Что́ ты называ́ешь э́тим и́менем?

— А вот что́: сказа́ть, наприме́р, что просвеще́ние поле́зно, э́то общее ме́сто; а сказа́ть, что просвеще́ние вре́дно, э́то противпполо́жное общее ме́сто. Оно́ как бу́дто щеголева́тее, а в су́щности одно́ и то же.

— Да пра́вда-то где, на како́й стороне́?

— Где? Я тебе́ отве́чу, как э́хо: где?

— Ты в меланхоли́ческом настрое́нии сего́дня, Евге́ний.

— В са́мом де́ле? Со́лнце меня́, должно́ быть, распа́рило [17], да и мали́ны нельзя́ так мно́го есть.

— В тако́м слу́чае не ху́до вздремну́ть, — заме́тил Арка́дий.

— Пожа́луй; то́лько ты не смотри́ на меня́: вся́кого челове́ка лицо́ глу́по, когда́ он спит.

— А тебе́ не всё равно́, что́ о тебе́ ду́мают?

— Не зна́ю, что́ тебе́ сказа́ть. Настоя́щий челове́к об э́том не до́лжен забо́титься; настоя́щий челове́к тот, о кото́ром ду́мать не́чего, а кото́рого на́добно слу́шаться и́ли ненави́деть.

— Стра́нно! я никого́ не ненави́жу, — промо́лвил, поду́мавши, Арка́дий.

— А я так мно́гих. Ты не́жная душа́, размазня́, где тебе́ ненави́деть!.. Ты робе́ешь, ма́ло на себя́ наде́ешься...

— А ты, — переби́л Арка́дий: — на себя́ наде́ешься? Ты высо́кого мне́ния о само́м себе́?

База́ров помолча́л.

— Когда́ я встре́чу челове́ка, кото́рый не спасова́л [18] бы пе́редо мно́ю, — проговори́л он с расстано́вкой: — тогда́ я изменю́ своё мне́ние о само́м себе́. Ненави́деть! Да вот, наприме́р, ты сего́дня сказа́л, проходя́ ми́мо избы́ на́шего ста́росты Фили́ппа, — она́ така́я сла́вная, бе́лая, — вот, сказа́л ты, Росси́я тогда́ дости́гнет соверше́нства, когда́ у после́днего мужика́ бу́дет тако́е же помеще́ние, и вся́кий из нас до́лжен э́тому способствовать... А я и возненави́дел э́того после́днего мужика́, Фили́ппа и́ли Си́дора, для которого я должен из кожи лезть [19] и который мне даже спасибо не скажет... да и на что мне его спасибо? Ну, будет он жить в белой избе, а из меня лопух расти будет [20]; — ну, а дальше?

— Полно, Евгений... послушать тебя сегодня, поневоле согласишься с теми, которые упрекают нас в отсутствии принципов.

— Ты говоришь, как твой дядя. Принципов вообще нет, — ты об этом не догадался до сих пор! а есть ощущения. Всё от них зависит.

— Как так?

— Да так же. Например, я: я придерживаюсь отрицательного направления — в силу ощущения. Мне приятно отрицать, мой мозг так устроен — и баста! Отчего мне нравится химия? Отчего ты любишь яблоки? — тоже в силу ощущения. Это всё едино. Глубже этого люди никогда не проникнут. Не всякий тебе это скажет, да и я в другой раз тебе этого не скажу.

— Что ж? и честность — ощущение?

— Ещё бы!

— Евгений! — начал печальным голосом Аркадий.

— А? что? Не по вкусу? — перебил Базаров. — Нет, брат! Решился всё косить — валяй и себя по ногам!.. [21] Однако мы довольно философствовали. «Природа навевает молчание сна», сказал Пушкин.

— Никогда он ничего подобного не сказал, — промолвил Аркадий.

— Ну, не сказал, так мог и должен был сказать, в качестве поэта. Кстати, он, должно быть, в военной службе служил.

— Пушкин никогда не был военным.

— Помилуй, у него на каждой странице: На бой, на бой! за честь России! [22]

— Что ты это за небылицы выдумываешь! Ведь это клевета, наконец.

— Клевета? Эка важность! Вот вздумал каким словом испугать! Какую клевету ни взведи на человека, он, в сущности, заслуживает в двадцать раз хуже того.

— Давай лучше спать! — с досадой проговорил Аркадий.

— С величайшим удовольствием, — ответил Базаров.

Но ни тому, ни другому не спалось. Какое-то почти враждебное чувство охватывало сердца обоих молодых людей. Минут пять спустя они открыли глаза и переглянулись молча.

— Посмотри, — сказал вдруг Аркадий: — сухой кленовый лист оторвался и падает на землю; его движения совершенно сходны с полётом бабочки. Не странно ли? Самое печальное и мёртвое — сходно с самым весёлым и живым.

— О, друг мой, Аркадий Николаич! — воскликнул Базаров: — об одном прошу тебя: не говори красиво.

— Я говорю, как умею... Да и, наконец, это деспотизм. Мне пришла мысль в голову; отчего её не высказать?

— Так; но почему же и мне не высказать своей мысли. Я нахожу, что говорить красиво — неприлично.

— Что же прилично? Ругаться?

— Э-э! Да ты, я вижу, точно, намерен пойти по стопам дядюшки. Как бы этот идиот порадовался, если б услышал тебя!

— Как ты назвал Павла Петровича?

— Я его назвал, как следует, — идиотом.

— Это, однако, нестерпимо! — воскликнул Аркадий.

— Ага! родственное чувство заговорило, — спокойно промолвил Базаров. — Я заметил: оно очень упорно держится в людях. Ото всего готов отказаться человек, со всяким предрассудком расстанется; но сознаться, что, например, брат, который чужие платки крадёт, вор, — это свыше его сил. Да и в самом деле: *мой* брат, *мой* — и не гений... возможно ли это?

— Во мне простое чувство справедливости заговорило, а вовсе не родственное, — возразил запальчиво Аркадий. — Но так как ты этого чувства не понимаешь, у тебя нет этого *ощущения*, то ты и не можешь судить о нём.

— Другими словами: Аркадий Кирсанов слишком возвышен для моего понимания, — преклоняюсь и умолкаю.

— Полно, пожалуйства, Евгений; мы, наконец, поссоримся.

— Ах, Аркадий! сделай одолжение, поссоримся раз хорошенько — до положения риз [23], до истребления.

— Но ведь эдак, пожалуй, мы кончим тем...

— Что подерёмся? — подхватил Базаров. — Что ж? Здесь, на сене, в такой идиллической обстановке, вдали от света и людских взоров — ничего. Но ты со мной не сладишь. Я тебя сейчас схвачу за горло...

Базаров растопырил свои длинные и жёсткие пальцы. Аркадий повернулся и приготовился, как бы шутя, сопротивляться... Но лицо его друга показалось ему таким зловещим, такая нешуточная угроза почудилась ему в кривой усмешке его губ, в загоревшихся глазах, — что он почувствовал невольную робость...

— А! вот вы куда забрались! — раздался в это мгновение голос Василия Ивановича, и старый штаб-лекарь предстал перед молодыми людьми, облечённый в домоделанный полотняный пиджак и с соломенною, тоже домоделанною, шляпой на голове. — Я вас искал, искал... Но вы отличное выбрали место и прекрасному предаётесь занятию. Лёжа на «земле», глядеть в «небо»... Знаете ли — в этом есть какое-то особенное значение!

— Я гляжу в небо только тогда, когда хочу чихнуть, — проворчал Базаров и, обратившись к Аркадию, прибавил вполголоса: — Жаль, что помешал.

— Ну, полно, — шепнул Аркадий и пожал украдкой своему другу руку. Но никакая дружба долго не выдержит таких столкновений.

— Смотрю я на вас, мои юные собеседники, — говорил между тем Василий Иванович, покачивая головой и опираясь скрещёнными руками на какую-то хитро перекрученную палку собственного изделия, с фигурой турка вместо набалдашника, — смотрю и не могу не любоваться. Сколько в вас силы, молодости самой цветущей, способностей, талантов! Просто... Кастор и Поллукс!

— Вон куда — в мифологию метнул! [24] — промолвил Базаров. — Сейчас видно, что в своё время сильный был латинист! Ведь ты, помнится, серебряной медали за сочинение удостоился, — а?

— Диоскуры, Диоскуры! — повторил Василий Иванович.

— Однако, полно, отец, — не нежничай.

— В кои-то веки разик [25] можно, — пробормотал старик. — Впрочем, я вас, господа, отыскал не с тем, чтобы говорить вам комплименты: но с тем, чтобы, во-первых, доложить вам, что мы скоро обедать будем; а во-вторых — мне хотелось предварить тебя, Евгений... Ты умный человек, ты знаешь людей, и женщин знаешь, и, следовательно, извинишь... Твоя матушка молебен отслужить [26] хотела, по случаю твоего приезда. Ты не воображай, что я зову тебя́ прису́тствовать на э́том моле́бне: уж он ко́нчен; но оте́ц Алексе́й…

— Поп?

— Ну да, свяще́нник; он у нас… ку́шать бу́дет… Я э́того не ожида́л и да́же не сове́товал… но ка́к-то так вы́шло… он меня́ не по́нял… Ну, и Ари́на Вла́сьевна… Прито́м же, он у нас о́чень хоро́ший и рассуди́тельный челове́к.

— Ведь он мое́й по́рции за обе́дом не съест? — спроси́л База́ров.

Васи́лий Ива́нович засмея́лся.

— Поми́луй, что́ ты!

— А бо́льше я ничего́ не тре́бую. Я со вся́ким челове́ком гото́в за стол сесть.

Васи́лий Ива́нович попра́вил свою́ шля́пу.

— Я был наперёд уве́рен, — промо́лвил он: — что ты вы́ше вся́ких предрассу́дков. На что́ вот я[27] — стари́к, шестьдеся́т второ́й год живу́, а и я их не име́ю. (Васи́лий Ива́нович не смел созна́ться, что он сам пожела́л моле́бна… На́божен он был не ме́нее свое́й жены́.) А отцу́ Алексе́ю о́чень хоте́лось с тобо́й познако́миться. Он тебе́ понра́вится, ты уви́дишь. Он и в ка́рточки не прочь поигра́ть, и да́же… но э́то ме́жду на́ми… тру́бочку ку́рит.

— Что́ же? Мы по́сле обе́да зася́дем в ерала́ш[28], и я его́ обыгра́ю.

— Хе-хе-хе, посмо́трим! Ба́бушка на́двое сказа́ла[29].

— А что́? ра́зве старино́й тряхнёшь?[30] — промо́лвил с осо́бенным ударе́нием База́ров.

Бро́нзовые щёки Васи́лия Ива́новича сму́тно покрасне́ли.

— Как тебе́ не сты́дно, Евге́ний… Что́ бы́ло, то прошло́. Ну да, я гото́в вот пе́ред *ни́ми* призна́ться, име́л я э́ту страсть в мо́лодости — то́чно; да и поплати́лся же я за неё! Одна́ко, как жа́рко. Позво́льте подсе́сть к вам. Ведь я не меша́ю?

— Ниско́лько, — отве́тил Арка́дий.

Васи́лий Ива́нович кряхтя́ опусти́лся на се́но.

— Напомина́ет мне ва́ше тепе́решнее ло́же, госуда́ри мой, — на́чал он: — мою́ вое́нную, бивуа́чную жизнь, перевя́зочные пу́нкты, то́же где́-нибудь э́так во́зле сто́га, и то ещё сла́ва бо́гу[31]. — Он вздохну́л. — Мно́го, мно́го испыта́л я на своём веку́. Вот, наприме́р, е́сли позво́лите, я вам расскажу́ любопы́тный эпизо́д чумы́ в Бессара́бии.

— За кото́рый ты получи́л Влади́мира?[32] — подхвати́л База́ров. — Зна́ем, зна́ем... Кста́ти, отчего́ ты его́ не но́сишь?

— Ведь я тебе́ говори́л, что я не име́ю предрассу́дков, — пробормота́л Васи́лий Ива́нович (он то́лько накану́не веле́л споро́ть кра́сную ле́нточку с сюртука́) и приня́лся расска́зывать эпизо́д чумы́. — А ведь он засну́л, — шепну́л он вдруг Арка́дию, ука́зывая на База́рова и доброду́шно подмигну́в. — Евге́ний! встава́й! — приба́вил он гро́мко. — Пойдём обе́дать.

Оте́ц Алексе́й, мужчи́на ви́дный и по́лный, с густы́ми, тща́тельно расчёсанными волоса́ми, с вы́шитым по́ясом на лило́вой шёлковой ря́се, оказа́лся челове́ком о́чень ло́вким и находчи́вым. Он пе́рвый поспеши́л пожа́ть ру́ку Арка́дию и База́рову, как бы понима́я зара́нее, что они́ не нужда́ются в его́ благослове́нии, и вообще́ держа́л себя́ непринуждённо. И себя́ он не вы́дал и други́х не заде́л; кста́ти посмея́лся над семина́рскою латы́нью и заступи́лся за своего́ архиере́я; две рю́мки вина́ вы́пил, а от тре́тьей отказа́лся; при́нял от Арка́дия сига́ру, но кури́ть её не стал, говоря́, что повезёт её домо́й. Не совсе́м прия́тно бы́ло в нём то́лько то, что он то и де́ло ме́дленно и осторо́жно заноси́л ру́ку, что́бы лови́ть мух у себя́ на лице́, и при э́том иногда́ дави́л их. Он сел за зелёный стол с уме́ренным изъявле́нием удово́льствия и ко́нчил тем, что обыгра́л База́рова на два рубля́ пятьдеся́т копе́ек ассигна́циями[33]: в до́ме Ари́ны Вла́сьевны и поня́тия не име́ли о счёте на серебро́... Она́ по-пре́жнему сиде́ла во́зле сы́на (в ка́рты она́ не игра́ла), попре́жнему подпира́я щеку́ кулачко́м, и встава́ла то́лько зате́м, что́бы веле́ть пода́ть како́е-нибудь но́вое я́ство. Она́ боя́лась ласка́ть База́рова, и он не ободря́л её, не вызыва́л её на ла́ски; прито́м же и Васи́лий Ива́нович присове́товал ей не о́чень его́ «беспоко́ить». «Молоды́е лю́ди до э́того не охо́тники», тверди́л он ей (не́чего говори́ть, како́в был в тот день обе́д: Тимофе́ич со́бственною персо́ной скака́л на у́тренней заре́ за како́ю-то осо́бенною черка́сскою говя́диной; ста́роста е́здил в другу́ю сто́рону за нали́мами, ерша́ми и ра́ками; за одни́ грибы́ ба́бы получи́ли со́рок две копе́йки ме́дью); но глаза́ Ари́ны Вла́сьевны, неотсту́пно обращённые на База́рова, выража́ли не одну́ пре́данность и не́жность: в них видне́лась и грусть, сме́шанная с любопы́тством и стра́хом, видне́лся како́й-то смире́нный уко́р.

Впро́чем, База́рову бы́ло не до того́, что́бы разбира́ть, что и́менно выража́ли глаза́ его́ ма́тери; он ре́дко обраща́лся к ней, и то с коро́теньким вопро́сом. Раз он попроси́л у ней ру́ку «на сча́стье»; она́ тихо́нько положи́ла свою́ мя́гкую ру́чку на его́ жёсткую и широ́кую ладо́нь.

— Что̀, — спроси́ла она́ погодя́ немно́го: — не помогло́?

— Ещё ху́же пошло́, — отвеча́л он с небре́жною усме́шкой.

— О́чинно они́ уже́ риску́ют³⁴, — как бы с сожале́нием произнёс оте́ц Алексе́й и погла́дил свою́ краси́вую бо́роду.

— Наполео́новское пра́вило, ба́тюшка, наполео́новское, — подхвати́л Васи́лий Ива́ныч и пошёл с туза́³⁵.

— Оно́ же и довело́ его́ до о́строва святы́я³⁶ Еле́ны, — промо́лвил оте́ц Алексе́й и покры́л его́ туза́ ко́зырем.

— Не жела́ешь ли сморо́динной воды́, Еню́шечка? — спроси́ла Ари́на Вла́сьевна.

База́ров то́лько плеча́ми пожа́л.

—Нет! говори́л он на сле́дующий день Арка́дию: — уе́ду отсю́да за́втра. Ску́чно; рабо́тать хо́чется, а здесь нельзя́. Отпра́влюсь опя́ть к вам в дере́вню; я же там все свои́ препара́ты оста́вил. У вас, по кра́йней ме́ре, запере́ться мо́жно. А то здесь оте́ц мне тверди́т: «мой кабине́т к твои́м услу́гам — никто́ тебе́ меша́ть не бу́дет», а сам от меня́ ни на шаг³⁷. Да и со́вестно ка́к-то от него́ запира́ться. Ну и мать то́же. Я слы́шу, как она́ вздыха́ет за стено́й, а вы́йдешь к ней — и сказа́ть ей не́чего.

— О́чень она́ огорчи́тся, — промо́лвил Арка́дий: — да и он то́же.

— Я к ним ещё верну́сь.

— Когда́?

— Да вот как в Петербу́рг пое́ду.

— Мне твою́ мать осо́бенно жа́лко.

— Что̀ так? Я́годами, что ли, она́ тебе́ угоди́ла?

Арка́дий опусти́л глаза́.

— Ты ма́тери свое́й не зна́ешь, Евге́ний. Она́ не то́лько отли́чная же́нщина, она́ о́чень умна́, пра́во. Сего́дня у́тром она́ со мной с полчаса́ бесе́довала, и так де́льно, интере́сно.

— Ве́рно, о́бо мне всё распростаня́лась?

— Не о тебе́ одно́м была́ речь.

— Мо́жет быть; тебе́ со стороны́ видне́й³⁸. Коли мо́жет же́нщина получасову́ю бесе́ду поддержа́ть, э́то уж знак хоро́ший. А я всё-таки уе́ду.

— Тебе нелегко будет сообщить им это известие. Они всё рассуждают о том, что мы через две недели делать будем.

— Нелегко. Чорт меня дёрнул сегодня подразнить отца: он на-днях велел высечь одного своего оброчного мужика — и очень хорошо сделал; да, да, не гляди на меня с таким ужасом, — очень хорошо сделал, потому что вор и пьяница он страшнейший; только отец никак не ожидал, что я об этом, как говорится, известен стал. Он очень сконфузился, а теперь мне придётся вдобавок его огорчить... Ничего! До свадьбы заживёт[39].

Базаров сказал: «ничего!», но целый день прошёл, прежде чем он решился уведомить Василия Ивановича о своём намерении. Наконец, уже прощаясь с ним в кабинете, он проговорил с натянутым зевком:

— Да... чуть было не забыл тебе сказать... Вели-ка завтра наших лошадей к Федоту выслать на подставу[40].

Василий Иванович изумился.

— Разве господин Кирсанов от нас уезжает?

— Да; и я с ним уезжаю.

Василий Иванович перевернулся на месте.

— Ты уезжаешь?

— Да... мне нужно. Распорядись, пожалуйста, насчёт лошадей.

— Хорошо... — залепетал старик: — на подставу... хорошо... только... только... Как же это?

— Мне нужно съездить к нему на короткое время. Я потом опять сюда вернусь.

— Да! На короткое время... Хорошо. — Василий Иванович вынул платок и, сморкаясь, наклонился чуть не до земли. — Что ж? это... всё будет. Я было думал, что ты у нас... подольше. Три дня... Это, это, после трёх лет, маловато; маловато, Евгений!

— Да я ж тебе говорю, что я скоро вернусь. Мне необходимо.

— Необходимо... Что ж? Прежде всего надо долг исполнять... Так выслать лошадей? Хорошо. Мы, конечно, с Ариной этого не ожидали. Она вот цветов выпросила у соседки, хотела комнату тебе убрать. (Василий Иванович уже не упомянул о том, что каждое утро, чуть свет, стоя о босу ногу в туфлях, он совещался с Тимофеичем и, доставая дрожащими пальцами одну изорванную ассигнацию за другóю, поручáл емý рáзные закýпки, осóбенно налегáя на съéстные припáсы и на крáсное винó, котóрое, скóлько мóжно бы́ло замéтить, óчень понрáвилось молоды́м лю́дям.) Глáвное — свобóда; — это моё прáвило... не нáдо стесня́ть... не...

Он вдруг умóлк и напрáвился к двéри.

— Мы скóро уви́димся, отéц, прáво.

Но Васи́лий Ивáнович, не оборáчиваясь, тóлько рукóй махнýл и вы́шел. Возвратя́сь в спáльню, он застáл свою́ женý в постéли и нáчал моли́ться шóпотом, чтóбы её не разбуди́ть. Однáко онá проснýлась.

— Это ты, Васи́лий Ивáныч? — спроси́ла онá.

— Я, мáтушка!

— Ты от Еню́ши? Знáешь ли, я бою́сь: покóйно ли емý спать на дивáне? Я Анфи́сушке велéла положи́ть емý твой похóдный матрáсик и нóвые подýшки; я бы наш пухови́к емý далá, да он, пóмнится, не лю́бит мя́гко спать.

— Ничегó, мáтушка, не беспокóйся. Емý хорошó. Гóсподи, поми́луй нас, грéшных, — продолжáл он вполгóлоса свою́ моли́тву. Васи́лий Ивáнович пожалéл свою́ старýшку; он не захотéл сказáть ей нá ночь, какóе гóре её ожидáло.

Базáров с Аркáдием уéхали на другóй день. С утрá ужé всё приуны́ло в дóме; у Анфи́сушки посýда из рук вали́лась; дáже Фéдька недоумевáл и кóнчил тем, что снял сапоги́. Васи́лий Ивáнович суети́лся бóльше чем когдá-либо: он ви́димо храбри́лся, грóмко говори́л и стучáл ногáми, но лицó его осýнулось, и взгля́ды постоя́нно скользи́ли ми́мо сы́на. Ари́на Влáсьевна ти́хо плáкала; онá совсéм бы растеря́лась и не совладéла бы с собóю, éсли бы муж рáно ýтром цéлых два часá её не уговáривал. Когдá же Базáров, пóсле неоднокрáтных обещáний вернýться никáк не пóзже мéсяца, вы́рвался наконéц из удéрживавших егó объя́тий и сел в тарантáс; когдá лóшади трóнулись, и колокóльчик зазвенéл, и колёса завертéлись, — и вот ужé глядéть вслéд бы́ло нéзачем, и пыль улеглáсь, и Тимофéич, весь сгóрбленный и шатáясь на ходý, поплёлся назáд в свою́ камóрку; когдá старички́ остáлись одни́ в своём, тóже как бýдто внезáпно съёжившемся и подряхлéвшем дóме: Васи́лий Ивáнович, ещё за нéсколько мгновéний молодцевáто махáвший платкóм на крыльцé, опусти́лся на стул и урони́л гóлову на грудь. «Брóсил, брóсил нас!» залепетáл он: «брóсил; скýчно емý стáло с нáми. Оди́н как перст[41] тепéрь, оди́н!» повтори́л он нéсколько раз и каждый раз выносил вперёд свою руку с отделённым указательным пальцем. Тогда Арина Власьевна приблизилась к нему и, прислонив свою седую голову к его седой голове, сказала: «Что делать, Вася! Сын отрезанный ломоть[42]. Он, что сокол: захотел — прилетел, захотел — улетел; а мы с тобой, как опёнки на дупле[43], сидим рядком, и ни с места[44]. Только я останусь для тебя навек неизменно, как и ты для меня».

Василий Иванович принял от лица руки[45] и обнял свою жену, свою подругу, так крепко, как и в молодости её не обнимал: она утешила его в его печали.

XXII

Молча, лишь изредка меняясь незначительными словами, доехали наши приятели до Федота. Базаров был не совсем собой доволен. Аркадий был недоволен им. К тому же он чувствовал на сердце ту беспричинную грусть, которая знакома только одним очень молодым людям. Кучер перепряг лошадей и, взобравшись на козлы, спросил: направо, аль налево?

Аркадий дрогнул. Дорога направо вела в город, а оттуда домой; дорога налево вела к Одинцовой. Он взглянул на Базарова.

— Евгений, — спросил он: — налево?

Базаров отвернулся.

— Это что за глупость? — пробормотал он.

— Я знаю, что глупость, — ответил Аркадий. — Да что за беда? Разве нам в первый раз?

Базаров надвинул картуз себе на лоб.

— Как знаешь, — проговорил он наконец.

— Пошёл налево, — крикнул Аркадий.

Тарантас покатил в направлении к Никольскому. Но, решившись на *глупость*, приятели ещё упорнее прежнего молчали и даже казались сердитыми.

Уже по тому, как их встретил дворецкий на крыльце одинцовского дома, приятели могли догадаться, что они поступили неблагоразумно, поддавшись внезапно пришедшей им фантазии. Их очевидно не ожидали. Они просидели довольно долго и с довольноглупыми физиономиями в гостиной. Одинцова вышла к ним наконец. Она приветствовала их с обыкновенною своей любезностью, но удивилась их скорому возвращению, и сколько можно было судить по медлительности её движений и речей, не слишком ему обрадовалась. Они поспешили объявить, что заехали только по дороге, и часа через четыре отправятся дальше, в город. Она ограничилась лёгким восклицанием, попросила Аркадия поклониться отцу от её имени и послала за своею тёткой. Княжна явилась вся заспанная, что придавало ещё более злобы выражению её сморщенного, старого лица. Кате нездоровилось, она не выходила из своей комнаты. Аркадий вдруг почувствовал, что он по крайней мере столько же желал видеть Катю, сколько и самоё Анну Сергеевну. Четыре часа прошло в незначительных толках о том, о сём; Анна Сергеевна и слушала, и говорила без улыбки. Только при самом прощании прежнее дружелюбие как будто шевельнулось в её душе.

— На меня теперь нашла хандра, — сказала она: — но вы не обращайте на это внимания и приезжайте опять, я вам это обоим говорю, через несколько времени.

И Базаров, и Аркадий ответил ей безмолвным поклоном, сели в экипаж и, уже нигде не останавливаясь, отправились домой, в Марьино, куда и прибыли благополучно на следующий день вечером. В продолжение всей дороги ни тот, ни другой не упомянул даже имени Одинцовой; Базаров, в особенности, почти не раскрывал рта и, всё глядел в сторону, прочь от дороги, с каким-то ожесточённым напряжением.

В Марьине им все чрезвычайно обрадовались. Продолжительное отсутствие сына начинало беспокоить Николая Петровича: он вскрикнул, заболтал ногами и подпрыгнул на диване, когда Феничка вбежала к нему с сияющими глазами и объявила о приезде «молодых господ»; сам Павел Петрович почувствовал некоторое приятное волнение и снисходительно улыбался, потрясая руки возвратившихся странников. Пошли толки, расспросы; говорил больше Аркадий, особенно за ужином, который продолжался далеко за полночь. Николай Петрович велел подать несколько бутылок портера, только что привезённого из Москвы, и сам раскутился до того, что щёки у него сделались малиновые, и он всё смеялся каким-то не то детским, не то нервическим смехом. Всеобщее одушевление распространилось и на прислугу: Дуняша бегала взад и вперёд, как угорелая, и то и дело хлопала дверями; а Пётр даже в третьем часу ночи всё ещё пытался сыграть на гитаре вальс-казак. Струны жалобно и приятно звучали в неподвижном воздухе, но за исключением небольшой первоначальной фиоритуры ничего не выходило у образованного камердинера: природа отказала ему в музыкальной способности, как и во всех других.

А между тем жизнь не слишком красиво складывалась в Марьине, и бедному Николаю Петровичу приходилось плохо. Хлопоты по ферме росли с каждым днём — хлопоты безотрадные, бестолковые. Возня с наёмными работниками становилась невыносимою. Одни требовали расчёта или прибавки, другие уходили, забравши задаток[1]; лошади заболевали; сбруя горела, как на огне[2]; работы исполнялись небрежно; выписанная из Москвы молотильная машина оказалась негодною по своей тяжести; другую с первого разу испортили; половина скотного двора сгорела, оттого что слепая старуха из дворовых в ветряную[3] погоду пошла с головёшкой окуривать[4] свою корову... правда, по уверению той же старухи, вся беда произошла оттого, что барину вздумалось заводить какие-то небывалые сыры и молочные скопы[5]. Управляющий вдруг обленился и даже начал толстеть, как толстеет всякий русский человек, попавший на «вольные хлеба»[6]. Завидя издали Николая Петровича, он, чтобы заявить своё рвение, бросал щепкой в пробегавшего мимо поросёнка или грозился полунагому мальчишке, а впрочем больше всё спал. Посаженные на оброк мужики не взносили денег в срок, крали лес; почти каждую ночь сторожа ловили, а иногда с бою[7] забирали[8] крестьянских лошадей на лугах «фермы». Николай Петрович определил было денежный штраф за потраву, но дело обыкновенно кончалось тем, что, постояв день или два на господском корме, лошади возвращались к своим владельцам. К довершению всего, мужики начали между собою ссориться: братья требовали раздела; жёны их не могли ужиться в одном доме; внезапно закипала драка, и всё вдруг поднималось на ноги, как по команде, всё сбегалось перед крылечко конторы, лезло к барину, часто с избитыми рожами, в пьяном виде, и требовало суда и расправы; возникал шум, вопль, бабий хныкающий визг вперемежку с мужскою бранью. Нужно было разбирать враждующие стороны, кричать самому до хрипоты, зная наперёд, что к правильному решению всё-таки прийти невозможно. Нехватало рук для жатвы: соседний однодворец[9], с самым благообразным лицом, порядился доставить жнецов по два рубля с десятины и надул самым бессовестным образом; свои бабы заламывали цены неслыханные, а хлеб между тем осыпался[10], а тут с косьбой не совладели, а тут Опекунский Совет[11] грозится и требует немедленной и безнедоимочной уплаты процентов...

— Сил моих нет! — не раз с отчаянием восклицал Николай Петрович. — Самому драться невозможно, посылать за становым — не позволяют принципы, а без страха наказания ничего не поделаешь!

— Du calme, du calme, — замечал на это Павел Петрович, а сам мурлыкал, хмурился и подёргивал усы.

Базаров держался в отдалении от этих «дрязгов»[12], да ему, как гостю, не приходилось и вмешиваться в чужие дела. На другой день после приезда в Марьино он принялся за своих лягушек, за инфузории[13], за химические составы, и всё возился с ними. Аркадий, напротив, почёл своею обязанностью если не помогать отцу, то по крайней мере показать вид, что он готов ему помочь. Он терпеливо его выслушивал и однажды подал какой-то совет, не для того, чтобы ему последовали, а чтобы заявить своё участие. Хозяйничанье не возбуждало в нём отвращения: он даже с удовольствием мечтал об агрономической деятельности, но у него в ту пору другие мысли зароились[14] в голове. Аркадий, к собственному изумлению, беспрестанно думал о Никольском; прежде он бы только плечами пожал, если бы кто-нибудь сказал ему, что он может соскучиться под одним кровом с Базаровым, и ещё под каким! — под родительским кровом; а ему, точно, было скучно, и тянуло его вон[15]. Он вздумал гулять до усталости, но и это не помогло. Разговаривая однажды с отцом, он узнал, что у Николая Петровича находилось несколько писем, довольно интересных, писанных некогда матерью Одинцовой к покойной его жене, и не отстал от него до тех пор, пока не получил этих писем, за которыми Николай Петрович принуждён был рыться в двадцати различных ящиках и сундуках. Вступив в обладание этими полуистлевшими бумажками, Аркадий как будто успокоился, точно он увидел перед собою цель, к которой ему следовало идти. «Я вам это обоим говорю», беспрестанно шептал он, — сама прибавила. «Поеду, поеду, чорт возьми!» Но он вспомнил последнее посещение, холодный приём и прежнюю неловкость, и робость овладевала им. «Авось»[16] молодости, тайное желание изведать своё счастие, испытать свои силы в одиночку, без чьего бы то ни было покровительства — одолели наконец. Десяти дней не прошло со времени его возвращения в Марьино, как уже он опять, под предлогом изучения механизма воскресных школ, скакал в город, а оттуда в Никольское. Беспрерывно погоняя ямщика, нёсся он туда, как молодой офицер на сраженье: и страшно ему было, и весело, и нетерпение его душило. «Главное — не надо думать», твердил он самому себе. Ямщик ему попался лихой; он останавливался перед каждым кабаком, приговаривая: «чкнуть?»[17] или: «аль чкнуть?», но за то, *чкнувши*, не жалел лошадей. Вот наконец показалась высокая крыша знакомого дома... «Что я делаю?» мелькнуло вдруг в голове Аркадия. «Да ведь не вернуться же!» Тройка дружно мчалась; ямщик гикал[18] и свистал. Вот уже мостик загремел под копытами и колёсами, вот уже надвинулась аллея стриженных ёлок... Розовое женское платье мелькнуло в тёмной зелени, молодое лицо выглянуло из-под лёгкой бахромы зонтика... Он узнал Катю, и она его узнала. Аркадий приказал ямщику остановить расскакавшихся лошадей, выпрыгнул из экипажа и подошёл к ней. «Это вы!» промолвила она и понемножку вся покраснела: «пойдёмте к сестре, она тут в саду; ей будет приятно вас видеть».

Катя повела Аркадия в сад. Встреча с нею показалась ему особенно счастливым предзнаменованием; он обрадовался ей, словно родной. Всё так отлично устроилось: ни дворецкого, ни доклада. На повороте дорожки он увидел Анну Сергеевну. Она стояла к нему спиной. Услышав шаги, она тихонько обернулась.

Аркадий смутился-было снова, но первые слова, ею произнесённые, успокоили его тотчас. «Здравствуйте, беглец!» — проговорила она своим ровным, ласковым голосом и пошла к нему навстречу, улыбаясь и щурясь от солнца и ветра: «Где ты его нашла, Катя?»

— Я вам, А́нна Серге́евна, — на́чал он: — привёз не́что тако́е, чего́ вы ника́к не ожида́ете...

— Вы себя́ привезли́; э́то лу́чше всего́.

XXIII

Проводи́в Арка́дия с насме́шливым сожале́нием и дав ему́ поня́ть, что он ниско́лько не обма́нывается насчёт настоя́щей це́ли его́ пое́здки, База́ров уедини́лся оконча́тельно: на него́ нашла́ лихора́дка рабо́ты. С Па́влом Петро́вичем он уже́ не спо́рил, тем бо́лее, что тот в его́ прису́тствии принима́л чересчу́р аристократи́ческий вид и выража́л свои́ мне́ния бо́лее зву́ками, чем слова́ми. То́лько одна́жды Па́вел Петро́вич, пусти́лся-бы́ло в состяза́ние с *нигили́стом* по по́воду мо́дного в то вре́мя вопро́са о права́х остзе́йских дворя́н [1], но сам вдруг останови́лся, промо́лвив с холо́дною ве́жливостью: — «впро́чем, мы друг дру́га поня́ть не мо́жем; я, по кра́йней ме́ре, не име́ю че́сти вас понима́ть».

— Ещё бы! — воскли́кнул База́ров. — Челове́к всё в состоя́нии поня́ть — и ка́к трепе́щет эфи́р, и что́ на со́лнце происхо́дит; а ка́к друго́й челове́к мо́жет ина́че сморка́ться, чем он сам сморка́ется, э́того он поня́ть не в состоя́нии.

— Что́, э́то остроу́мно? — проговори́л вопроси́тельно Па́вел Петро́вич и отошёл в сто́рону.

Впро́чем, он иногда́ проси́л позволе́ния прису́тствовать при о́пытах База́рова, а раз да́же прибли́зил своё разду́шенное и вы́мытое отли́чным сна́добьем лицо́ к микроско́пу, для того́ что́бы посмотре́ть, как прозра́чная инфузо́рия глота́ла зелёную пыли́нку и хлопотли́во пережёвывала её каки́ми-то о́чень прово́рными кулачка́ми, находи́вшимися у ней в го́рле. Гора́здо ча́ще своего́ бра́та посеща́л База́рова Никола́й Петро́вич; он бы ка́ждый день приходи́л, как он выража́лся, «учи́ться», е́сли бы хло́поты по хозя́йству не отвлека́ли его́. Он не стесня́л молодо́го естествоиспыта́теля: сади́лся где́-нибудь в уголо́к ко́мнаты и гляде́л внима́тельно, и́зредка позволя́я себе́ осторо́жный вопро́с. Во вре́мя обе́дов и у́жинов он стара́лся направля́ть речь на фи́зику, геоло́гию и́ли хи́мию, так как все други́е предме́ты, да́же хозя́йственные, не говоря́ уже́ о полити́ческих, могли́ повести́ е́сли не к столкнове́ниям, то ко взаи́мному неудово́льствию. Никола́й Петро́вич дога́дывался, что не́нависть его брата к Базарову нисколько не уменьшилась. Неважный случай, между многими другими, подтвердил его догадки. Холера стала появляться кое-где по окрестностям и даже «выдернула»[2], двух людей из самого Марьина. Ночью с Павлом Петровичем случился довольно сильный припадок. Он промучился до утра, но не прибег к искусству Базарова — и, увидевшись с ним на следующий день, на его вопрос: «Зачем он не послал за ним?» — отвечал, весь ещё бледный, но уже тщательно расчёсанный и выбритый: «Ведь вы, помнится, сами говорили, что не верите в медицину?» Так проходили дни. Базаров работал упорно и угрюмо... а между тем в доме Николая Петровича находилось существо, с которым он не то чтобы отводил душу, а охотно беседовал... Это существо была Феничка.

Он встречался с ней большею частью по утрам рано, в саду или на дворе; в комнату к ней он не захаживал, и она всего раз подошла к его двери, чтобы спросить его — купать ли ей Митю, или нет? Она не только доверялась ему, не только его не боялась, она при нём держалась вольнее и развязнее, чем при самом Николае Петровиче. Трудно сказать, отчего это происходило; может быть, оттого, что она бессознательно чувствовала в Базарове отсутствие всего дворянского, всего того высшего, что и привлекает и пугает. В её глазах он и доктор был отличный, и человек простой. Не стесняясь его присутствием, она возилась с своим ребёнком, и однажды, когда у ней вдруг закружилась и заболела голова, — из его рук приняла ложку лекарства. При Николае Петровиче она как будто чуждалась Базарова: она это делала не из хитрости, а из какого-то чувства приличия. Павла Петровича она боялась больше, чем когда-либо; он с некоторых пор стал наблюдать за нею, и неожиданно появлялся, словно из земли вырастал за её спиною в своём *сьюте*, с неподвижным зорким лицом и руками в карманах. — «Так тебя холодом и обдаст», жаловалась Феничка Дуняше, а та в ответ ей вздыхала и думала о другом «бесчувственном» человеке. Базаров, сам того не подозревая, сделался *жестоким тираном* её души.

Феничке нравился Базаров; но и она ему нравилась. Даже лицо его изменялось, когда он с ней розговаривал: оно принимало выражение ясное, почти доброе, и к обычной его небрежности примешивалась какая-то шутливая внимательность. Феничка хорошела с каждым днём. Бывает эпоха в жизни молодых женщин, когда они вдруг начинают расцветать и распускаться, как летние розы; такая эпоха наступила для Фенички. Всё к тому способствовало, даже июльский зной, который стоял тогда. Одетая в лёгкое белое платье, она сама казалась белее и легче: загар не приставал[3] к ней, а жара, от которой она не могла уберечься, слегка румянила её щёки да уши и, вливая тихую лень во всё её тело, отражалась дремотною томностью в её хорошеньких глазках. Она почти не могла работать; руки у ней так и скользили на колени. Она едва ходила и всё охала да жаловалась с забавным бессилием.

— Ты бы чаще купалась, — говорил ей Николай Петрович. Он устроил большую, полотном покрытую, купальню в том из своих прудов, который ещё не совсем ушёл.

— Ох, Николай Петрович! Да пока до пруда дойдёшь — умрёшь, и назад пойдёшь — умрёшь. Ведь тени-то в саду нету.

— Это точно, что тени нету, — отвечал Николай Петрович и потирал себе брови.

Однажды, часу в седьмом утра, Базаров, возвращаясь с прогулки, застал в давно отцветшей, но ещё густой и зелёной сиреневой беседке Феничку. Она сидела на скамейке, накинув по обыкновению белый платок на голову; подле неё лежал целый пук ещё мокрых от росы красных и белых роз. Он поздоровался с нею.

— А! Евгений Васильич! — проговорила она и приподняла немного край платка, чтобы взглянуть на него, причём её рука обнажилась до локтя.

— Что вы это тут делаете? — промолвил Базаров, садясь возле неё. — Букет вяжете?

— Да; на стол к завтраку. Николай Петрович это любит.

— Но до завтрака ещё далеко. Экая пропасть цветов!

— Я их теперь нарвала, а то станет жарко, и выйти нельзя. Только теперь и дышишь. Совсем я расслабела от этого жару. Уж я боюсь, не заболею ли я?

— Это что за фантазия! Дайте-ка ваш пульс пощупать. — Базаров взял её руку, отыскал ровно бившуюся жилку и даже не стал считать её ударов. — Сто лет проживёте, — промолвил он, выпуская её руку.

— Ах, сохрани бог! — воскликнула она.

— А что? Разве вам не хочется долго пожить?

— Да ведь сто лет! У нас бабушка была восьмидесяти пяти лет — так уж что же это была за мученица! Чёрная, глухая, горбатая, всё кашляла; себе только в тягость[4]. Какая уж это жизнь!

— Так лучше быть молодою?

— А то как же?

— Да чем же оно лучше? Скажите мне!

— Как чем? Да вот я теперь, молодая, всё могу сделать, — и пойду, и приду, и принесу, и никого мне просить не нужно... Чего лучше?

— А вот мне всё равно: молод я или стар.

— Как это вы говорите — всё равно? Это невозможно, что вы говорите.

— Да вы сами посудите, Федосья Николаевна, на что мне моя молодость? Живу я один, бобылём[5]...

— Это от вас всегда зависит.

— То-то что не от меня! Хоть бы кто-нибудь надо мною сжалился.

Фенечка сбоку посмотрела на Базарова, но ничего не сказала.

— Это что у вас за книга? — спросила она, погодя немного.

— Эта-то? Это учёная книга, мудрёная.

— А вы всё учитесь? И не скучно вам? Вы уж и так, я чай, всё знаете.

— Видно, не всё. Попробуйте-ка вы прочесть немного.

— Да я ничего тут не пойму. Она у вас русская?[6] — спросила Фенечка, принимая в обе руки тяжело переплетённый том. — Какая толстая!

— Русская.

— Всё равно, я ничего не пойму.

— Да я и не с тем, чтобы вы поняли. Мне хочется посмотреть на вас, как вы читать будете. У вас, когда вы читаете, кончик носика очень мило двигается.

Фенечка, которая принялась было разбирать вполголоса попавшуюся ей статью «о креозоте», засмеялась и бросила книгу... она скользнула со скамейки на землю.

— Я люблю тоже, когда вы смеётесь, — промолвил Базаров.

— Полноте!

— Я люблю, когда вы говорите. Точно ручеёк журчит.

Фенечка отворотила голову.

— Какой вы! — промолвила она, перебирая пальцами по цветам. — И что́ вам меня слушать? Вы с такими умными дамами разговор имели.

— Эх, Федосья Николаевна! — поверьте мне: все умные дамы на све́те не сто́ят вашего локотка.

— Ну, вот ещё что́ выдумали! — шепнула Фе́ничка и поджала руки.

Базаров поднял с земли книгу.

— Эта лекарская книга, зачем вы её броса́ете?

— Лекарская? — повторила Фе́ничка и повернулась к нему. — А зна́ете что́? Ведь с тех пор, как вы мне те капельки да́ли, помните? уж как Митя спит хорошо́! Я уж и не придумаю, как мне вас благодари́ть; такой вы до́брый, пра́во.

— А по-настоя́щему на́до лекаря́м плати́ть, — заметил с усмешкой Базаров. — Лекаря́, вы са́ми зна́ете, лю́ди корыстные.

Фе́ничка подняла́ на Базарова свои́ глаза́, каза́вшиеся ещё темне́е от белова́того о́тблеска, па́давшего на ве́рхнюю часть её лица́. Она́ не зна́ла — шу́тит ли он, и́ли нет.

— Если вам уго́дно, мы с удово́льствием... На́до бу́дет у Николая Петро́вича спроси́ть...

— Да вы ду́маете, я де́нег хочу́? — переби́л её Базаров. — Нет, мне от вас не де́ньги нужны́.

— Что́ же? — проговори́ла Фе́ничка.

— Что́? — повтори́л Базаров. — Угада́йте.

— Что́ я за отга́дчица!

— Так я вам скажу́; мне ну́жно... одну́ из э́тих роз.

Фе́ничка опя́ть засмея́лась и да́же рука́ми всплесну́ла, до того́ ей показа́лось заба́вным жела́ние Базарова. Она́ смея́лась и в то же вре́мя чу́вствовала себя́ польщённой. Базаров при́стально смотре́л на неё.

— Изво́льте, изво́льте, — промо́лвила она́ наконе́ц, и, нагну́вшись к скаме́йке, приняла́сь перебира́ть ро́зы. — Каку́ю вам, кра́сную и́ли бе́лую?

— Кра́сную, и не сли́шком большу́ю.

Она́ вы́прямилась.

— Вот возьми́те, — сказа́ла она́, но то́тчас же отдёрнула протя́нутую ру́ку и, закуси́в гу́бы, гляну́ла на вход бесе́дки, пото́м прини́кла у́хом.

— Что тако́е? — спроси́л Базаров. — Никола́й Петро́вич?

— Нет... Они в поле уехали... да я и не боюсь их... а вот Павел Петрович... Мне показалось...

— Что?

— Мне показалось, что *они* тут ходят. Нет... никого нет. Возьмите. — Феничка отдала Базарову розу.

— С какой стати вы Павла Петровича боитесь?

— Они меня всё пугают. Говорить — не говорят[7], а так смотрят мудрено. Да ведь и вы его не любите. Помните, прежде вы всё с ним спорили. Я и не знаю, о чём у вас спор идёт, а вижу, что вы его и так вертите, и так...

Феничка показала руками, как, по её мнению, Базаров вертел Павла Петровича.

Базаров улыбнулся.

— А если бы он меня побеждать стал, — спросил он, — вы бы за меня заступились?

— Где ж мне за вас заступаться? да нет, с вами не сладишь.

— Вы думаете? А я знаю руку, которая захочет, и пальцем меня сшибёт.

— Какая такая рука?

— А вы, небось, не знаете? Понюхайте, как славно пахнет роза, что вы мне дали.

Феничка вытянула шейку и приблизила лицо к цветку... Платок скатился с её головы на плеча[8], показалась мягкая масса чёрных, блестящих, слегка растрёпанных волос.

— Постойте, я хочу понюхать с вами, — промолвил Базаров, нагнулся и крепко поцеловал её в раскрытые губы.

Она дрогнула, упёрлась обеими руками в его грудь, но упёрлась слабо, и он мог возобновить и продлить свой поцелуй.

Сухой кашель раздался за сиренями. Феничка мгновенно отодвинулась на другой конец скамейки. Павел Петрович показался, слегка поклонился и, проговорив с какою-то злобною унылостью: «вы здесь», — удалился. Феничка тотчас подобрала все розы и вышла вон из беседки. «Грешно вам, Евгений Васильич», шепнула она уходя. Неподдельный упрёк слышался в её шёпоте.

Базаров вспомнил другую недавнюю сцену, и совестно ему стало и презрительно-досадно. Но он тотчас же встряхнул головой, иронически поздравил себя «с формальным поступлением в селадоны»[9], и отправился к себе в комнату.

А Павел Петрович вышел из саду и, медленно шагая, добрался до леса. Он остался там довольно долго, и когда он вернулся к завтраку, Николай Петрович заботливо спросил у него, здоров ли он: до того лицо его потемнело.

— Ты знаешь, я иногда страдаю разлитием жёлчи, — спокойно отвечал ему Павел Петрович.

XXIV

Часа два спустя он стучался в дверь к Базарову.

— Я должен извиниться, что мешаю вам в ваших учёных занятиях, — начал он, усаживаясь на стуле у окна и опираясь обеими руками на красивую трость с набалдашником из слоновой кости (он обыкновенно хаживал без трости): — но я принуждён просить вас уделить мне пять минут вашего времени... не более.

— Всё моё время к вашим услугам, — ответил Базаров, у которого что-то пробежало по лицу, как только Павел Петрович переступил порог двери.

— С меня пяти минут довольно. Я пришёл предложить вам один вопрос.

— Вопрос? О чём это?

— А вот извольте выслушать. В начале вашего пребывания в доме моего брата, когда я ещё не отказывал себе в удовольствии беседовать с вами, мне случалось слышать ваши суждения о многих предметах; но, сколько мне помниться, ни между нами, ни в моём присутствии речь никогда не заходила о поединках, о дуэли вообще. Позвольте узнать, какое ваше мнение об этом предмете?

Базаров, который встал-было навстречу Павлу Петровичу, присел на край стола и скрестил руки.

— Вот моё мнение, — сказал он: — с теоретической точки зрения дуэль — нелепость; ну, а с практической точки зрения — это дело другое.

— То есть, вы хотите сказать, если я только вас понял, что какое бы ни было ваше теоретическое воззрение на дуэль, на практике вы бы не позволили оскорбить себя, не потребовав удовлетворения?

— Вы вполне отгадали мою мысль.

— Очень хорошо-с. Мне очень приятно это слышать от вас. Ваши слова выводят меня из неизвестности...

— Из нереши́мости, хоти́те вы сказа́ть.

— Это всё равно́-с; я выража́юсь так, что́бы меня́ по́няли; я... не семина́рская кры́са[1]. Ва́ши слова́ избавля́ют меня́ от не́которой печа́льной необходи́мости. Я реши́лся дра́ться с ва́ми.

База́ров вы́таращил глаза́.

— Со мной?

— Непреме́нно с ва́ми.

— Да за что? поми́луйте.

— Я бы мог объясни́ть вам причи́ну, — на́чал Па́вел Петро́вич. — Но я предпочита́ю умолча́ть о ней. Вы на мой вкус здесь ли́шний; я вас терпе́ть не могу́, я вас презира́ю, и е́сли вам э́того не дово́льно...

Глаза́ Па́вла Петро́вича засверка́ли... Они́ вспы́хнули и у База́рова.

— О́чень хорошо́-с, — проговори́л он. — Дальне́йших объясне́ний не ну́жно. Вам пришла́ фанта́зия испыта́ть на мне свой ры́царский дух. Я бы мог отказа́ть вам в э́том удово́льствии, да уж куда́ ни шло![2]

— Чувстви́тельно вам обя́зан, — отве́тил Па́вел Петро́вич, — и могу́ тепе́рь наде́яться, что вы при́мете мой вы́зов, не заста́вив меня́ прибе́гнуть к наси́льственным ме́рам.

— То есть, говоря́ без аллего́рий, к э́той па́лке? — хладнокро́вно заме́тил База́ров. — Это соверше́нно справедли́во. Вам ниско́лько не ну́жно оскорбля́ть меня́. Оно́ же и не совсе́м безопа́сно. Вы мо́жете оста́ться джентльме́ном... Принима́ю ваш вы́зов то́же по-джентельме́нски.

— Прекра́сно, — промо́лвил Па́вел Петро́вич и поста́вил трость в у́гол. — Мы сейча́с ска́жем не́сколько слов об усло́виях на́шей дуэ́ли; но я сперва́ жела́л бы узна́ть, счита́ете ли вы ну́жным прибе́гнуть к форма́льности небольшо́й ссо́ры, кото́рая могла́ бы служи́ть предло́гом мо́ему вы́зову?

— Нет, лу́чше без форма́льностей.

— Я сам так ду́маю. Полага́ю та́кже неуме́стным вника́ть в настоя́щие причи́ны на́шего столкнове́ния. Мы друг дру́га терпе́ть не мо́жем. Чего́ же бо́льше?

— Чего́ же бо́льше? — повтори́л ирони́чески База́ров.

— Что же каса́ется до са́мых усло́вий поеди́нка, то так как у нас секунда́нтов не бу́дет, — и́бо где ж их взять?

— Именно, где их взять?

— То я име́ю честь предложи́ть вам сле́дующее: дра́ться за́втра ра́но, поло́жим, в шесть часо́в, за ро́щей, на пистоле́тах; барье́р в десяти́ шага́х...

— В десяти́ шага́х? э́то так; мы на э́то расстоя́ние ненави́дим друг дру́га.

— Мо́жно и во́семь, — заме́тил Па́вел Петро́вич.

— Мо́жно, отчего́ же!

— Стреля́ть два ра́за; а на вся́кий слу́чай ка́ждому положи́ть себе́ в карма́н письмецо́, в кото́ром он сам обвиня́ет себя́ в свое́й кончи́не.

— Вот с э́тим я не совсе́м согла́сен, — промо́лвил База́ров. — Немно́жко на францу́зский рома́н сбива́ется [3], неправдоподо́бно что́-то.

— Быть мо́жет. Одна́ко, согласи́тесь, что неприя́тно подве́ргнуться подозре́нию в уби́йстве?

— Соглаша́юсь. Но есть сре́дство избе́гнуть э́того гру́стного нарека́ния. Секунда́нтов у нас не бу́дет, но мо́жет быть свиде́тель.

— Кто и́менно, позво́льте узна́ть?

— Да Пётр.

— Како́й Пётр?

— Камерди́нер ва́шего бра́та. Он челове́к, стоя́щий на высоте́ совреме́нного образова́ния, и испо́лнит свою́ роль со всем необходи́мым в подо́бных слу́чаях *комильфо* [4].

— Мне ка́жется, вы шу́тите, ми́лостивый госуда́рь.

— Ниско́лько. Обсуди́вши моё предложе́ние, вы убеди́тесь, что оно́ испо́лнено здра́вого смы́сла и простоты́. Ши́ла в мешке́ не утаи́шь [5], а Петра́ я беру́сь подгото́вить надлежа́щим о́бразом и привести́ на ме́сто побо́ища [6].

— Вы продолжа́ете шути́ть, — произнёс, встава́я со сту́ла, Па́вел Петро́вич. — Но по́сле любе́зной гото́вности, ока́занной ва́ми, я не име́ю пра́ва быть на вас в прете́нзии... Ита́к, всё устро́ено... Кста́ти, пистоле́тов у вас нет?

— Отку́да бу́дут у меня́ пистоле́ты, Па́вел Петро́вич? Я не во́ин.

— В тако́м слу́чае, предлага́ю вам мой. Вы мо́жете быть уве́рены, что вот уже́ пять лет, как я не стреля́л из них.

— Это о́чень утеши́тельное изве́стие.

Па́вел Петро́вич доста́л свою́ трость...

— За сим, ми́лостивый госуда́рь, мне остаётся то́лько благодари́ть вас и возврати́ть вас ва́шим заня́тиям. Честь име́ю кла́няться.

— До прия́тного свида́ния, ми́лостивый госуда́рь мой, — промо́лвил База́ров, провожа́я го́стя.

Па́вел Петро́вич вы́шел, а База́ров постоя́л пе́ред две́рью и вдруг воскли́кнул: «Фу ты чорт! как краси́во и как глу́по! Экую мы коме́дию отлома́ли! Учёные соба́ки[7] так на за́дних ла́пах танцу́ют. А отказа́ть бы́ло невозмо́жно; ведь он меня́, чего́ до́брого[8], уда́рил бы, и тогда́... (База́ров побледне́л при одно́й э́той мы́сли; вся его́ го́рдость так и подняла́сь на дыбы́[9].) Тогда́ пришло́сь бы задуши́ть его́, как котёнка». Он возврати́лся к своему́ микроско́пу, но се́рдце у него́ расшевели́лось, и споко́йствие, необходи́мое для наблюде́ний, исче́зло. «Он нас уви́дел сего́дня», ду́мал он: «но неуже́ли ж э́то он за бра́та так вступи́лся? Да и что́ за ва́жность, поцелу́й? Тут что́-нибудь друго́е есть. Ба! да не влюблён ли он сам? Разуме́ется, влюблён; э́то я́сно, как день. Како́й переплёт[10], поду́маешь!.. Скве́рно!» реши́л он наконе́ц: «Скве́рно, с како́й стороны́ ни посмотри́. Во-пе́рвых, на́до бу́дет подставля́ть лоб и, во вся́ком слу́чае, уе́хать; а тут Арка́дий... и э́та бо́жья коро́вка[11] Никола́й Петро́вич. Скве́рно, скве́рно».

День прошёл ка́к-то осо́бенно ти́хо и вя́ло. Фе́нички сло́вно на све́те не быва́ло; она́ сиде́ла в свое́й ко́мнатке, как мышо́нок в но́рке. Никола́й Петро́вич име́л вид озабо́ченный. Ему́ донесли́, что в его́ пшени́це, на кото́рую он осо́бенно наде́ялся, показа́лась головня́[12]. Па́вел Петро́вич подавля́л всех, да́же Проко́фьича, свое́ю леденя́щею ве́жливостью. База́ров на́чал бы́ло письмо́ к отцу́, да разорва́л его́ и бро́сил под стол. «Умру́», поду́мал он: — «узна́ют; да я не умру́. Нет, я ещё до́лго на све́те ма́ячить бу́ду». Он веле́л Петру́ прийти́ к нему́ на сле́дующий день чуть свет для ва́жного де́ла; Пётр вообрази́л, что он хо́чет взять его́ с собо́й в Петербу́рг. База́ров лёг по́здно, и всю ночь его́ му́чили беспоря́дочные сны... Одинцо́ва кружи́лась пе́ред ним, она́ же была́ его́ мать, за ней ходи́ла ко́шечка с чёрными у́сиками, и э́та ко́шечка была́ Фе́ничка; а Па́вел Петро́вич представля́лся ему́ больши́м ле́сом, с кото́рым он всё-таки до́лжен был дра́ться. Пётр разбуди́л его́ в четы́ре часа́; он то́тчас оде́лся и вы́шел с ним.

У́тро бы́ло сла́вное, све́жее; ма́ленькие пёстрые ту́чки стоя́ли бара́шками на бле́дно-я́сной лазу́ри; ме́лкая роса́ вы́сыпала на ли́стьях и тра́вах, блиста́ла серебро́м на паутинках; влажная, тёмная земля, казалось, ещё хранила румяный след зари; со всего неба сыпались песни жаворонков. Базаров дошёл до рощи, присел в тени на опушку и только тогда открыл Петру, какой он ждал от него услуги. Образованный лакей перепугался насмерть; но Базаров успокоил его уверением, что ему другого нечего будет делать, как только стоять в отдалении да глядеть, и что ответственности он не подвергается никакой. «А между тем», прибавил он: «подумай, какая предстоит тебе важная роль!» Пётр развёл руками, потупился, и весь зелёный, прислонился к берёзе.

Дорога из Марьина огибала лесок; лёгкая пыль лежала на ней, ещё не тронутая со вчерашнего дня ни колесом, ни ногою. Базаров невольно посматривал вдоль той дороги, рвал и кусал траву, а сам все твердил про себя: «Экая глупость!» Утренний холодок заставил его раза два вздрогнуть... Пётр уныло взглянул на него, но Базаров только усмехнулся: он не трусил.

Раздался топот конских ног по дороге... Мужик показался из-за деревьев. Он гнал двух спутанных[13] лошадей перед собою и, проходя мимо Базарова, посмотрел на него как-то странно, не ломая шапки[14], что, видимо, смутило Петра, как недоброе предзнаменование. «Вот этот тоже рано встал», подумал Базаров: «да по крайней мере за делом; а мы?»

— Кажись, они идут-с, — шепнул вдруг Пётр.

Базаров поднял голову и увидал Павла Петровича. Одетый в лёгкий клетчатый пиджак и белые, как снег, панталоны, он быстро шёл по дороге; подмышкой он нёс ящик, завёрнутый в зелёное сукно.

— Извините, я, кажется, заставил вас ждать, — промолвил он, кланяясь сперва Базарову, потом Петру, в котором он в это мгновение уважал нечто вроде секунданта. — Я не хотел будить моего камердинера.

— Ничего-с, — ответил Базаров: — мы сами только что пришли.

— А! Тем лучше! — Павел Петрович оглянулся кругом. — Никого не видать, никто не помешает... Мы можем приступить?

— Приступим.

— Новых объяснений вы, я полагаю, не требуете?

— Не требую.

— Уго́дно вам заряжа́ть? — спроси́л Па́вел Петро́вич, вынима́я из я́щика пистоле́ты.

— Нет; заряжа́йте вы, а я шаги́ отме́ривать ста́ну. Но́ги у меня́ длинне́е, — приба́вил База́ров с усме́шкой. — Раз, два, три...

— Евге́ний Васи́льич, — с трудо́м пролепета́л Пётр (он дрожа́л, как в лихора́дке): — во́ля ва́ша[15], я отойду́.

— Четы́ре... пять... Отойди́, бра́тец, отойди́; мо́жешь да́же за де́рево стать и у́ши заткну́ть, то́лько глаза́ не закрыва́й; а пова́лится кто — беги́ подыма́ть. Шесть... семь... во́семь... — База́ров останови́лся. — Дово́льно? — промо́лвил он, обраща́ясь к Па́влу Петро́вичу: — и́ли ещё два шага́ наки́нуть?

— Как уго́дно, — проговори́л тот, закола́чивая втору́ю пу́лю.

— Ну, наки́нем ещё два шага́. — База́ров провёл носко́м сапога́ черту́ по земле́. — Вот и барьер. А кста́ти: на ско́лько шаго́в ка́ждому из нас от барьера отойти́? Это то́же ва́жный вопро́с. Вчера́ об э́том не́ было диску́ссии.

— Я полага́ю, на де́сять, — отве́тил Па́вел Петро́вич, подава́я База́рову о́ба пистоле́та. — Соблаговоли́те вы́брать.

— Соблаговоля́ю. А согласи́тесь, Па́вел Петро́вич, что поеди́нок наш необы́чен до смешно́го. Вы посмотри́те то́лько на физионо́мию на́шего секунда́нта.

— Вам всё жела́тельно шути́ть, — отве́тил Па́вел Петро́вич. — Я не отрица́ю стра́нности на́шего поеди́нка, но я счита́ю до́лгом предупреди́ть вас, что я наме́рен дра́ться серьёзно. A bon entendeur, salut!

— О! я не сомнева́юсь в том, что мы реши́лись истребля́ть друг дру́га; но почему́ же не посмея́ться и не соедини́ть utile dulci? Та́к-то: вы мне по-францу́зски, а я вам по-латы́ни.

— Я бу́ду дра́ться серьёзно, — повтори́л Па́вел Петро́вич и отпра́вился на своё ме́сто. База́ров, с свое́й стороны́, отсчита́л де́сять шаго́в от барьера и останови́лся.

— Вы гото́вы? — спроси́л Па́вел Петро́вич.

— Соверше́нно.

— Мо́жем сходи́ться.

База́ров тихо́нько дви́нулся вперёд, и Па́вел Петро́вич пошёл на него́, заложи́в ле́вую ру́ку в карма́н и постепе́нно поднима́я ду́ло пистоле́та... «Он мне пря́мо в нос це́лит,

— подумал Базаров: — и как щурится старательно, разбойник! Однако это неприятное ощущение. Стану смотреть на цепочку его часов...» Что-то резко зыкнуло около самого уха Базарова, и в то же мгновенье раздался выстрел. — «Слышал, стало быть, ничего», успело мелькнуть в его голове. Он ступил ещё раз и, не целясь, подавил пружинку.

Павел Петрович дрогнул слегка и хватился рукою за ляжку. Струйка крови потекла по его белым панталонам.

Базаров бросил пистолет в сторону и приблизился к своему противнику.

— Вы ранены? — промолвил он.

— Вы имели право подозвать меня к барьеру, — проговорил Павел Петрович, — а это пустяки. По условию, каждый имеет ещё по одному выстрелу.

— Ну, извините, это до другого раза, — отвечал Базаров и обхватил Павла Петровича, который начинал бледнеть. — Теперь я уже не дуэлист, а доктор, и прежде всего должен осмотреть вашу рану. Пётр! поди сюда, Пётр! куда ты спрятался?

— Всё это вздор... Я не нуждаюсь ни в чьей помощи, — промолвил с расстановкой Павел Петрович: — и... надо... опять... — Он хотел-было дёрнуть себя за ус, но рука его ослабела, глаза закатились, и он лишился чувств.

— Вот новость! Обморок! С чего бы! — невольно воскликнул Базаров, опуская Павла Петровича на траву. — Посмотрим, что за штука? — Он вынул платок, отёр кровь, пощупал вокруг раны... «Кость цела, — бормотал он сквозь зубы: — пуля прошла неглубоко насквозь, один мускул vastus externus задет. Хоть пляши через три недели!.. А обморок! Ох, уж эти мне нервные люди! Вишь, кожа-то какая тонкая».

— Убиты-с? — прошелестил за его спиной трепетный голос Петра.

Базаров оглянулся.

— Ступай за водой поскорее, братец, а он нас с тобой ещё переживёт.

Но усовершенствованный слуга, казалось, не понимал его слов и не двигался с места. Павел Петрович медленно открыл глаза. «Кончается!» шепнул Пётр и начал креститься.

— Вы правы... Экая глупая физиономия! — проговорил с насильственною улыбкой раненый джентльмен.

— Да ступай же за водой, чорт! — крикнул Базаров.

— Не ну́жно... Э́то был мину́тный vertige... Помоги́те мне сесть... вот так... Э́ту цара́пину сто́ит то́лько чём-нибудь прихвати́ть, и я дойду́ домо́й пешко́м, а не то мо́жно дро́жки за мной присла́ть. Дуэ́ль, е́сли вам уго́дно, не возобновля́ется. Вы поступи́ли благоро́дно... сего́дня, сего́дня — заме́тьте.

— О про́шлом вспомина́ть не́зачем, — возрази́л База́ров, — а что каса́ется до бу́дущего, то о нём то́же не сто́ит го́лову лома́ть, потому́ что я наме́рен неме́дленно улизну́ть. Да́йте, я вам перевяжу́ тепе́рь но́гу; ра́на ва́ша — не опа́сная, а всё лу́чше останови́ть кровь. Но сперва́ необходи́мо э́того сме́ртного привести́ в чу́вство.

База́ров встряхну́л Петра́ за во́рот и посла́л его́ за дро́жками.

— Смотри́, бра́та не испуга́й, — сказа́л ему́ Па́вел Петро́вич: — не взду́май ему́ докла́дывать.

Пётр помча́лся; а пока́ он бе́гал за дро́жками, о́ба проти́вника сиде́ли на земле́ и молча́ли. Па́вел Петро́вич стара́лся не гляде́ть на База́рова; помири́ться с ним он всё-таки не хоте́л; он стыди́лся свое́й зано́счивости, свое́й неуда́чи, стыди́лся всего́ зате́янного им де́ла, хотя́ и чу́вствовал, что бо́лее благоприя́тным о́бразом оно́ ко́нчиться не могло́. «Не бу́дет по кра́йней ме́ре здесь торча́ть, — успока́ивал он себя́: — и на том спаси́бо». Молча́ние дли́лось, тяжёлое и нело́вкое. Обо́им бы́ло нехорошо́. Ка́ждый из них сознава́л, что друго́й его́ понима́ет. Друзья́м э́то созна́ние прия́тно, и весьма́ неприя́тно не́другам, осо́бенно когда́ нельзя́ ни объясни́ться, ни разойти́сь.

— Не ту́го ли я завяза́л вам но́гу? — спроси́л наконе́ц База́ров.

— Нет, ничего́, прекра́сно, — отвеча́л Па́вел Петро́вич и погодя́ немно́го приба́вил: — бра́та не обма́нешь, на́до бу́дет сказа́ть ему́, что мы повздо́рили из-за поли́тики.

— О́чень хорошо́, — промо́лвил База́ров. — Вы мо́жете сказа́ть, что я брани́л всех англома́нов.

— И прекра́сно. Как вы полага́ете, что ду́мает тепе́рь о нас э́тот челове́к? — продолжа́л Па́вел Петро́вич, ука́зывая на того́ са́мого мужика́, кото́рый за не́сколько мину́т до дуэ́ли прогна́л ми́мо База́рова спу́танных лошаде́й и, возвраща́ясь наза́д по доро́ге, «забочи́л»[16] и снял ша́пку при ви́де «госпо́д».

— Кто ж его́ зна́ет! — отве́тил База́ров: — всего́ вероятнее, что ничего не думает. — Русский мужик — это тот самый таинственный незнакомец, о котором некогда так много толковала госпожа Ратклифф[17]. Кто его поймёт? Он сам себя не понимает.

— А! вот вы как! — начал-было Павел Петрович и вдруг воскликнул: — посмотрите, что ваш глупец Пётр наделал! Ведь брат сюда скачет!

Базаров обернулся и увидал бледное лицо Николая Петровича, сидевшего на дрожках. Он соскочил с них, прежде нежели они остановились, и бросился к брату.

— Что это значит? — проговорил он взволнованным голосом. — Евгений Васильич, помилуйте, что это такое?

— Ничего, — отвечал Павел Петрович: — напрасно тебя потревожили. Мы немножко повздорили с господином Базаровым, и я за это немножко поплатился.

— Да из-за чего всё вышло, ради бога?

— Как тебе сказать? Господин Базаров непочтительно отозвался о сэр Роберте Пиле. Спешу прибавить, что во всём этом виноват один я, а господин Базаров вёл себя отлично. Я его вызвал.

— Да у тебя кровь, помилуй!

— А ты полагал, у меня вода в жилах? Но мне это кровопускание даже полезно. Не правда ли, доктор? Помоги мне сесть на дрожки и не предавайся меланхолии. Завтра я буду здоров. Вот так; прекрасно. Трогай, кучер.

Николай Петрович пошёл за дрожками; Базаров остался-было назади...

— Я должен вас просить заняться братом, — сказал ему Николай Петрович, — пока нам из города привезут другого врача.

Базаров молча наклонил голову.

Час спустя Павел Петрович уже лежал в постели с искусно забинтованною ногой. Весь дом переполошился; Феничке сделалось дурно. Николай Петрович втихомолку ломал себе руки, а Павел Петрович смеялся, шутил, особенно с Базаровым; надел тонкую батистовую рубашку, щегольскую утреннюю курточку и феску, не позволил опускать шторы окон и забавно жаловался на необходимость воздержаться от пищи.

К ночи с ним однако сделался жар; голова у него заболела. Явился доктор из города. (Николай Петрович не послушался брата, да и сам Базаров этого желал; он целый

147

день сиде́л у себя́ в ко́мнате, весь жёлтый и злой, и то́лько на са́мое коро́ткое вре́мя забега́л к больно́му; ра́за два ему́ случи́лось встре́титься с Фе́ничкой, но она́ с у́жасом от него́ отска́кивала.) Но́вый до́ктор посове́товал прохлади́тельные питья́, а впро́чем подтверди́л увере́ния База́рова, что опа́сности не предви́дится никако́й. Никола́й Петро́вич сказа́л ему́, что брат сам себя́ пора́нил по неостро́жности, на что до́ктор отвеча́л: «Гм!», но, получи́в тут же в ру́ку два́дцать пять рубле́й серебро́м, промо́лвил:

— Скажи́те! Это ча́сто случа́ется, то́чно.

Никто́ в до́ме не ложи́лся и не раздева́лся. Никола́й Петро́вич то и де́ло входи́л на цы́почках к бра́ту и на цы́почках выходи́л от него́: тот забыва́лся, слегка́ о́хал, говори́л ему́ по-францу́зски: «Couchez-vous», — и проси́л пить. Никола́й Петро́вич заста́вил раз Фе́ничку поднести́ ему́ стака́н лимона́ду; Па́вел Петро́вич посмотре́л на неё при́стально и вы́пил стака́н до дна. К у́тру жар немно́го усили́лся, показа́лся лёгкий бред. Сперва́ Па́вел Петро́вич произноси́л несвя́зные слова́; пото́м он вдруг откры́л глаза́ и, увида́в во́зле свое́й посте́ли бра́та, забо́тливо наклони́вшегося над ним, промо́лвил:

— А не пра́вда ли, Никола́й, в Фе́ничке есть что́-то о́бщее с Нэ́лли?

— С како́ю Нэ́лли, Па́ша?

— Как э́то ты спра́шиваешь? С княги́нею Р... Осо́бенно в ве́рхней ча́сти лица́. C'est de la même famille.

Никола́й Петро́вич ничего́ не отвеча́л, а сам про себя́ подиви́лся живу́чести ста́рых чувств в челове́ке.

«Вот когда́ всплы́ло», поду́мал он.

— Ах, как я люблю́ э́то пусто́е существо́! — простона́л Па́вел Петро́вич, тоскли́во заки́дывая ру́ки за́ голову. — Я не потерплю́, что́бы како́й-нибудь нагле́ц посме́л косну́ться... лепета́л он не́сколько мгнове́ний спустя́.

Никола́й Петро́вич то́лько вздохну́л; он и не подозрева́л, к кому́ относи́лись э́ти слова́.

База́ров яви́лся к нему́ на друго́й день, часо́в в во́семь. Он успе́л уже́ уложи́ться и вы́пустить на во́лю всех свои́х лягу́шек, насеко́мых и птиц.

— Вы пришли́ со мной прости́ться? — проговори́л Никола́й Петро́вич, поднима́ясь ему́ навстре́чу.

— То́чно так-с.

— Я вас понима́ю и одобря́ю вас вполне́. Мой бе́дный

брат, конечно, виноват: за то он и наказан. Он мне сам сказал, что поставил вас в невозможность иначе действовать. Я верю, что вам нельзя было избегнуть этого поединка, который... который до некоторой степени объясняется одним лишь постоянным антагонизмом ваших взаимных воззрений. (Николай Петрович путался в своих словах). Мой брат — человек прежнего закала, вспыльчивый и упрямый... Слава богу, что ещё так кончилось. Я принял все нужные меры к избежанию огласки...

— Я вам оставлю свой адрес на случай, если выйдет история, — заметил небрежно Базаров.

— Я надеюсь, что никакой истории не выйдет, Евгений Васильич... Мне очень жаль, что ваше пребывание в моём доме получило такое... такой конец. Мне это тем огорчительнее, что Аркадий...

— Я, должно быть, с ним увижусь, — возразил Базаров, в котором всякого рода «объяснения» и «изъявления» постоянно возбуждали нетерпеливое чувство: — в противном случае прошу вас поклониться ему от меня и принять выражение моего сожаления.

— И я прошу... — ответил с поклоном Николай Петрович. Но Базаров не дождался конца его фразы и вышел.

Узнав об отъезде Базарова, Павел Петрович пожелал его видеть и пожал ему руку. Но Базаров и тут остался холоден, как лёд; он понимал, что Павлу Петровичу хотелось повеликодушничать. С Феничкой ему не удалось проститься: он только переглянулся с нею из окна. Её лицо показалось ему печальным. «Пропадёт, пожалуй! — сказал он про себя. — Ну, выдерется как-нибудь!» Зато Пётр расчувствовался до того, что плакал у него на плече, пока Базаров не охладил его вопросом: «Не на мокром ли месте у него глаза?», а Дуняша принуждена была убежать в рощу, чтобы скрыть своё волнение. Виновник всего этого горя взобрался на телегу, закурил сигару, и когда на четвёртой версте, при повороте дороги, в последний раз предстала его глазам развёрнутая в одну линию кирсановская усадьба с своим новым господским домом, он только сплюнул и, пробормотав: «барчуки проклятые», плотнее завернулся в шинель.

Павлу Петровичу скоро полегчило[18]; но в постели пришлось ему пролежать около недели. Он переносил свой, как он выражался, *плен* довольно терпеливо, только уж о́чень вози́лся с туале́том и всё прика́зывал кури́ть одеколо́ном[19]. Никола́й Петро́вич чита́л ему́ журна́лы; Фе́ничка ему́ прислу́живала попре́жнему, приноси́ла бульо́н, лимона́д, я́йца всмя́тку[20], чай; но та́йный у́жас овладева́л е́ю ка́ждый раз, когда́ она́ входи́ла в его́ ко́мнату. Неожи́данный посту́пок Па́вла Петро́вича запуга́л всех люде́й в до́ме, а её бо́льше всех; оди́н Проко́фьич не смути́лся и толкова́л, что и в его́ вре́мя господа́ ди́рывались[21], «то́лько благоро́дные господа́ ме́жду собо́ю, а э́таких прощелы́г они́ бы за гру́бость на коню́шне отодра́ть веле́ли».

Со́весть почти́ не упрека́ла Фе́ничку; но мысль о настоя́щей причи́не ссо́ры му́чила её по времена́м; да и Па́вел Петро́вич гляде́л на неё так стра́нно... так, что она́, да́же оберну́вшись к нему́ спино́ю, чу́вствовала на себе́ его́ глаза́. Она́ похуде́ла от непреста́нной вну́тренней трево́ги и, как во́дится, ста́ла еще миле́й.

Одна́жды — де́ло бы́ло у́тром — Па́вел Петро́вич хорошо́ себя́ чу́вствовал и перешёл с посте́ли на дива́н, а Никола́й Петро́вич, осведоми́вшись об его́ здоро́вье, отлучи́лся на гумно́. Фе́ничка принесла́ ча́шку ча́ю и, поста́вив её на сто́лик, хоте́ла-было удали́ться. Па́вел Петро́вич её удержа́л.

— Куда́ вы так спеши́те, Федо́сья Никола́евна, — на́чал он, — ра́зве у вас де́ло есть?

— Нет-с... Ну́жно там чай разлива́ть.

— Дуня́ша э́то без вас сде́лает; посиди́те немно́жко с больны́м челове́ком. Кста́ти, мне ну́жно поговори́ть с ва́ми.

Фе́ничка мо́лча присе́ла на кра́й кре́сла.

— Послу́шайте, — промо́лвил Па́вел Петро́вич и подёргал свои́ усы́: — я давно́ хоте́л у вас спроси́ть: вы как бу́дто меня́ бои́тесь?

— Я-с?..

— Да, вы. Вы на меня́ никогда́ не смо́трите, то́чно у вас со́весть не чиста́.

Фе́ничка покрасне́ла, но взгляну́ла на Па́вла Петро́вича. Он показа́лся ей каки́м-то стра́нным, и се́рдце у ней ти́хонько задрожа́ло.

— Ведь у вас со́весть чиста́? — спроси́л он её.

— Отчего́ же ей не быть чи́стою? — шепну́ла она́.

— Ма́ло ли отчего́![22] Впро́чем, пе́ред кем мо́жете вы быть винова́тою? Пе́редо мной? Это невероя́тно. Пе́ред други́ми ли́цами здесь в до́ме? Это то́же де́ло несбы́точное. Ра́зве пе́ред бра́том? Но ведь вы его́ лю́бите?

— Люблю́.

— Всей душо́й, всем се́рдцем?

— Я Никола́я Петро́вича всем се́рдцем люблю́.

— Пра́во? Посмотри́те-ка на меня́, Фе́ничка (он в пе́рвый раз так называ́л её...). Вы зна́ете — большо́й грех лгать!

— Я не лгу, Па́вел Петро́вич. Мне Никола́я Петро́вича не люби́ть, да по́сле э́того мне и жить не на́до!

— И ни на кого́ вы его́ не променя́ете?

— На кого́ ж могу́ я его́ променя́ть?

— Ма́ло ли на кого́! Да вот хоть бы на э́того господи́на, что отсю́да уе́хал.

Фе́ничка вста́ла.

— Го́споди бо́же мой, Па́вел Петро́вич, за что вы меня́ му́чите? Что я вам сде́лала? Как э́то мо́жно тако́е говори́ть?..

— Фе́ничка, — промо́лвил печа́льным го́лосом Па́вел Петро́вич, — ведь я ви́дел...

— Что вы ви́дели-с?

— Да там... в бесе́дке.

Фе́ничка зарде́лась вся до воло́с и до уше́й.

— А чем же я тут винова́та? — произнесла́ она́ с трудо́м.

Па́вел Петро́вич приподня́лся.

— Вы не винова́ты? Нет? Ниско́лько?

— Я Никола́я Петро́вича одного́ на све́те люблю́, и век люби́ть бу́ду! — проговори́ла с внеза́пною си́лой Фе́ничка, ме́жду тем как рыда́нья так и поднима́ли её го́рло: — а что вы ви́дели, так я на стра́шном суде́ скажу́, что вины́ мое́й в том нет и не́ было, и уже́ лу́чше мне умере́ть сейча́с, коли меня́ в тако́м де́ле подозрева́ть мо́гут, что я пе́ред мои́м благоде́телем, Никола́ем Петро́вичем...

Но тут го́лос измени́л ей, и в то же вре́мя она́ почу́вствовала, что Па́вел Петро́вич ухвати́л и сти́снул её ру́ку... Она́ посмотре́ла на него́ и так и окамене́ла. Он стал ещё бледне́е пре́жнего; глаза́ его́ блиста́ли, и что всего́ бы́ло удиви́тельнее, тяжёлая, одино́кая слеза́ кати́лась по его́ щеке́.

— Фе́ничка! — сказа́л он каки́м-то чу́дным шо́потом, — Люби́те, люби́те моего́ бра́та! Он тако́й до́брый, хоро́ший челове́к! Не изменя́йте ему́ ни для кого́ на све́те, не слу́шайте ничьи́х рече́й! Поду́майте, что мо́жет быть ужа́снее, как любить и не быть любимым! Не покидайте никогда моегбо ёдного Николая!

Глаза высохли у Фенички, и страх её прошёл, — до того велико было её изумление. Но что сталось с ней, когда Павел Петрович, сам Павел Петрович прижал её руку к своим губам и так и приник к ней, не целуя её и только изредка судорожно вздыхая...

«Господи! — подумала она. — Уж не припадок ли с ним?..»

А в это мгновение целая погибшая жизнь в нём трепетала.

Лестница заскрипела под быстрыми шагами... Он оттолкнул её от себя прочь и откинулся головой на подушку. Дверь растворилась — и весёлый, свежий, румяный, появился Николай Петрович. Митя, такой же свежий и румяный, как и отец, подпрыгивал в одной рубашечке на его груди, цепляясь голыми ножками за большие пуговицы его деревенского пальто.

Феничка так и бросилась к нему и, обвив руками и его и сына, припала головой к его плечу. Николай Петрович удивился: Феничка, застенчивая и скромная, никогда не ласкалась к нему в присутствии третьего лица.

— Что с тобой? — промолвил он и, глянув на брата, передал ей Митю. — Ты не хуже себя чувствуешь? — спросил он, подходя к Павлу Петровичу.

Тот уткнул лицо в батистовый платок. — Нет... так... ничего... Напротив, мне гораздо лучше.

— Ты напрасно поспешил перейти на диван. Ты куда? — прибавил Николай Петрович, оборачиваясь к Феничке, но та уже захлопнула за собою дверь. — Я было принёс показать тебе моего богатыря; он соскучился по своём дяде. Зачем это она унесла его? Однако, что с тобой? Произошло у вас тут что-нибудь, что ли?

— Брат! — торжественно проговорил Павел Петрович.

Николай Петрович дрогнул. Ему стало жутко, он сам не понимал, почему.

— Брат, — повторил Павел Петрович: — дай мне слово исполнить одну мою просьбу.

— Какую просьбу? Говори.

— Она очень важна; от неё, по моим понятиям, зависит всё счастье твоей жизни. Я всё это время много размышлял о том, что я хочу теперь сказать тебе... Брат, исполни обязанность твою, обязанность честного и благородного человека, прекрати соблазн и дурной пример, который подаётся тобою, тобою, лучшим из людей!

— Что ты хочешь сказать, Павел?

— Женись на Феничке... Она тебя любит; она — мать твоего сына.

Николай Петрович отступил на шаг и всплеснул руками.

— Ты это говоришь, Павел? ты, которого я считал всегда самым непреклонным противником подобных браков! Ты это говоришь! Но разве ты не знаешь, что единственно из уважения к тебе я не исполнил того, что ты так справедливо назвал моим долгом!

— Напрасно ж ты уважал меня в этом случае, — возразил с унылою улыбкой Павел Петрович. — Я начинаю думать, что Базаров был прав, когда упрекал меня в аристократизме. Нет, милый брат, полно нам ломаться[23] и думать о свете: мы люди уже старые и смирные; пора нам отложить в сторону всякую суету. Именно, как ты говоришь, станем исполнять наш долг; и посмотри, мы ещё и счастье получим впридачу.

Николай Петрович бросился обнимать своего брата.

— Ты мне окончательно открыл глаза! — воскликнул он. — Я не даром всегда утверждал, что ты самый добрый и умный человек в мире; а теперь я вижу, что ты такой же благоразумный, как и великодушный.

— Тише, тише, — перебил его Павел Петрович. — Не развереди[24] ногу твоего благоразумного брата, который под пятьдесят лет дрался на дуэли, как прапорщик. Итак, это дело решённое: Феничка будет моею... belle-soeur.

— Дорогой мой Павел! Но что скажет Аркадий?

— Аркадий? он восторжествует, помилуй! Брак не в его принсипах, зато чувство равенства будет в нём польщено. Да и действительно, что за касты au dix-neuvième siècle?

— Ах, Павел, Павел! Дай мне ещё раз тебя поцеловать. Не бойся, я осторожно.

Братья обнялись.

— Как ты полагаешь, не объявить ли ей твоё намерение теперь же? — спросил Павел Петрович.

— К чему спешить? — возразил Николай Петрович. — Разве у вас был разговор?

— Разговор, у нас? Quelle idée!

— Ну, и прекрасно. Прежде всего выздоравливай, а это от нас не уйдёт. Надо подумать хорошенько, сообразить...

— Но ведь ты решился?

— Конечно, решился, и благодарю тебя от души. Я теперь тебя оставлю; тебе надо отдохнуть; всякое волнение тебе вредно... Но мы ещё потолкуем. Засни, душа моя, и дай бог тебе здоровья!

«За что он меня так благодарит? — подумал Павел Петрович, оставшись один. — Как будто это не от него зависело! А я, как только он женится, уеду куда-нибудь подальше, в Дрезден или во Флоренцию, и буду там жить, пока околею»[25].

Павел Петрович помочил себе лоб одеколоном и закрыл глаза. Освещённая ярким дневным светом, его красивая исхудалая голова лежала на белой подушке, как голова мертвеца... Да он и был мертвец.

XXV

В Никольском, в саду, в тени высокого ясеня, сидели на дерновой скамейке Катя с Аркадием; на земле, возле них, поместилась Фифи, придав своему длинному телу тот изящный поворот, который у охотников слывёт «русачьей полёжкой»[1]. И Аркадий и Катя молчали; он держал в руках полураскрытую книгу, а она выбирала из корзинки оставшиеся в ней крошки белого хлеба и бросала их небольшой семейке воробьёв, которые, с свойственной им трусливою дерзостью, прыгали и чирикали у самых её ног. Слабый ветер, шевеля в листьях ясеня, тихонько двигал взад и вперёд и по тёмной дорожке и по жёлтой спине Фифи бледно-золотые пятна света; ровная тень обливала Аркадия и Катю; только изредка в её волосах зажигалась яркая полоска. Они молчали оба; но именно в том, как они молчали, как они сидели рядом, сказывалось доверчивое сближение: каждый из них как будто и не думал о своём соседе, а втайне радовался его близости. И лица их изменились с тех пор, как мы их видели в последний раз: Аркадий казался спокойнее, Катя оживлённее, смелей.

— Не находите ли вы, — начал Аркадий, — что ясень по-русски очень хорошо назван: ни одно дерево так легко и ясно не сквозит на воздухе, как он.

Ка́тя подняла́ глаза́ кве́рху и промо́лвила: «да», а Ар-
ка́дий поду́мал: «вот э́та не упрека́ет меня́ за то, что я *кра-
си́во* выража́юсь».

— Я не люблю́ Ге́йне[2], — заговори́ла Ка́тя, ука́зывая
глаза́ми на кни́гу, кото́рую Арка́дий держа́л в рука́х: —
ни когда́ он смеётся, ни когда́ он пла́чет: я его́ люблю́, когда́
он заду́мчив и грусти́т.

— А мне нра́вится, когда́ он смеётся, — заме́тил Ар-
ка́дий.

— Э́то в вас ещё ста́рые следы́ ва́шего сатири́ческого
направле́ния... («Ста́рые следы́! — поду́мал Арка́дий: —
е́сли б База́ров э́то слы́шал!») Погоди́те, мы вас переде́-
лаем.

— Кто меня́ переде́лает? Вы?

— Кто? — сестра́; Порфи́рий Плато́ныч, с кото́рым
вы уже́ не ссо́ритесь; тётушка, кото́рую вы тре́тьего дня
проводи́ли в це́рковь.

— Не мог же я отказа́ться! А что́ каса́ется до А́нны
Серге́евны, она́ сама́, вы по́мните, во мно́гом соглаша́лась с
Евге́нием.

— Сестра́ находи́лась тогда́ под его́ влия́нием, так же,
как и вы.

— Как и я! Ра́зве вы замеча́ете, что я уже́ освободи́лся
из-под его́ влия́ния?

Ка́тя промолча́ла.

— Я зна́ю, — продолжа́л Арка́дий: — он вам никогда́
не нра́вился.

— Я не могу́ суди́ть о нём.

— Зна́ете ли что́, Катери́на Серге́евна? Вся́кий раз, ко-
гда́ я слы́шу э́тот отве́т, я ему́ не ве́рю... Нет тако́го чело-
ве́ка, о кото́ром ка́ждый из нас не мог бы суди́ть! Э́то про́-
сто отгово́рка.

— Ну, так я вам скажу́, что он... не то, что мне не нра́-
вится, а я чу́вствую, что и он мне чужо́й, и я ему́ чужа́я...
да и вы ему́ чужо́й!

— Э́то почему́?

— Как вам сказа́ть... Он хи́щный, а мы с ва́ми ручны́е.

— И я ручно́й?

Ка́тя кивну́ла голово́й.

Арка́дий почеса́л у себя́ за́ ухом.

— Послу́шайте, Катери́на Серге́евна: ведь э́то в су́щ-
ности оби́дно.

— Ра́зве вы хоте́ли бы быть хи́щным?

— Хи́щным — нет; но си́льным, энерги́ческим.

— Э́того нельзя́ хоте́ть[3]... Вот ваш прия́тель э́того и не хо́чет, а в нём э́то есть.

— Гм! Так вы полага́ете, что он име́л большо́е влия́ние на Анну Серге́евну?

— Да. Но над ней никто́ до́лго взять верх не мо́жет, — приба́вила Ка́тя вполго́лоса.

— Почему́ вы э́то ду́маете?

— Она́ о́чень горда́... я не то хоте́ла сказа́ть... она́ о́чень дорожи́т свое́ю незави́симостью.

— Кто же е́ю не дорожи́т? — спроси́л Арка́дий, а у самого́ в уме́ мелькну́ло: «на что́ она́?» — «На что́ она́?» мелькну́ло и у Ка́ти. Молоды́м лю́дям, кото́рые ча́сто и дружелю́бно схо́дятся, беспреста́нно прихо́дят одни́ и те же мы́сли.

Арка́дий улыбну́лся и, слегка́ придви́нувшись к Ка́те, промо́лвил шо́потом:

— Созна́йтесь, что вы немно́жко *её* бойтесь.

— Кого́?

— *Её,* — значи́тельно повтори́л Арка́дий.

— А вы? — в свою́ о́чередь спроси́ла Ка́тя.

— И я; заме́тьте, я сказа́л: *и* я.

Ка́тя погрози́ла ему́ па́льцем.

— Э́то меня́ удивля́ет, — начала́ она́: — никогда́ сестра́ так не была́ располо́жена к вам, как и́менно тепе́рь: гора́здо бо́льше, чем в пе́рвый ваш прие́зд.

— Вот как!

— А вы э́того не заме́тили? Вас э́то не ра́дует?

Арка́дий заду́мался.

— Чем я мог заслужи́ть благоволе́ние Анны Серге́вны? Уж не тем ли, что привёз ей пи́сьма ва́шей ма́тушки?

— И э́тим, и други́е есть причи́ны, кото́рых я не скажу́.

— Э́то почему́?

— Не скажу́.

— О! я зна́ю: вы о́чень упря́мы.

— Упря́ма.

— И наблюда́тельны.

Ка́тя посмотре́ла сбо́ку на Арка́дия.

— Мо́жет быть, вас э́то се́рдит? О чём вы ду́маете?

— Я думаю о том, откуда могла прийти вам эта наблюдательность, которая действительно есть в вас. Вы так пугливы, недоверчивы; всех чуждаетесь...

— Я много жила одна; поневоле размышлять станешь. Но разве я всех чуждаюсь?

Аркадий бросил признательный взгляд на Катю.

— Всё это прекрасно, — продолжал он: — но люди в вашем положении, я хочу сказать, с вашим состоянием, редко владеют этим даром; до них, как до царей, истине трудно дойти.

— Да ведь я не богатая.

Аркадий изумился и не сразу понял Катю. «И в самом деле, имение-то всё сестрино!» пришло ему в голову; эта мысль ему не была неприятна.

— Как вы это хорошо сказали! — промолвил он.

— А что?

— Сказали хорошо; просто; не стыдясь и не рисуясь[4]. Кстати: я воображаю, в чувстве человека, который знает и говорит, что он беден, должно быть что-то особенное, какое-то своего рода тщеславие.

— Я ничего этого не испытала по милости сестры; я упомянула о своём состоянии только потому, что к слову пришлось[5].

— Так; но сознайтесь, что и в вас есть частица того тщеславия, о котором я сейчас говорил.

— Например?

— Например, ведь вы, — извините мой вопрос, — вы бы не пошли замуж за богатого человека?

— Если б я его очень любила... Нет, кажется, и тогда бы не пошла.

— А! вот видите! — воскликнул Аркадий и, погодя немного, прибавил: — а отчего бы вы за него не пошли?

— Оттого, что и в песне про неровнюшку[6] поётся.

— Вы, может быть, хотите властвовать или...

— О, нет! к чему это? Напротив, я готова покоряться, только неравенство тяжело. А уважать себя и покоряться — это я понимаю; это счастье; но подчинённое существование... Нет, довольно и так.

— Довольно и так, — повторил за Катей Аркадий. — Да, да, — продолжал он: — вы не даром одной крови с Анной Сергеевной; вы так же самостоятельны, как она; но вы более скрытны. Вы, я уверен, ни за что первая не выскажете своего чувства, как бы оно ни было сильно и свято...

— Да как же иначе? — спросила Катя.

— Вы одинаково умны; у вас столько же, если не больше, характера, как у ней...

— Не сравнивайте меня с сестрой, пожалуйста, — поспешно перебила Катя: — это для меня слишком невыгодно. Вы как будто забыли, что сестра и красавица, и умница, и... вам в особенности, Аркадий Николаевич, не следовало бы говорить такие слова, и ещё с таким серьёзным лицом.

— Что значит это: вам в особенности, — и из чего вы заключаете, что я шучу?

— Конечно, вы шутите.

— Вы думаете? А что, если я убеждён в том, что говорю? Если я нахожу, что я ещё не довольно сильно выразился?

— Я вас не понимаю.

— В самом деле? Ну, теперь я вижу: я, точно, слишком превозносил вашу наблюдательность.

— Как?

Аркадий ничего не ответил и отвернулся, а Катя отыскала в корзинке ещё несколько крошек и начала бросать их воробьям; но взмах её руки был слишком силен, и они улетали прочь, не успевши клюнуть.

— Катерина Сергеевна! — заговорил вдруг Аркадий: — вам это, вероятно, всё равно, но знайте, что я вас не только на вашу сестру, — ни на кого в свете не променяю.

Он встал и быстро удалился, как бы испугавшись слов, сорвавшихся у него с языка.

А Катя уронила обе руки вместе с корзинкой на колени и, наклонив голову, долго смотрела вслед Аркадию. Понемногу алая краска чуть-чуть выступила на её щеки; но губы не улыбались, и тёмные глаза выражали недоумение и какое-то другое, пока ещё безымянное чувство.

— Ты одна? — раздался возле неё голос Анны Сергеевны. — Кажется, ты пошла в сад с Аркадием.

Катя, не спеша, перевела свои глаза на сестру (изящно, даже изысканно одетая, она стояла на дорожке и кончиком раскрытого зонтика шевелила уши Фифи), и не спеша промолвила:

— Я одна.

— Я это вижу, — отвечала та со смехом: — он, стало быть, ушёл к себе?

— Да.

— Вы вместе читали?

— Да.

Анна Сергеевна взяла Катю за подбородок и приподняла её лицо.

— Вы не поссорились, надеюсь?

— Нет, — сказала Катя и тихо отвела сестрину руку.

— Как ты торжественно отвечаешь! Я думала найти его здесь и предложить ему пойти гулять со мною. Он сам меня всё просит об этом. Тебе из города привезли ботинки, поди примерь их[7]: я уже вчера заметила, что твои прежние совсем износились. Вообще, ты не довольно этим занимаешься, а у тебя ещё такие прелестные ножки! И руки твои хороши... только велики; так надо ножками брать. Но ты у меня не кокетка.

Анна Сергеевна отправилась дальше по дорожке, слегка шумя своим красивым платьем; Катя поднялась со скамейки и, взяв с собой Гейне, ушла тоже — только не примерять ботинки.

«Прелестные ножки, — думала она, медленно и легко всходя по раскалённым от солнца каменным ступеням террасы: — прелестные ножки, говорите вы... Ну, он и будет и них».

Но ей тотчас стало стыдно, и она проворно побежала вверх.

Аркадий пошёл по коридору к себе в комнату: дворецкий нагнал его и доложил, что у него сидит господин Базаров.

— Евгений! — пробормотал почти с испугом Аркадий. — Давно ли он приехал?

— Сию минуту пожаловали и приказали о себе Анне Сергеевне не докладывать, а прямо к вам себя приказали провести.

«Уж не несчастье ли какое у нас дома?» подумал Аркадий и, торопливо взбежав по лестнице, разом отворил дверь. Вид Базарова тотчас его успокоил, хотя более опытный глаз, вероятно, открыл бы в энергической попрежнему, но осунувшейся фигуре нежданного гостя признаки внутреннего волнения. С пыльною шинелью на плечах, с картузом на голове, сидел он на оконнице; он не поднялся и тогда, когда Аркадий бросился с шумными восклицаниями к нему на шею.

— Вот неожиданно! Какими судьбами?[8] — твердил он, суетясь по комнате, как человек, который и сам воображает и желает показать, что радуется. — Ведь у нас всё в доме благополучно, все здоровы, не правда ли?

— Всё у вас благополучно, но не все здоровы, — проговорил Базаров. — А ты не тараторь, вели принести мне квасу[9], присядь и слушай, что я тебе сообщу в немногих, но, надеюсь, довольно сильных выражениях.

Аркадий притих, а Базаров рассказал ему свою дуэль с Павлом Петровичем. Аркадий очень удивился и даже опечалился; но не почёл нужным это выказать; он только спросил, действительно ли не опасна рана его дяди? и, получив ответ, что она — самая интересная, только не в медицинском отношении — принуждённо улыбнулся, а на сердце ему и жутко сделалось и как-то стыдно. Базаров как будто его понял.

— Да, брат, — промолвил он: — вот что значит с феодалами пожить. Сам в феодалы попадёшь и в рыцарских турнирах участвовать будешь. Ну-с, вот я и отправился к «отцам», — так заключил Базаров: — и на дороге завернул сюда... чтобы всё это передать, сказал бы я, если б я не почитал бесполезную ложь — глупостью. Нет, я завернул сюда — чорт знает зачем. Видишь ли, человеку иногда полезно взять себя за хохол да выдернуть себя вон, как редьку из гряды; это я совершил на-днях... Но мне захотелось взглянуть ещё раз на то, с чем я расстался; на ту гряду, где я сидел.

— Я надеюсь, что эти слова ко мне не относятся, — возразил с волнением Аркадий: — я надеюсь, что ты не думаешь расстаться *со мной.*

Базаров пристально, почти пронзительно, взглянул на него.

— Будто это так огорчит тебя? Мне сдаётся[10], что *ты* уже расстался со мною. Ты такой свеженький да чистенький... должно быть, твои дела с Анной Сергеевной идут отлично.

— Какие мои дела с Анной Сергеевной?

— Да разве ты не для неё сюда приехал из города, птенчик? Кстати, как там подвизаются воскресные школы? Разве ты не влюблён в неё? Или уже тебе пришла пора скромничать?

— Евгений, ты знаешь, я всегда был откровенен с тобою; могу тебя уверить, божусь тебе, что ты ошибаешься.

— Гм! Новое слово, — заметил вполголоса Базаров. — Но тебе не для чего горячиться, мне ведь это совершенно всё равно. Романтик сказал бы: я чувствую, что наши дороги начинают расходиться, а я просто говорю, что мы друг другу приелись[11].

— Евгений...

— Душа моя, это не беда; то ли ещё на свете приедается![12] А теперь, я думаю, не проститься ли нам? С тех пор, как я здесь, я препакостно себя чувствую, точно начитался писем Гоголя к калужской губернаторше[13]. Кстати ж, я не велел откладывать лошадей.

— Помилуй, это невозможно!

— А почему?

— Я уже не говорю о себе; но это будет в высшей степени невежливо перед Анной Сергеевной, которая непременно пожелает тебя видеть.

— Ну, в этом ты ошибаешься.

— А я, напротив, уверен, что я прав, — возразил Аркадий. — И к чему ты притворяешься? Уж коли на то пошло[14], разве ты сам не для неё сюда приехал?

— Это, может быть, и справедливо, но ты всё-таки ошибаешься.

Но Аркадий был прав. Анна Сергеевна пожелала повидаться с Базаровым и пригласила его к себе через дворецкого. Базаров переоделся, прежде чем пошёл к ней: оказалось, что он уложил своё новое платье так, что оно было у него под рукою.

Одинцова его приняла не в той комнате, где он так неожиданно объяснился ей в любви, а в гостиной. Она любезно протянула ему кончики пальцев, но лицо её выражало невольное напряжение.

— Анна Сергеевна, — поторопился сказать Базаров: — прежде всего я должен вас успокоить. Перед вами смертный, который сам давно опомнился и надеется, что и другие забыли его глупости. Я уезжаю надолго, и согласитесь, хоть я и не мягкое существо, но мне было бы невесело унести с собою мысль, что вы вспоминаете обо мне с отвращением.

Анна Сергеевна глубоко вздохнула, как человек, только что взобравшийся на высокую гору, и лицо её оживилось улыбкой. Она вторично протянула Базарову руку и отвечала на его пожатие.

— Кто ста́рое помя́нет, тому́ глаз вон[15], — сказа́ла она́: — тем бо́лее, что, говоря́ по со́вести, и я согреши́ла тогда́, е́сли не коке́тством, так че́м-то други́м. Одно́ сло́во: бу́демте прия́телями попре́жнему. То был сон, не пра́вда ли? А кто же сны по́мнит?

— Кто их по́мнит? Да прито́м любо́вь... ведь э́то чу́вство напускно́е.

— В са́мом де́ле? Мне о́чень прия́тно э́то слы́шать.

Так выража́лась А́нна Серге́евна, и так выража́лся База́ров; они́ о́ба ду́мали, что говори́ли пра́вду. Была́ ли пра́вда, по́лная пра́вда, в их слова́х? Они́ са́ми э́того не зна́ли, а а́втор и пода́вно. Но бесе́да у них завяза́лась така́я, как бу́дто они́ соверше́нно пове́рили друг дру́гу.

А́нна Серге́евна спроси́ла, ме́жду про́чим, База́рова, что̀ он де́лал у Кирса́новых. Он чуть бы́ло не рассказа́л ей о свое́й дуэ́ли с Па́влом Петро́вичем, но удержа́лся при мы́сли, как бы она́ не поду́мала, что он интере́сничает, и отвеча́л ей, что он всё э́то вре́мя рабо́тал.

— А я, — промо́лвила А́нна Серге́евна: — сперва́ ха́ндри́ла, бог зна́ет отчего́, да́же за грани́цу собира́лась, вообрази́те!.. Пото́м э́то прошло́; ваш прия́тель, Арка́дий Никола́евич, прие́хал, и я опя́ть попа́ла в свою́ колею́, в свою́ настоя́щую роль.

— В каку́ю э́то роль, позво́льте узна́ть?

— Роль тётки, наста́вницы, ма́тери, как хоти́те назови́те. Кста́ти, зна́ете ли, что я пре́жде хороше́нько не понима́ла ва́шей те́сной дру́жбы с Арка́дием Никола́ичем; я находи́ла его́ дово́льно незначи́тельным. Но тепе́рь я его́ лу́чше узна́ла и убеди́лась, что он умён... А гла́вное, он мо́лод, мо́лод... не то, что̀ мы с ва́ми, Евге́ний Васи́льич.

— Он всё так же робе́ет в ва́шем прису́тствии? — спроси́л База́ров.

— А ра́зве... — начала́-бы́ло А́нна Серге́евна и, поду́мав немно́го, приба́вила: — тепе́рь он дове́рчивее стал, говори́т со мно́ю. Пре́жде он избега́л меня́. Впро́чем, и я не иска́ла его́ о́бщества. Они́ больши́е прия́тели с Ка́тей.

База́рову ста́ло доса́дно. «Не мо́жет же́нщина не хитри́ть!» поду́мал он.

— Вы говори́те, он избега́л вас, — произнёс он с холо́дною усме́шкой: — но, вероя́тно, для вас не оста́лось та́йной, что он был в вас влюблён?

— Как? и он? — сорвало́сь у А́нны Серге́евны.

— И он, — повтори́л База́ров с смире́нным покло́ном. — Неуже́ли вы э́того не зна́ли, и я вам сказа́л но́вость?

А́нна Серге́евна опусти́ла глаза́.

— Вы ошиба́етесь, Евге́ний Васи́льич.

— Не ду́маю. Но, мо́жет быть, мне не сле́довало упомина́ть об э́том. — «А ты вперёд не хитри́», приба́вил он про себя́.

— Отчего́ не упомина́ть? Но я полага́ю, что вы и тут придаёте сли́шком большо́е значе́ние мгнове́нному впечатле́нию. Я начина́ю подозрева́ть, что вы скло́нны к преувеличе́нию.

— Не бу́демте лу́чше говори́ть об э́том, А́нна Серге́евна.

— Отчего́ же? — возрази́ла она́, а сама́ перевела́ разгово́р на другу́ю доро́гу. Ей всё-таки бы́ло нело́вко с База́ровым, хотя́ она́ и ему́ сказа́ла и сама́ себя́ уве́рила, что всё позабы́то. Меня́ясь с ним са́мыми просты́ми реча́ми, да́же шутя́ с ним, она́ чу́вствовала лёгкое стесне́ние стра́ха. Так лю́ди на парохо́де[16], в мо́ре, разгова́ривают и смею́тся безабо́тно, ни дать ни взять[17], как на твёрдой земле́; но случи́сь мале́йшая остано́вка, появи́сь мале́йший при́знак чего́-нибудь необыча́йного, и то́тчас же на всех ли́цах вы́ступит выраже́ние осо́бенной трево́ги, свиде́тельствующее о постоя́нном созна́нии постоя́нной опа́сности.

Бесе́да А́нны Серге́евны с База́ровым продолжа́лась недо́лго. Она́ начала́ заду́мываться, отвеча́ть рассе́янно, и предложи́ла ему́ наконе́ц перейти́ в за́лу, где они́ нашли́ княжну́ и Ка́тю. «А где же Арка́дий Никола́ич?» спроси́ла хозя́йка и, узна́в, что он не пока́зывался уже́ бо́лее ча́са, посла́ла за ним. Его́ не ско́ро нашли́: он забра́лся в са́мую глушь са́да и, опе́ршись подборо́дком на скрещённые ру́ки, сиде́л, погружённый в ду́мы. Они́ бы́ли глубо́ки и ва́жны, э́ти ду́мы, но не печа́льны. Он знал, что А́нна Серге́евна сиди́т наедине́ с База́ровым, и ре́вности он не чу́вствовал, как быва́ло; напро́тив, лицо́ его́ ти́хо светле́ло; каза́лось, он и диви́лся чему́-то, и ра́довался, и реша́лся на что́-то.

XXVI

Поко́йный Одинцо́в не люби́л нововведе́ний, но допуска́л «не́которую игру́ облагоро́женного вку́са», и всле́дствие э́того воздви́гнул у себя́ в саду́, ме́жду тепли́цей и прудóм, строéние врóде грéческого пóртика из рýсского кирпичá. На задней, глухóй стенé этого пóртика, или галерéи, бьіли вдéланы шесть ниш для стáтуй, котóрые Одинцóв собирáлся вьіписать из-за границы. Эти стáтуи долженствовáли изображáть собóю: Уединéние, Молчáние, Размышлéние, Меланхóлию, Стыдливость и Чувствительность. Однý из них, богиню Молчáния, с пáльцем на губáх, привезли бьіло и постáвили; но ей в тот же день дворóвые мальчишки отбили нос, и хотя сосéдний штукатýр брáлся придéлать ей нос «вдвóе лýчше прéжнего», однáко Одинцóв велéл её приня́ть[1], и онá очутилась в углý молотильного сарáя, где стоя́ла дóлгие гóды, возбуждáя суевéрный ýжас баб. Передняя сторонá пóртика давнó заросла густьім кустáрником: одни капитéли колóнн виднéлись над сплошнóю зéленью. В сáмом пóртике, дáже в пóлдень, бьіло прохлáдно. Анна Сергéевна не любила посещáть это мéсто с тех пор, как увидáла там ужá; но Катя чáсто приходила садиться на большýю кáменную скамью, устрóенную под однóю из ниш. Окружённая свéжестью и тéнью, онá читáла, рабóтала или предавáлась томý ощущéнию пóлной тишины́, котóрое, вероя́тно, знакóмо кáждому, и прéлесть котóрого состоит в едвá-сознáтельном, немóтствующем[2] подкарáуливанье ширóкой жизненной волны́, непрерьівно катя́щейся и кругóм нас и в нас самих.

На другóй день по приéзде Базáрова Катя сидéла на своéй любимой скамьé, и ря́дом с нею сидéл опя́ть Аркáдий. Он упросил её пойти с ним в «пóртик».

До зáвтрака оставáлось óколо чáса; росистое ýтро ужé сменя́лось горя́чим днём. Лицó Аркáдия сохраня́ло вчерáшнее выражéние, Катя имéла вид озабóченный. Сестрá её, тóтчас пóсле чáю, позвалá её к себé в кабинéт и, предварительно приласкáв её, что всегдá немнóго пугáло Катю, посовéтовала ей быть осторóжней в своём поведéнии с Аркáдием, а осóбено избегáть уединённых бесéд с ним, бýдто бы замéченных и тёткой и всем дóмом. Крóме того, ужé наканýне вéчером Анна Сергéевна былá не в дýхе, да и самá Катя чýвствовала смущéние, тóчно сознавáла винý за собóю. Уступáя прóсьбе Аркáдия, онá себé сказáла, что это в послéдний раз.

— Катерина Сергéевна, — заговорил он с какóю-то застéнчивою развя́зностью: — с тех пор, как я имéю счáстье жить в однóм дóме с вáми, я обо мнóгом с вáми бесéдовал, а между тем есть один очень важный для меня... вопрос, до которого я ещё не касался. Вы заметили вчера, что меня здесь переделали, — прибавил он, и ловя и избегая вопросительно устремлённый на него взор Кати. — Действительно, я во многом изменился, и это вы знаете лучше всякого другого — вы, которой я, в сущности, и обязан этою переменой.

— Я?.. Мне?.. — проговорила Катя.

— Я теперь уже не тот заносчивый мальчик, каким я сюда приехал, — продолжал Аркадий: — не даром же мне и минул двадцать третий год; я попрежнему желаю быть полезным, желаю посвятить все мои силы истине; но я уже не там ищу свои идеалы, где искал их прежде; они представляются мне... гораздо ближе. До сих пор я не понимал себя, я задавал себе задачи, которые мне не по силам... Глаза мои недавно раскрылись благодаря одному чувству... Я выражаюсь не совсем ясно, но я надеюсь, что вы меня поймёте...

Катя ничего не отвечала, но перестала глядеть на Аркадия.

— Я полагаю, — заговорил он снова, уже более взволнованным голосом, а зяблик над ним в листве берёзы беззаботно распевал свою песенку: — я полагаю, что обязанность всякого честного человека быть вполне откровенным с теми... с теми людьми, которые... словом, с близкими ему людьми, а потому я... я намерен...

Но тут красноречие изменило Аркадию; он сбился, замялся и принуждён был немного помолчать. Катя всё не поднимала глаз. Казалось, она и не понимала, к чему он это всё ведёт, и ждала чего-то.

— Я предвижу, что удивлю вас, — начал Аркадий, снова собравшись с силами[3]: — тем более, что это чувство относится некоторым образом... некоторым образом, заметьте, — до вас. Вы меня, помнится, вчера упрекнули в недостатке серьёзности, — продолжал Аркадий с видом человека, который вошёл в болото, чувствует, что с каждым шагом погружается больше и больше, и всё-таки спешит вперёд, в надежде поскорее перебраться: — этот упрёк часто направляется... падает... на молодых людей, даже когда они перестают его заслуживать; и если бы во мне было больше самоуверенности... («Да помоги же мне, помоги!» с отчаянием думал Аркадий, но Катя попрежнему не поворачивала головы.) Если б я мог надеяться...

— Если б я могла быть уве́рена в том, что̀ вы говори́те, — разда́лся в э́то мгнове́ние я́сный го́лос А́нны Серге́евны.

Арка́дий то́тчас умо́лк, а Катя побледне́ла. Ми́мо са́мых кусто́в, заслоня́вших по́ртик, пролега́ла доро́жка. А́нна Серге́евна шла по ней в сопровожде́нии База́рова. Ка́тя с Арка́дием не могли́ их ви́деть, но слы́шали ка́ждое сло́во, ше́лест пла́тья, са́мое дыха́ние. Они́ сде́лали не́сколько шаго́в и, как наро́чно, останови́лись пря́мо пе́ред по́ртиком.

— Вот ви́дите ли, — продолжа́ла А́нна Серге́евна: — мы с ва́ми оши́блись; мы о́ба уже́ не пе́рвой мо́лодости, осо́бенно я; мы пожи́ли, уста́ли; мы о́ба — к чему́ церемо́ниться? — у́мны: снача́ла мы заинтересова́ли друг дру́га, любопы́тство бы́ло возбуждено́... а пото́м...

— А пото́м я вы́дохся[4], — подхвати́л База́ров.

— Вы зна́ете. что не э́то бы́ло причи́ной на́шей размо́лвки. Но как бы то ни́ было, мы не нужда́лись друг в дру́ге, вот гла́вное; в нас сли́шком мно́го бы́ло... как бы э́то сказа́ть... одноро́дного. Мы э́то не сра́зу по́няли. Напро́тив, Арка́дий...

— Вы в нём нужда́етесь? — спроси́л База́ров.

— По́лноте, Евге́ний Васи́льевич. Вы говори́те, что он неравноду́шен ко мне, и мне само́й всегда́ каза́лось, что я ему́ нра́влюсь. Я зна́ю, что я гожу́сь ему́ в тётки, но я не хочу́ скрыва́ть от вас, что я ста́ла ча́ще ду́мать о нём. В э́том молодо́м и све́жем чу́встве есть кака́я-то пре́лесть...

— Сло́во *обая́ние* употреби́тельнее в подо́бных слу́чаях, — переби́л База́ров; кипе́ние жёлчи слы́шалось в его́ споко́йном, но глухо́м го́лосе. — Арка́дий что̀-то секре́тничал вчера́ со мно́ю и не говори́л ни о вас, ни о ва́шей сестре́... Это симпто́м ва́жный.

— Он с Ка́тей совсе́м как брат, — промо́лвила А́нна Серге́евна: — и э́то мне в нём нра́вится, хотя́, мо́жет быть, мне бы и не сле́довало позволя́ть таку́ю бли́зость ме́жду ни́ми.

— Это в вас говори́т... сестра́? — произнёс протя́жно База́ров.

— Разуме́ется... но что̀ же мы стои́м? Пойдёмте. Како́й стра́нный разгово́р у нас, не пра́вда ли! И могла́ ли я ожида́ть, что бу́ду говори́ть так с ва́ми? Вы зна́ете, что я вас бою́сь... и в то же вре́мя я вам доверя́ю, потому́ что, в су́щности, вы о́чень добры́.

— Во-пе́рвых, я во́все не добр; а во-вторы́х, я потеря́л для вас вся́кое значе́ние, и вы мне говори́те, что я добр... Э́то все равно́, что класть вено́к из цвето́в на го́лову мертвеца́.

— Евге́ний Васи́льич, мы не вла́стны... — начала́ было А́нна Серге́евна; но ве́тер налете́л, зашуме́л листа́ми и унёс её слова́.

— Ведь вы свобо́дны, — произнёс немно́го погодя́ База́ров.

Бо́льше ничего́ нельзя́ бы́ло разобра́ть; шаги́ удали́лись... всё зати́хло.

Арка́дий обрати́лся к Ка́те. Она́ сиде́ла в том же поло-же́нии, то́лько ещё ни́же опусти́ла го́лову.

— Катери́на Серге́евна, — проговори́л он дрожа́щим го-лосом и сти́снув ру́ки: — я люблю́ вас наве́к и безвозвра́тно, и никого́ не люблю́, кро́ме вас. Я хоте́л вам э́то сказа́ть, узна́ть ва́ше мне́ние и проси́ть ва́шей руки́, потому́ что я и не бога́т и чу́вствую, что гото́в на все же́ртвы... Вы не отве-ча́ете? Вы мне не ве́рите? Вы ду́маете, что я говорю́ легко-мы́сленно? Но вспо́мните э́ти после́дние дни! Неуже́ли вы давно́ не убеди́лись, что всё друго́е — пойми́те меня́ — всё, всё друго́е давно́ исче́зло без следа́? Посмотри́те на меня́, скажи́те мне одно́ сло́во... Я люблю́... я люблю́ вас... по-ве́рьте же мне!

Ка́тя взгляну́ла на Арка́дия ва́жным и све́тлым взгля-дом и, по́сле до́лгого разду́мья, едва́ улыбну́вшись, про-мо́лвила: — Да.

Арка́дий вскочи́л со скамьи́.

— Да! Вы сказа́ли: да, Катери́на Серге́евна! Что зна́чит э́то сло́во? То ли, что я вас люблю́, что вы мне ве́рите... Или... и́ли... я не сме́ю доко́нчить...

— Да, — повтори́ла Ка́тя, и в э́тот раз он её по́нял. Он схвати́л её больши́е прекра́сные ру́ки, и задыха́ясь от восто́р-га, прижа́л их к своему́ се́рдцу. Он едва́ стоя́л на нога́х и то́ль-ко тверди́л: «Ка́тя, Ка́тя...», а она́ ка́к-то неви́нно запла́ка-ла, сама́ ти́хо смея́сь свои́м слеза́м. Кто не вида́л таки́х слёз в глаза́х люби́мого существа́, тот ещё не испыта́л, до како́й сте́пени, замира́я весь от благода́рности и от стыда́, мо́жет быть сча́стлив на земле́ челове́к.

На сле́дующий день, ра́но поу́тру, А́нна Серге́евна веле́ла позва́ть База́рова к себе́ в кабине́т и с принуждённым сме́-хом подала́ ему́ сло́женный листо́к почто́вой бума́ги. Э́то бы́ло письмо́ от Арка́дия: он в нём проси́л руки́ её сестры́.

Базаров быстро пробежал письмо и сделал усилие над собою, чтобы не выказать злорадного чувства, которое мгновенно вспыхнуло у него в груди.

— Вот как, — проговорил он: — а вы, кажется, не далее как вчера полагали, что он любит Катерину Сергеевну братскою любовью. Что же вы намерены теперь сделать?

— Что *вы* мне посоветуете? — спросила Анна Сергеевна, продолжая смеяться.

— Да я полагаю, — ответил Базаров тоже со смехом, хотя ему вовсе не было весело и нисколько не хотелось смеяться, так же как и ей: — я полагаю, следует благословить молодых людей. Партия во всех отношениях хорошая; состояние у Кирсанова изрядное, он один сын у отца, да и отец добрый малый, прекословить не будет.

Одинцова прошлась по комнате. Её лицо попеременно краснело и бледнело.

— Вы думаете? — промолвила она. — Что ж? Я не вижу препятствий... Я рада за Катю... и за Аркадия Николаича. Разумеется, я подожду ответа отца. Я его самого к нему пошлю. Но вот и выходит, что я была права вчера, когда я говорила вам, что мы оба уже старые люди... Как это я ничего не видала? Это меня удивляет!

Анна Сергеевна опять засмеялась и тотчас же отворотилась.

— Нынешняя молодёжь больно хитра стала, — заметил Базаров и тоже засмеялся. — Прощайте, — заговорил он опять после небольшого молчания. — Желаю вам окончить это дело самым приятным образом; а я издали порадуюсь.

Одинцова быстро повернулась к нему.

— Разве вы уезжаете? Отчего же вам *теперь* не остаться? Останьтесь... с вами говорить весело... точно по краю пропасти ходишь. Сперва робеешь, а потом откуда смелость возьмётся. Останьтесь.

— Спасибо за предложение, Анна Сергеевна, и за лестное мнение о моих разговорных талантах. Но я нахожу, что я уж и так слишком долго вращался в чуждой для меня сфере. Летучие рыбы некоторое время могут подержаться на воздухе, но вскоре должны шлёпнуться в воду; позвольте же и мне плюхнуть в мою стихию.

Одинцова посмотрела на Базарова. Горькая усмешка подёргивала его бледное лицо. «Этот меня любил!» подумала она́ — и жа́лко ей ста́ло его́, и с уча́стием протяну́ла она́ ему́ ру́ку.

Но и он её по́нял.

— Нет! — сказа́л он и отступи́л на шаг наза́д. — Челове́к я бе́дный, но ми́лостыни ещё до сих пор не принима́л. Проща́йте-с, и бу́дьте здоро́вы.

— Я убеждена́, что мы не в после́дний раз ви́димся, — произнесла́ А́нна Серге́евна с нево́льным движе́нием.

— Чего́ на све́те не быва́ет! — отве́тил База́ров, поклони́лся и вы́шел.

— Так ты заду́мал гнездо́ себе́ свить? — говори́л он в тот же день Арка́дию, укла́дывая на ко́рточках[5] свой чемода́н. — Что ж? де́ло хоро́шее. То́лько напра́сно ты лука́вил. Я ждал от тебя́ совсе́м друго́й дире́кции. И́ли, мо́жет быть, э́то тебя́ самого́ огорошило?

— Я, то́чно, э́того не ожида́л, когда́ расстава́лся с тобо́ю, — отве́тил Арка́дий: — но заче́м ты сам лука́вишь и говори́шь: «де́ло хоро́шее», то́чно мне неизве́стно твоё мне́ние о бра́ке?

— Эх, друг любе́зный! — проговори́л База́ров: — как ты выража́ешься! Ви́дишь, что я де́лаю: в чемода́не оказа́лось пусто́е ме́сто, и я кладу́ туда́ се́но; так и в жи́зненном на́шем чемода́не; чем бы его́ ни наби́ли, лишь бы пустоты́ не́ было. Не обижа́йся, пожа́луйста: ты ведь вероя́тно по́мнишь, како́го я всегда́ был мне́ния о Катери́не Серге́евне. Ина́я ба́рышня то́лько оттого́ и слывёт у́мною, что умно́ вздыха́ет; а твоя́ за себя́ постои́т, да и так постои́т, что и тебя́ в ру́ки заберёт, — ну, да э́то так и сле́дует. — Он захло́пнул кры́шку и приподня́лся с по́лу. — А тепе́рь повторя́ю тебе́ на проща́нье... потому́ что обма́нываться не́чего: — мы проща́емся навсегда́, и ты сам э́то чу́вствуешь... ты поступи́л умно́; для на́шей го́рькой, те́рпкой, бобы́льной жи́зни ты не со́здан. В тебе́ нет ни де́рзости, ни зло́сти, есть молода́я сме́лость да молодо́й задо́р; для на́шего де́ла э́то не годи́тся. Ваш брат, дворяни́н[6], да́льше благоро́дного смире́ния и́ли благоро́дного кипе́ния дойти́ не мо́жет, а э́то пустяки́. Вы, наприме́р, не дерётесь — и уж вообража́ете себя́ молодца́ми, — а мы дра́ться хоти́м. Да что! На́ша пыль тебе́ глаза́ вы́ест, на́ша грязь тебя́ замара́ет, да ты и не доро́с до нас, ты нево́льно любу́ешься собо́ю, тебе́ прия́тно самого́ себя бранить; а нам это скучно — нам других подавай! нам других ломать надо! Ты славный малый; но ты всё-таки мякенький, либеральный барич, — э волату, как выражается мой родитель.

— Ты навсегда прощаешься со мною, Евгений? — печально промолвил Аркадий: — и у тебя нет других слов для меня?

Базаров почесал у себя в затылке.

— Есть, Аркадий, есть у меня другие слова, только я их не выскажу, потому что это романтизм, — это значит: рассыропиться[7]. А ты поскорее женись; да своим гнездом обзаведись, да наделай детей побольше. Умницы[8] они будут уже потому, что во-время они родятся, не то что мы с тобой. Эге! Я вижу, лошади готовы. Пора! Со всеми я простился... Ну что ж? обняться, что ли?

Аркадий бросился на шею к своему бывшему наставнику и другу, и слёзы так и брызнули у него из глаз.

— Что значит молодость! — произнёс спокойно Базаров. — Да я на Катерину Сергеевну надеюсь. Посмотри, как живо она тебя утешит!

— Прощай брат! — сказал он Аркадию, уже взобравшись на телегу, и указав на пару галок, сидевших рядышком на крыше конюшни, прибавил: — Вот тебе! — изучай!

— Это что значит? — спросил Аркадий.

— Как? Разве ты так плох в естественной истории или забыл, что галка самая почтенная, семейная птица? Тебе пример!.. Прощайте, синьор!

Телега задребезжала и покатилась.

Базаров сказал правду. Разговаривая вечером с Катей, Аркадий совершенно позабыл о своём наставнике. Он уже начинал подчиняться ей, и Катя это чувствовала и не удивлялась. Он должен был на следующий день ехать в Марьино, к Николаю Петровичу. Анна Сергеевна не хотела стеснять молодых людей и только для приличия не оставляла их слишком долго наедине. Она великодушно удалила от них княжну, которую известие о предстоящем браке привело в слезливую ярость. Сначала Анна Сергеевна боялась, как бы зрелище их счастия не показалось ей самой немного тя́гостным; но вы́шло соверше́нно напро́тив; э́то зре́лище не то́лько не отягоща́ло её, оно́ её занима́ло, оно́ её умили́ло наконе́ц. А́нна Серге́евна э́тому и обра́довалась и опеча́лилась. «Ви́дно, прав База́ров, — поду́мала она́: — любопы́тство, одно́ любопы́тство, и любо́вь к поко́ю, и эго́йзм...»

— Де́ти! — промо́лвила она́ гро́мко: — что̀, любо́вь чу́вство напускно́е?

Но ни Ка́тя, ни Арка́дий её да́же не по́няли. Они́ её дичи́лись; нево́льно подслу́шанный разгово́р не выходи́л у них из головы́. Впро́чем, А́нна Серге́евна ско́ро успоко́ила их; и э́то бы́ло ей не тру́дно: она́ успоко́илась сама́.

XXVII

Старики́ База́ровы тем бо́льше обра́довались внеза́пному прие́зду сы́на, чем ме́ньше они́ его́ ожида́ли. Ари́на Вла́сьевна до того́ переполоши́лась и избе́галась [1] по до́му, что Васи́лий Ива́нович сравни́л её с «куропа́тицей»: ку́цый хво́стик её коро́тенькой ко́фточки действи́тельно придава́л ей не́что пти́чье. А сам он то́лько мыча́л, да поку́сывал сбо́ку янта́рчик своего́ чубука́, да, прихвати́в ше́ю па́льцами, верте́л голово́ю, то́чно про́бовал, хорошо́ ли она́ у него́ приви́нчена, и вдруг разева́л широ́кий рот и хохота́л безо вся́кого шу́ма.

— Я к тебе́ на це́лых шесть неде́ль прие́хал, старина́, — сказа́л ему́ База́ров: — я рабо́тать хочу́, так ты уж, пожа́луйста, не меша́й мне.

— Физионо́мию мою́ забу́дешь, вот как я тебе́ меша́ть бу́ду! — отвеча́л Васи́лий Ива́нович.

Он сдержа́л своё обеща́ние. Помести́в сы́на попре́жнему в кабине́т, он то́лько что не пря́тался от него́ [2] и жену́ свою́ уде́рживал от вся́ких ли́шних изъявле́ний не́жности. «Мы, ма́тушка моя́, — говори́л он ей: — в пе́рвый прие́зд Еню́шки ему́ надоеда́ли мале́нько: тепе́рь на́до быть умне́й». Ари́на Вла́сьевна соглаша́лась с му́жем, но не мно́го от э́того выи́грывала, потому́ что ви́дела сы́на то́лько за столо́м и оконча́тельно боя́лась с ним загова́ривать. «Еню́шенька!» быва́ло, ска́жет она́, — а тот ещё не успе́ет огляну́ться, как уж она́ перебира́ет шнурка́ми ридикю́ля и лепе́чет: «ничего́,

ничего, я так», а потом отправится к Василию Ивановичу, и говорит ему, подпёрши щеку: «как бы, голубчик, узнать: чего Енюша желает сегодня к обеду, щей или борщу?» — «Да что ж ты у него сама не спросила?» — «А надоём!» Впрочем, Базаров скоро сам перестал запираться: лихорадка работы с него *соскочила*, и заменилась тоскливою скукой и глухим беспокойством. Странная усталость замечалась во всех его движениях, даже походка его, твёрдая и стремительно смелая, изменилась. Он перестал гулять в одиночку и начал искать общества; пил чай в гостиной, бродил по огороду с Василием Ивановичем и курил с ним «в молчанку»; осведомился однажды об отце Алексее. Василий Иванович сперва обрадовался этой перемене, но радость его была непродолжительна. «Енюша меня сокрушает, — жаловался он втихомолку жене: — он не то что недоволен или сердит, это бы ещё ничего; он огорчён, он грустен — вот что ужасно. Всё молчит, хоть бы побранил нас с тобою; худеет, цвет лица такой нехороший». — «Господи, господи! — шептала старушка: — надела бы я ему ладонку на шею [3], да ведь он не позволит». Василий Иванович несколько раз пытался самым осторожным образом расспросить Базарова об его работе, об его здоровье, об Аркадии... Но Базаров отвечал ему нехотя и небрежно и, однажды, заметив, что отец в разговоре понемножку подо что-то подбирается [4], с досадой сказал ему: «Что ты всё около меня словно на цыпочках ходишь? Эта манера ещё хуже прежней». — «Ну, ну, ну, я ничего!» поспешно отвечал бедный Василий Иванович. Так же бесплодны остались его политические намёки. Заговорив, однажды, по поводу близкого освобождения крестьян, о прогрессе, он надеялся возбудить сочувствие своего сына; но тот равнодушно промолвил: «Вчера я прохожу мимо забора и слышу, здешние крестьянские мальчики, вместо какой-нибудь старой песни, горланят: *Время верное приходит, сердце чувствует любовь*... Вот тебе и прогресс» [5].

Иногда Базаров отправлялся на деревню, и подтрунивая по обыкновению, вступал в беседу с каким-нибудь мужиком. «Ну, — говорил он ему: — излагай мне свои воззрения на жизнь, братец: ведь в вас, говорят, вся сила и будущность России, от вас начнётся новая эпоха в истории, — вы нам дадите и язык настоящий и законы». Мужик либо не отвечал ничего, либо произносил слова вроде следующих: «А мы моги́м... то́же, потому́ зна́чит... како́й положо́н[6] у нас, приме́рно, приде́л».

— Ты мне растолку́й, что́ тако́е есть ваш мир? — перебива́л его́ База́ров: — и тот ли э́то са́мый мир, что́ на трёх ры́бах стои́т?[7]

— Это, ба́тюшка, земля́ стои́т не трёх ры́бах, — успоко́ительно, с патриарха́льно-доброду́шною певу́честью, объясня́л мужи́к: — а про́тив на́шего, то есть, ми́ру, изве́стно, госпо́дская во́ля; потому́ вы на́ши отцы́. А чем стро́же ба́рин взы́щет, тем миле́е мужику́.

Вы́слушав подо́бную речь, База́ров одна́жды презри́тельно пожа́л плеча́ми и отверну́лся, а мужи́к побрёл восво́яси.

— О чём толкова́л? — спроси́л у него́ друго́й мужи́к, сре́дних лет и угрю́мого ви́да, и́здали, с поро́га свое́й избы́, прису́тствовавший при бесе́де его́ с База́ровым. — О недо́имке, что ль?

— Како́е о недо́имке, бра́тец ты мой! — отвеча́л пе́рвый мужи́к, и в го́лосе его́ уже́ не́ было следа́ патриарха́льной певу́чести, а напро́тив, слы́шалась кака́я-то небре́жная суро́вость: — так, болта́л коё-что; язы́к почеса́ть захоте́лось. Изве́стно, ба́рин; ра́зве он что́ понима́ет?

— Где поня́ть! — отвеча́л друго́й мужи́к и, тряхну́в ша́пками и осу́нув кушаки́[8], о́ба они́ при́нялись рассужда́ть о свои́х дела́х и ну́ждах. Увы́! презри́тельно пожима́вший плечо́м, уме́вший говори́ть с мужика́ми База́ров (как хвали́лся он в спо́ре с Па́влом Петро́вичем), э́тот самоуве́ренный База́ров и не подозрева́л, что он в их глаза́х был всётаки чём-то вро́де шута́ горо́хового[9]...

Впро́чем, он нашёл наконе́ц себе́ заня́тие. Одна́жды, в его́ прису́тствии, Васи́лий Ива́нович перевя́зывал мужику́ ра́неную но́гу, но ру́ки тря́слись у старика́, и он не мог спра́виться с бинта́ми; сын ему́ помо́г, и с тех пор стал уча́ствовать в его́ пра́ктике, не перестава́я в то же вре́мя подсме́иваться и над сре́дствами, кото́рые сам же сове́товал, и над отцо́м, кото́рый то́тчас же пуска́л их в ход[10]. Но насме́шки База́рова ниско́лько не смуща́ли Васи́лия Ива́новича; они́ да́же утеша́ли его́. Приде́рживая свой заса́ленный шлафро́к двумя́ па́льцами на желу́дке и поку́ривая тру́бочку, он с наслажде́нием слу́шал База́рова, и чем бо́льше зло́сти бы́ло в его́ вы́ходках, тем доброду́шнее хохота́л, выка́зывая все свои́ чёрные зу́бы до еди́ного, его́ осчастливленный отец. Он даже повторял эти, иногда тупые или бессмысленные, выходки и, например, в течение нескольких дней, ни к селу ни к городу[11], все твердил: «Ну, это дело девятое!»[12] потому только, что сын его, узнав, что он ходил к заутрени[13], употребил это выражение. «Слава богу! перестал хандрить! — шептал он своей супруге: — как отделал меня сегодня, чудо!» Зато мысль, что он имеет такого помощника, приводила его в восторг, наполняла его гордостью. «Да, да, — говорил он какой-нибудь бабе в мужском армяке и рогатой кичке[14], вручая ей склянку Гулярдовой воды[15] или банку белённой мази[16]: — ты, голубка, должна ежеминутно бога благодарить за то, что сын мой у меня гостит: по самой научной и новейшей методе тебя лечат теперь, понимаешь ли ты это? Император французов, Наполеон, и тот не имеет лучшего врача». А баба, которая приходила жаловаться, что её «на колотики[17] подняло» (значения этих слов она, впрочем, сама растолковать не умела), только кланялась и лезла за пазуху[18], где у ней лежали четыре яйца, завёрнутые в конец полотенца.

Базаров раз даже вырвал зуб у заезжего разносчика[19] с красным товаром[20], и хотя этот зуб принадлежал к числу обыкновенных, однако Василий Иванович сохранил его как редкость и, показывая его отцу Алексею, беспрестанно повторял:

— Вы посмотрите, что за корни! Этакая сила у Евгения! Краснорядец[21] так на воздух и поднялся... Мне кажется, дуб, и тот бы вылетел вон!..

— Похвально! — промолвил, наконец, отец Алексей, не зная, что отвечать и как отделаться от пришедшего в экстаз старика.

Однажды мужичок соседней деревни привёз к Василью Ивановичу своего брата, больного тифом. Лёжа ничком на связке соломы, несчастный умирал; тёмные пятна покрывали его тело, он давно потерял сознание. Василий Иванович изъявил сожаление о том, что никто раньше не вздумал обратиться к помощи медицины, и объявил, что спасения нет. Действительно, мужичок не довёз своего брата до дома: он так и умер в телеге.

Дня три спустя Базаров вошёл к отцу в комнату и спросил, нет ли у него адского камня?[22]

— Есть; на чтó тебé?

— Нýжно... рáнку прижéчь.

— Комý?

— Себé.

— Как, себé! Зачéм же э́то? Какáя э́то рáнка? Где онá?

— Вот тут, на пáльце. Я сегóдня éздил в дерéвню, знáешь, откýда тифóзного мужикá привозúли. Онú почемý-то вскрывáть[23] его́ собирáлись, а я давнó в э́том не упражня́лся.

— Ну?

— Ну, вот я и попросúл уéздного врачá; ну, и порéзался.

Васúлий Ивáнович вдруг побледнéл весь и, ни слóва не говоря́, брóсился в кабинéт, откýда тóтчас же вернýлся с кусóчком áдского кáмня в рукé. Базáров хотéл-было взять его́ и уйтú.

— Рáди самогó бóга, — промóлвил Васúлий Ивáнович, — позвóль мне э́то сдéлать самомý.

Базáров усмехнýлся.

— Экóй ты охóтник до прáктики!

— Не шутú, пожáлуйста. Покажú свой пáлец. Рáнка-то не великá. Не бóльно?

— Напирáй сильнéе, не бóйся.

Васúлий Ивáнович остановúлся.

— Как ты полагáешь, Евгéний, не лýчше ли нам прижéчь желéзом?

— Это бы рáньше нáдо сдéлать, а тепéрь, по-настоя́щему, и áдский кáмень не нýжен. Éсли я заразúлся, так уж тепéрь пóздно.

— Как... пóздно... — едвá мог произнестú Васúлий Ивáнович.

— Ещё бы! с тех пор четы́ре часá прошлó с лúшком.

Васúлий Ивáнович ещё немнóго прижёг рáнку.

— Да рáзве у уéздного лéкаря нé было áдского кáмня?

— Нé было.

— Как же э́то, бóже мой! Врач — и не имéет такóй необходúмой вéщи!

— Ты бы посмотрéл на его́ ланцéты, — промóлвил Базáров и вы́шел вон.

До сáмого вéчера и в течéние всегó слéдующего дня Васúлий Ивáнович придирáлся ко всем возмóжным предлóгам, чтобы входúть в кóмнату сы́на, и хотя́ он не тóлько не упоминал об его ране, но даже старался говорить о самых посторонних предметах, однако, он так настойчиво заглядывал ему в глаза и так тревожно наблюдал за ним, что Базаров потерял терпение и погрозился уехать. Василий Иванович дал ему слово не беспокоиться, тем более, что и Арина Власьевна, от которой он, разумеется, всё скрыл, начинала приставать к нему, зачем он не спит и что с ним такое подеялось? Целых два дня он крепился, хотя вид сына, на которого он всё посматривал украдкой, ему очень не нравился... но на третий день за обедом не выдержал. Базаров сидел потупившись и не касался ни до одного блюда.

— Отчего ты не ешь, Евгений? — спросил он, придав своему лицу самое беззаботное выражение. — Кушанье, кажется, хорошо сготовлено.

— Не хочется, так и не ем.

— У тебя аппетиту нету? А голова? — прибавил он робким голосом: — болит?

— Болит. Отчего ей не болеть?

Арина Власьевна выпрямилась и насторожилась.

— Не рассердись, пожалуйста, Евгений, — продолжал Василий Иванович: — но не позволишь ли ты мне пульс у тебя пощупать?

Базаров приподнялся.

— Я, и не щупая, скажу тебе, что у меня жар.

— И озноб был?

— Был и озноб. Пойду прилягу; а вы мне пришлите липового чаю [24]. Простудился, должно быть.

— То-то я слышала, ты сегодня ночью кашлял, — промолвила Арина Власьевна.

— Простудился, — повторил Базаров и удалился.

Арина Власьевна занялась приготовлением чая из липового цвету, а Василий Иванович вышел в соседнюю комнату и молча схватил себя за волосы.

Базаров уже не вставал в тот день и всю ночь провёл в тяжёлой, полузабывчивой дремоте. Часу в первом утра, он, с усилием раскрыв глаза, увидел над собою при свете лампадки бледное лицо отца и велел ему уйти; тот повиновался, но тотчас же вернулся на цыпочках и, до половины заслонившись дверцами шкапа, неотвратимо глядел на своего сына. Арина Власьевна тоже не ложилась и, чуть отворив дверь кабинета, то и дело подходила послушать, «как ды́шит Еню́ша» и посмотре́ть на Васи́лия Ива́новича. Она́ могла́ ви́деть одну́ его́ неподви́жную, сго́рбленную спи́ну, но и э́то ей доставля́ло не́которое облегче́ние. У́тром База́ров попыта́лся встать; голова́ у него́ закружи́лась, кровь пошла́ но́сом; он лёг опя́ть. Васи́лий Ива́нович мо́лча ему́ прислу́живал; Ари́на Вла́сьевна вошла́ к нему́ и спроси́ла его́, ка́к он себя́ чу́вствует. Он отвеча́л: «Лу́чше», и поверну́лся к стене́. Васи́лий Ива́нович замаха́л на жену́ обе́ими рука́ми; она́ закуси́ла губу́, что́бы не запла́кать, и вы́шла вон. Всё в до́ме вдруг сло́вно потемне́ло; все ли́ца вы́тянулись, сде́лалась стра́нная тишина́; со двора́ унесли́ на дере́вню како́го-то горла́стого петуха́, кото́рый до́лго не мог поня́ть, заче́м с ним так поступа́ют. База́ров продолжа́л лежа́ть, уткну́вшись в сте́ну. Васи́лий Ива́нович пыта́лся обраща́ться к нему́ с ра́зными вопро́сами, но они́ утомля́ли База́рова, и стари́к за́мер в свои́х кре́слах, то́лько и́зредка хрустя́ па́льцами. Он отправля́лся на не́сколько мгнове́ний в сад, стоя́л там как истука́н, сло́вно поражённый несказа́нным изумле́нием (выраже́ние изумле́ния вообще́ не сходи́ло у него́ с лица́), и возвраща́лся сно́ва к сы́ну, стара́ясь избега́ть расспро́сов жены́. Она́ наконе́ц схвати́ла его́ за́ руку и су́дорожно, почти́ с угро́зой промо́лвила: «Да что́ с ним?» Тут он спохвати́лся и принуди́л себя́ улыбну́ться ей в отве́т; но, к со́бственному у́жасу, вме́сто улы́бки у него́ отку́да-то взя́лся смех. За до́ктором он посла́л с утра́. Он почёл ну́жным предуве́домить об э́том сы́на, что́бы тот ка́к-нибу́дь не рассерди́лся.

База́ров вдруг поверну́лся на дива́не, при́стально и ту́по посмотре́л на отца́, и попроси́л напи́ться.

Васи́лий Ива́нович по́дал ему́ воды́, и кста́ти пощу́пал его́ лоб. Он так и пыла́л.

— Старина́, — на́чал База́ров си́плым и ме́дленным го́лосом: — де́ло моё дрянно́е [25]. Я заражён, и че́рез не́сколько дней ты меня́ хорони́ть бу́дешь.

Васи́лий Ива́нович пошатну́лся, сло́вно кто по нога́м его́ уда́рил.

— Евге́ний! — пролепета́л он: — что ты э́то!.. Бог с тобо́ю! Ты простуди́лся…

— По́лно, — не спеша́ переби́л его́ База́ров. — Врачу́ непозволи́тельно так говори́ть. Все при́знаки зараже́ния, ты сам зна́ешь.

— Где же при́знаки… зараже́ния, Евге́ний?.. поми́луй!

— А это что? — промолвил Базаров и, приподняв рукав рубашки, показал отцу выступившие зловещие красные пятна.

Василий Иванович дрогнул и похолодел от страха.

— Положим, — сказал он наконец: — положим... если... если даже что-нибудь вроде... заражения...

— Пиэмии[26], — подсказал сын.

— Ну да... вроде... эпидемии...

— *Пиэмии,* — сурово и отчётливо повторил Базаров: — аль уж позабыл свои тетрадки?

— Ну да, да, как тебе угодно... А всё-таки мы тебя вылечим!

— Ну, это дудки[27]. Но не в том дело. Я не ожидал, что так скоро умру; это случайность, очень, по правде сказать, неприятная. Вы оба с матерью должны теперь воспользоваться тем, что в вас религия сильна; вот вам случай поставить её на пробу[28]. — Он отпил ещё немного воды. — А я хочу попросить тебя об одной вещи... пока ещё моя голова в моей власти. Завтра или послезавтра мозг мой, ты знаешь, в отставку подаст[29]. Я и теперь не совсем уверен, ясно ли я выражаюсь. Пока я лежал, мне всё казалось, что вокруг меня красные собаки бегали, а ты надо мной стойку делал, как над тетеревом[30]. Точно я пьяный. Ты хорошо меня понимаешь?

— Помилуй, Евгений, ты говоришь совершенно, как следует.

— Тем лучше; ты мне сказал, ты послал за доктором... Этим ты себя потешил... потешь и меня: пошли ты нарочного...

— К Аркадию Николаичу, — подхватил старик.

— Кто такой Аркадий Николаич? — проговорил Базаров, как бы в раздумье: — Ах, да! птенец этот! Нет, ты его не трогай: он теперь в галки попал. Не удивляйся, это ещё не бред. А ты пошли нарочного[31] к Одинцовой, Анне Сергеевне, тут есть такая помещица... Знаешь? (Василий Иванович кивнул головой.) Евгений, мол, Базаров, кланяться велел и велел сказать, что умирает. Ты это исполнишь?

— Исполню... Только возможное ли это дело, чтобы ты умер, ты, Евгений... Сам посуди! Где ж после этого будет справедливость?

— Этого я не знаю; а только ты нарочного пошли.

— Сию минуту пошлю, и сам письмо напишу.

— Нет, зачем; скажи, что кланяться велел, больше ничего не нужно. А теперь я опять к моим собакам. Странно! хочу остановить мысль на смерти, и ничего не выходит. Вижу какое-то пятно... и больше ничего.

Он опять тяжело повернулся к стене; а Василий Иванович вышел из кабинета и, добравшись до жениной спальни, так и рухнулся на колени перед образами.

— Молись, Арина, молись! — простонал он, — наш сын умирает.

Доктор, тот самый уездный лекарь, у которого не нашлось адского камня, приехал и, осмотрев больного, посоветовал держаться методы [32] выжидающей и тут же сказал несколько слов о возможности выздоровления.

— А вам случалось видеть, что люди в моём положении *не* отправляются в Елисейские? [33] — спросил Базаров и, внезапно схватив за ножку тяжёлый стол, стоявший возле дивана, потряс его и сдвинул с места.

— Сила-то, сила, — промолвил он, — вся ещё тут, а надо умирать!.. Старик, тот по крайней мере успел отвыкнуть от жизни, а я... Да, поди, попробуй отрицать смерть. Она тебя отрицает, и баста! Кто там плачет? — прибавил он, погодя немного. — Мать? Бедная! Кого-то она будет кормить теперь своим удивительным борщом? А ты, Василий Иваныч, тоже, кажется, нюнишь? Ну, коли христианство не помогает, будь философом, стоиком, что ли! Ведь ты хвастался, что ты философ?

— Какой я философ! — завопил Василий Иванович, и слёзы так и закапали по его щекам.

Базарову становилось хуже с каждым часом; болезнь приняла быстрый ход, что обыкновенно случается при хирургических отравах. Он ещё не потерял памяти и понимал, что ему говорили; он ещё боролся. «Не хочу бредить, — шептал он, сжимая кулаки: что за вздор!» И тут же говорил: «Ну, из восьми вычесть десять, сколько выйдет?» Василий Иванович ходил, как помешанный, предлагал то одно средство, то другое, и только и делал, что покрывал сыну ноги. «Обернуть в холодные простыни... рвотное... горчишники к желудку... кровопускание», говорил он с напряжением. Доктор, которого он умолил остаться, ему поддакивал, поил больного лимодаиом, а для себя просил то трубочки, то «укрепляющего-согревающего», то есть водки. Арина Власьевна сидела на низенькой скамеечке возле двери и только по временам уходила молиться; несколько дней тому назад туалетное зеркальце выскользнуло у ней из рук и разбилось, а это она всегда считала худым предзнаменованием; сама Анфисушка ничего не умела сказать ей. Тимофеич отправился к Одинцовой.

Ночь была не хороша для Базарова... Жестокий жар его мучил. К утру ему полегчало [34]. Он попросил, чтоб Арина Власьевна его причесала, поцеловал у ней руку, и выпил глотка два чаю. Василий Иванович оживился немного.

— Слава богу! — твердил он: — наступил кризис... прошёл кризис.

— Эка, подумаешь! — промолвил Базаров. — Слово-то что значит! Нашёл его, сказал: «кризис», и утешен. Удивительное дело, как человек ещё верит в слова. Скажут ему, например, дурака и не прибьют, он опечалится, назовут его умницей и денег ему не дадут — он почувствует удовольствие.

Эта маленькая речь Базарова, напоминавшая его прежние «выходки», привела Василия Ивановича в умиление.

— Браво! прекрасно сказано, прекрасно! — воскликнул он, показывая вид, что бьёт в ладоши.

Базаров печально усмехнулся.

— Так как же по-твоему, — промолвил он: — кризис прошёл или наступил?

— Тебе лучше, вот что я вижу, вот что меня радует, — отвечал Василий Иванович.

— Ну, и прекрасно; радоваться всегда не худо. А к той, помнишь? послал?

— Послал, как же.

Перемена к лучшему продолжалась недолго. Приступы болезни возобновились. Василий Иванович сидел подле Базарова. Казалось, какая-то особенная мука терзала старика. Он несколько раз собирался говорить — и не мог.

— Евгений! — произнёс он наконец: — сын мой, дорогой мой, милый сын!

Это необычайное воззвание подействовало на Базарова... Он повернул немного голову и, видимо стараясь выбиться из-под бремени давившего его забытья, произнёс: — Что мой отец?

— Евгений, — продолжал Василий Иванович и опустился на колени перед Базаровым, хотя тот не раскрывал глаз и не мог его видеть. — Евгений, тебе теперь лучше; ты, бог даст, выздоровеешь; но воспользуйся этим временем, утешь нас с матерью, исполни долг христианина! Каково-то мне это тебе говорить, это ужасно; но ещё ужаснее... ведь навек, Евгений... ты подумай, каково-то...

Голос старика перервался, а по лицу его сына, хотя он и продолжал лежать с закрытыми глазами, проползло что-то странное.

— Я не отказываюсь, если это может вас утешить, — промолвил он наконец: — но мне кажется, спешить ещё не к чему. Ты сам говоришь, что мне лучше.

— Лучше, Евгений, лучше; но кто знает, ведь это всё в божьей воле, а исполнивши долг...

— Нет, я подожду, — перебил Базаров. — Я согласен с тобою, что наступил кризис. А если мы с тобой ошиблись, что ж! ведь и беспамятных причащают.

— Помилуй, Евгений...

— Я подожду. А теперь я хочу спать. Не мешай мне. И он положил голову на прежнее место.

Старик поднялся, сел на кресло и, взявшись за подбородок, стал кусать себе пальцы...

Стук рессорного экипажа, тот стук, который так особенно заметен в деревенской глуши, внезапно поразил его слух. Ближе, ближе катились лёгкие колёса; вот уже послышалось фырканье лошадей... Василий Иванович вскочил и бросился к окошку. На двор его домика, запряжённая четвернёй, въезжала двуместная карета. Не отдавая себе отчёта, что бы это могло значить, в порыве какой-то бессмысленной радости, он выбежал на крыльцо... Ливрейный лакей отворял дверцы кареты; дама под чёрным вуалем, в чёрной мантилье, выходила из неё...

— Я Одинцова, — промолвила она. — Евгений Васильич жив? Вы его отец? Я привезла с собою доктора.

— Благодетельница! — воскликнул Василий Иванович

и, схватив её руку, судорожно прижал её к своим губам, между тем как привезённый Анной Сергеевной доктор, маленький человек в очках, с немецкою физиономией, вылезал не торопясь из кареты. — Жив ещё, жив мой Евгений, и теперь будет спасён! Жена! жена!.. К нам ангел с неба...

— Что такое, господи! — пролепетала, выбегая из гостиной, старушка и, ничего не понимая, тут же в передней упала к ногам Анны Сергеевны и начала, как безумная, целовать её платье.

— Что вы! что вы! — твердила Анна Сергеевна; но Арина Власьевна её не слушала, а Василий Иванович только повторял: «ангел! ангел!»

— Wo ist der Kranke? И где же есть пациент? — проговорил наконец доктор не без некоторого негодования.

Василий Иванович опомнился.

— Здесь, здесь, пожалуйте за мной, *вертестер герр коллега*, — прибавил он по старой памяти.

— Э! — произнёс немец и кисло осклабился.

Василий Иванович привёл его в кабинет.

— Доктор от Анны Сергеевны Одинцовой, — сказал он, наклоняясь к самому уху своего сына: — и она сама здесь.

Базаров вдруг раскрыл глаза.

— Что ты сказал?

— Я говорю, что Анна Сергеевна Одинцова здесь, и привезла к тебе сего господина доктора.

Базаров повёл вокруг себя глазами.

— Она здесь... я хочу её видеть.

— Ты её увидишь, Евгений; но сперва надобно побеседовать с господином доктором. Я им расскажу всю историю болезни, так как Сидор Сидорыч уехал (так звали уездного врача), и мы сделаем маленькую консультацию.

Базаров взглянул на немца.

— Ну, беседуйте скорее, только не по-латыни; я ведь понимаю, что значит: jam moritur.

— Der Herr scheint des Deutschen mächtig zu sein, — начал новый питомец Эскулапа, обращаясь к Василию Ивановичу.

— *Их... габе...* говорите уж лучше по-русски, — промолвил старик.

— А-а! *так этто фот как этто...* Пошалуй...

И консультация началась.

Полчаса спустя Анна Сергеевна, в сопровождении Василия Ивановича, вошла в кабинет. Доктор успел шепнуть ей, что нечего и думать[35] о выздоровлении больного.

Она взглянула на Базарова... и остановилась у двери, до того поразило её это воспалённое и в то же время мёртвенное лицо с устремлёнными на неё мутными глазами. Она просто испугалась каким-то холодным и томительным испугом; мысль, что она не то бы почувствовала, если бы точно его любила, — мгновенно сверкнула у ней в голове.

— Спасибо, — усиленно заговорил он: — я этого не ожидал. Это доброе дело. Вот мы ещё раз и увиделись, как вы обещали.

— Анна Сергеевна так была добра... — начал Василий Иванович.

— Отец, оставь нас. — Анна Сергеевна, вы позволяете? Кажется, теперь[36]...

Он указал головою на своё распростёртое бессильное тело.

Василий Иванович вышел.

— Ну, спасибо, — повторил Базаров. — Это по-царски. Говорят, цари тоже посещают умирающих.

— Евгений Васильич, я надеюсь...

— Эх, Анна Сергеевна, станемте говорить правду. Со мной кончено. Попал под колесо. И выходит, что нечего было думать о будущем. Старая штука смерть, а каждому внове. До сих пор не трушу... а там придёт беспамятство, и фюить! (Он слабо махнул рукой.) Ну, что ж мне вам сказать... я любил вас! Это и прежде не имело никакого смысла, а теперь подавно. Любовь — форма, а моя собственная форма уже разлагается. Скажу я лучше, что — какая вы славная! И теперь вот вы стоите, такая красивая...

Анна Сергеевна невольно содрогнулась.

— Ничего, не тревожьтесь... сядьте там... Не подходите ко мне: ведь моя болезнь заразительная.

Анна Сергеевна быстро перешла комнату и села на кресло возле дивана, на котором лежал Базаров.

— Великодушная! — шепнул он. — Ох, как близко, и какая молодая, свежая, чистая... в этой гадкой комнате!.. Ну, прощайте! Живите долго, это лучше всего, и пользуйтесь, пока время. Вы посмотрите, что за безобразное зрелище: червяк полураздавленный, а ещё топорщится[37]. И ведь тоже думал: обломаю дел много[38], не умру, куда[39]! задача есть, ведь я гигант! А теперь вся задача гиганта — как бы умере́ть прили́чно, хотя́ никому́ до э́того де́ла нет[40]... Всё равно́: виля́ть хво́стом[41] не ста́ну.

База́ров умо́лк и стал ощу́пывать руко́й свой стака́н. А́нна Серге́евна подала́ ему́ напи́ться, не снима́я перча́ток и боязли́во дыша́.

— Меня́ вы забу́дете, — на́чал он опя́ть: — мёртвый живо́му не това́рищ. Оте́ц вам бу́дет говори́ть, что вот, мол, како́го челове́ка Росси́я теря́ет... Э́то чепуха́; но не разуверя́йте старика́. Чем бы дитя́ ни те́шилось[42]... вы зна́ете. И мать прилоска́йте. Ведь таки́х люде́й, как они́, в ва́шем большо́м све́те днём с огнём не сыска́ть[43]... Я ну́жен Росси́и... Нет, ви́дно, не ну́жен. Да и кто ну́жен? Сапо́жник ну́жен, портно́й ну́жен, мясни́к... мя́со продаёт... мясни́к... посто́йте, я пу́таюсь.. Тут есть лес...

База́ров положи́л ру́ку на лоб.

А́нна Сеге́евна наклони́лась к нему́.

— Евге́ний Васи́льич, я здесь...

Он ра́зом при́нял ру́ку[44] и приподня́лся.

— Проща́йте, — проговори́л он с внеза́пною си́лой, и глаза́ его́ блесну́ли после́дним бле́ском. — Проща́йте... Послу́шайте... ведь я вас не поцелова́л тогда́... Ду́ньте на умира́ющую лампа́ду, и пусть она́ пога́снет...

А́нна Серге́евна приложи́лась губа́ми к его́ лбу.

— И дово́льно! — промо́лвил он и опусти́лся на поду́шку. — Тепе́рь... темнота́...

А́нна Серге́евна ти́хо вы́шла.

— Что? — спроси́л её шо́потом Васи́лий Ива́нович.

— Он засну́л, — отвеча́ла она́ чуть слы́шно.

База́рову уже́ не суждено́ бы́ло просыпа́ться. К ве́черу он впал в соверше́нное беспа́мятство, а на сле́дующий день у́мер. Оте́ц Алексе́й соверши́л над ним обря́ды рели́гии. Когда́ его́ собо́ровали[45], когда́ свято́е ми́ро косну́лось его́ гру́ди, оди́н глаз его́ раскры́лся и, каза́лось, при ви́де свяще́нника в облаче́нии, дымя́щегося кади́ла, свеч пе́ред о́бразом, что́-то похо́жее на содрога́ние у́жаса мгнове́нно отрази́лось на помертве́лом лице́. Когда́ же наконе́ц он испусти́л после́дний вздох и в до́ме подня́лось всео́бщее стена́ние, Васи́лием Ива́новичем обуя́ло внеза́пное исступле́ние. «Я говори́л, что я возропщу́, — хри́пло крича́л он, с пыла́ющим, переко́шенным лицо́м, потряса́я в во́здухе кулако́м, как бы грозя́ кому́-то, — и возропщу́, возропщу́!» Но Ари́на Вла́сьевна, вся в слеза́х, пови́сла у него́ на ше́е, и о́ба вме́сте пали ниц. — «Так, — рассказывала потом в людской Анфисушка: — рядышком и понурили свои головки, словно овечки в полдень...»

Но полуденный зной проходит, и настаёт вечер и ночь, а там и возвращение в тихое убежище, где сладко спится измученным и усталым...

XXVIII

Прошло шесть месяцев. Стояла белая зима с жестокою тишиной безоблачных морозов, плотным, скрипучим снегом, розовым инеем на деревьях, бледно-изумрудным небом, шапками дыма над трубами, клубами пара из мгновенно раскрытых дверей, свежими, словно укушенными лицами людей и хлопотливым бегом продрогших лошадок. Январский день уже приближался к концу; вечерний холод ещё сильнее стискивал недвижимый воздух, и быстро гасла кровавая заря. В окнах марьинского дома зажигались огни: Прокофьич, в чёрном фраке и белых перчатках, с особенною торжественностию накрывал стол на семь приборов. Неделю тому назад, в небольшой приходской церкви, тихо и почти без свидетелей, состоялись две свадьбы: Аркадия с Катей и Николая Петровича с Феничкой; а в самый тот день Николай Петрович давал прощальный обед своему брату, который отправлялся по делам в Москву. Анна Сергеевна уехала туда же тотчас после свадьбы, щедро наделив молодых.

Ровно в три часа все собрались к столу. Митю поместили тут же; у него уже появилась нянюшка в глазетовом кокошнике[1]. Павел Петрович восседал между Катей и Феничкой; «мужья» пристроились возле своих жён. Знакомцы наши изменились в последнее время: все как будто похорошели и возмужали; один Павел Петрович похудел, что, впрочем, придавало ещё больше изящества и грансеньйорства его выразительным чертам... Да и Феничка стала другая. В свежем шёлковом платье, с широкою бархатною наколкой на волосах, с золотою цепочкой на шее, она сидела почтительно-неподвижно, почтительно к самой себе, ко всему, что её окружало, и так улыбалась, как будто хотела сказать:

«Вы меня извините, я не виновата». И не она одна — другие все улыбались и тоже как будто извинялись; всем было немножко неловко, немножко грустно, и в сущности очень хорошо. Каждый прислуживал другому с забавною предупредительностию, точно все согласились разыграть какую-то простодушную комедию. Катя была спокойнее всех: она доверчиво посматривала вокруг себя, и можно было заметить, что Николай Петрович успел уже полюбить её без памяти. Перед концом обеда он встал и, взяв бокал в руки, обратился к Павлу Петровичу.

— Ты нас покидаешь... ты нас покидаешь, милый брат, — начал он, — конечно, не надолго; но всё же я не могу не выразить тебе, что я... что мы... сколь я... сколь мы... Вот в том-то и беда, что мы не умеем говорить спичи! Аркадий, скажи ты.

— Нет, папаша, я не приготовлялся.

— А я хорошо приготовился! Просто, брат, позволь тебя обнять, пожелать тебе всего хорошего, и вернись к нам поскорее!

Павел Петрович облобызался со всеми, не исключая, разумеется, Мити; у Фенички он сверх того поцеловал руку, которую та ещё не умела подавать как следует, и, выпивая вторично налитый бокал, промолвил с глубоким вздохом: «Будьте счастливы, друзья мои! Farewell!» — Этот английский хвостик прошёл незамеченным; но все были тронуты.

«В память Базарова», шепнула Катя на ухо своему мужу и чокнулась с ним. Аркадий в ответ пожал ей крепко руку, но не решился громко предложить этот тост.

Казалось бы, конец? Но, быть может, кто-нибудь из читателей пожелает узнать, что делает теперь, именно теперь[2], каждое из выведенных нами лиц. Мы готовы удовлетворить его.

Анна Сергеевна недавно вышла замуж, не по любви, но по убеждению, за одного из будущих русских деятелей, человека очень умного, законника, с крепким практическим смыслом, твёрдою волей и замечательным даром слова — человека ещё молодого, доброго и холодного, как лёд. Они живут в большом ладу друг с другом, и доживутся, пожалуй, до счастья... пожалуй, до любви. Княжна Х...ая умерла, забытая в самый день смерти. Кирсановы, отец с сыном, поселились в Марьине. Дела их начинают поправляться. Аркадий сделался рьяным хозяином, и «ферма» уже приносит довольно значительный доход. Николай Петрович попал в мировые посредники[3] и трудится изо всех сил; он беспрестанно разъезжает по своему участку, произносит длинные речи (он придерживается того мнения, что мужичков надо «вразумлять», то есть частым повторением одних и тех же слов доводить их до истомы), и всё-таки, говоря правду, не удовлетворяет вполне ни дворян образованных, говорящих то с шиком, то с меланхолией о манципации (произнося ан в нос), ни необразованных дворян, бесцеремонно бранящих «ёвту мунципацию». И для тех и для других он слишком мягок. У Катерины Сергеевны родился сын Коля, а Митя уже бегает молодцом и болтает речисто. Феничка, Федосья Николаевна, после мужа и Мити никого так не обожает, как свою невестку, и когда та садится за фортепьяно, рада целый день не отходить от неё. Упомянем кстати о Петре. Он совсем окоченел от глупости и важности, произносит все е, как ю: тюпюрь, обюспючюн, но тоже женился и взял порядочное приданое за своею невестой, дочерью городского огородника, которая отказала двум хорошим женихам только потому, что у них часов не было: а у Петра не только были часы — у него были лаковые полусапожки.

В Дрездене, на Брюлевской террасе, между двумя и четырьмя часами, в самое фешенебельное время для прогулки, вы можете встретить человека лет около пятидесяти, уже совсем седого и как бы страдающего подагрой, но ещё красивого, изящно одетого и с тем особенным отпечатком, который даётся человеку одним лишь долгим пребыванием в высших слоях общества. Это Павел Петрович. Он уехал из Москвы за границу для поправления здоровья, и остался на жительство в Дрездене, где знается больше с[4] англичанами и с проезжими русскими. С англичанами он держится просто, почти скромно, но не без достоинства; они находят его немного скучным, но уважают в нём совершенного джентльмена, «a perfect gentelman». С русскими он развязнее[5], даёт волю своей жёлчи, трунит над самим собой и над ними; но всё это выходит у него очень мило: и небрежно и прилично. Он придерживается славянофильских воззрений: известно, что в высшем свете это считается très distingué. Он ничего русского не читает, но на письменном столе у него находится серебряная пепельница в виде мужицкого лаптя[6]. Наши туристы очень за ним волочатся. Матвей Ильич Колязин, находящийся *во временной оппозиции*, величаво посетил его, проезжая на богемские воды; а туземцы, с которыми он, впрочем, видится мало, чуть не благоговеют перед ним. Получить билет в придворную капеллу[7], в театр и т. д. никто не может так легко и скоро, как *der Herr Baron von Kirsanoff.* Он всё делает добро, сколько может; он всё ещё шумит[8] понемножку: недаром же был он некогда львом; но жить ему тяжело... тяжелей, чем он сам подозревает... Стоит взглянуть на него в русской церкви, когда, прислонясь в сторонке к стене, он задумывается и долго не шевелится, горько стиснув губы, потом вдруг опомнится и начнёт почти незаметно креститься...

И Кукшина попала за границу. Она теперь в Гейдельберге и изучает уже не естественные науки, но архитектуру, в которой, по её словам, она открыла новые законы. Она попрежнему якшается с студентами, особенно с молодыми русскими физиками и химиками, которыми наполнен Гейдельберг и которые, удивляя на первых порах наивных немецких профессоров своим трезвым взглядом на вещи, впоследствии удивляют тех же самых профессоров своим совершенным бездействием и абсолютной ленью. С такими-то двумя-тремя химиками, не умеющими отличить кислорода от азота, но исполненными отрицания и самоуважения, да с великим Елисевичем, Ситников, тоже готовящийся быть великим, толчётся в Петербурге и, по его уверениям, продолжает «дело» Базарова. Говорят, его кто-то недавно побил, но он в долгу не остался: в одной тёмной статейке, тиснутой в одном тёмном журнальце, он намекнул, что побивший его — трус. Он называет это иронией. Отец им помыкает попрежнему, а жена считает его дурачком... и литератором.

Есть небольшое сельское кладбище в одном из отдалённых уголков России. Как почти все наши кладбища, оно являет вид печальный: окружавшие его канавы давно заросли; серые деревянные кресты поникли и гниют под своими когда-то крашеными крышами; каменные плиты все сдвинуты, словно кто их подталкивает снизу; два-три ощипанных деревца едва дают скудную тень; овцы безвозбранно бродят по могилам... Но между ними есть одна, до которой не касается человек, которую не топчет животное: одни птицы садятся на неё и поют на заре. Железная ограда её окружает; две молодые ёлки посажены по обоим её концам: Евгений Базаров похоронен в этой могиле. К ней, из недалёкой деревушки, часто приходят два уже дряхлые старичка — муж с женою. Поддерживая друг друга, идут они отяжелевшею походкой; приблизятся к ограде, припадут и станут на колени, и долго и горько плачут, и долго, и внимательно смотрят на немой камень, под которым лежит их сын; поменяются коротким словом, пыль смахнут с камня да ветку ёлки поправят, и снова молятся, и не могут покинуть это место, откуда им как будто ближе до их сына, до воспоминаний о нём... Неужели их молитвы, их слёзы бесплодны? Неужели любовь, святая, преданная любовь не всесильна? О, нет! Какое бы страстное, грешное, бунтующее сердце ни скрылось в могиле, цветы, растущие на ней, безмятежно глядят на нас своими невинными глазами; не об одном⁹ вечном спокойствии говорят нам они, о том великом спокойствии «равнодушной» природы; они говорят также о вечном примирении и о жизни бесконечной...

Август, 1861 года.

NOTES

ABBREVIATIONS

abbrev.: abbreviation
acc.: accusative
adj.: adjective
arch.: archaic
B.: Bazarov
cf.: compare
coll.: colloquial
const.: construction
cont.: contemptuous
dat.: dative
dim.: diminutive
E.: English
equiv.: equivalent
ex.: expression
fem.: feminine
fig.: figurative(ly)
Fr.: French
G.: German
gen.: genitive
id.: idiomatic
imperf.: imperfective
impers.: impersonal
inf.: infinitive
inst.: instrumental
iron.: iron/y/ical

Lat.: Latin
lit.: literal(ly)
masc.: masculine
m.R.: modern Russian
n.: noun
nom.: nominative
obs.: obsolete
perf.: perfective
pers.: person
pl.: plural
pop.: popular(ism) (*prostona-rodny*)
pp.: past participle
prep.: preposition
pre-Rev.: pre-Revolutionary
prov.: proverb(ial expression)
publ.: published
R.: Russia(n)
sl.: slang
Spb.: St Petersburg
T.: Turgenev
trad.: traditional
trans.: translat/e/ed/ion
vb.: verb
vulg.: vulgar(ism)

NOTES

DEDICATION

1 Посвящается... The influential liberal critic Belinsky had died in 1848. He had accorded an enthusiastic reception to the works of the young T., especially to *Записки Охотника*.

CHAPTER I

2 видать coll. variant of видеть.

3 никак нет coll. 'not at all'. -c, in origin an abbrev. of сударь, 'sir'. It was added enclitically to any part of speech.

4 верста app. $1\frac{1}{5}$ km. or 500 сажен (fathoms).

5 имение в двести душ before the abolition of serfdom the property of a landowner was reckoned in terms of the number of male serfs (душ) attached to his land. This passage informs the reader that the elder Kirsanov is a 'progressive' property owner who has anticipated the Reform of 1861 by assigning land to the peasants and setting up a farm on Western lines, i.e. by replacing serf labour by hired labour.

6 десятина corresponds to the modern hectare (2·7 acres).

7 1812 i.e. Napoleon's invasion of R. and subsequent retreat from Moscow.

8 тянул лямку lit. 'hauled the strap'. The allusion is to the belt or harness by means of which the boat-haulers of the great R. rivers towed their barges. The phrase has acquired the fig. sense of 'doing one's (tedious) duty', 'performing a piece of drudgery'.

9 в девицах lit. 'as a maiden' (E. equiv. *née*). The idiom is repeated in в генеральшах, 'as a general's wife'.

10 двоюродный дядя 'father's (or mother's) cousin', i.e. cousin once removed.

11 'выкрутасы' 'flourishes'.

12 Пиотр Кирсаноф Note the phonetic (and illiterate) spelling.

13 кандидат in pre-Rev. R. the first University degree.

14 нанял было дом 'he had been on the point of taking a house'. The auxiliary было in combination with the past tense, or, occasionally,

past participle of the vb. (usually perf. aspect) signifies that the action has begun or was on the point of beginning, but has not been realized, was interrupted or annulled.

15 Таврический сад   the garden of the Taurida Palace in Spb. The palace was built by Cath. II for Potemkin after his Crimean victories.

16 он записался в Английский клуб   'he put his name down for (membership of) the English Club'. The English Club was the oldest, the most exclusive and most fashionable Spb. club (estab. 1770). It had counted amongst its members Pushkin, Zhukovsky, Krylov and Speransky and many eminent statesmen.

17 развитая   'cultivated', 'advanced'.

18 Министерство уделов   the Ministry responsible for administering Crown properties.

19 протекция   'influence', 'patronage'.

20 Лесной институт   'The Institute of Forestry', estab. in 1830 just outside Spb. on a site henceforth known as Лесное.

21 48-й год   1848, the year of revolutions in Western Europe when the R. frontiers were closed.

22 ржаной   (adj.) from рожь 'rye'.

23 никак   (coll.) here 'как будто' 'I think', 'It looks as if'.

24 тарантас   a half-covered, four-wheeled spring-less carriage with two long shafts (дроги) performing *tant bien que mal* the function of springs (рессоры).

25 студенческая фуражка   i.e. the student's uniform cap.

CHAPTER II

1 покажи-ка   the enclitic -ка added to the imperative has the effect of moderating or softening the command.

2 балахон   a capacious and somewhat shapeless smock-like cloak, a 'dust-coat' (Persian word).

3 Евгений Васильев   B. introduces himself by the short pop. form of the patronymic (instead of Васильевич). There is a suggestion of mock humility about this and it is one of the many devices by which he emphasises (and exaggerates) his plebeian origins.

4 выпуклости   lit. 'convexities', i.e. 'bumps'. T. is alluding to the then fashionable 'science' of phrenology.

5 не подошел к ручке   the house-serf would normally greet his master by kissing his hand.

6 коляска   four-wheeled sprung carriage with folding hood, (sim. to a 'barouche').

7 коренная the shaft-horse, the middle horse of the R. troika.

8 подсобляйте (pop.) помогайте.

9 на водку будет Kirsanov encourages them by promising a tip, i.e. деньги на водку.

CHAPTER III

1 А что дядя? 'How is uncle?'

2 почему-то 'for some reason or other'.

3 то-то untranslatable particle confirming what has just been said. E. equivalent 'I thought as much', 'that's just it'.

4 держать на доктора i.e. держать экзамен.

5 по одному, много по два 'one, or at the most, two, in each', (Note that in this distributive sense по is followed by the dat. of один but the acc. of два.)

6 человек старого закала 'a man of the old school'.

7 оброк 'quit-rent' paid by the serfs to the помещик in lieu of unpaid labour in the fields (барщина).

8 их подбивают 'they are being incited (led on by agitators)'.

9 Перемелется — мука будет (prov.) 'It will be all right in the end', lit. 'When it's all been ground (milled) there will be flour'.

10 с полверсты Note с followed by acc.: 'approximately'.

11 Егоровна, Прокофьич Note the use of the patronymic alone when addressing or referring to servants.

12 вольноотпущенные 'freedmen' (former дворовые or domestic serfs).

13 камердинер 'manservant', 'valet', G. *Kammerdiener*.

14 из мещан in Imperial Russia each man was registered as belonging to a specific сословие or class. The мещане were a free class of (mainly) town-dwellers — artisans, small shopkeepers and the like.

15 — вот беда! 'that's the trouble'.

16 сводить here 'to fell and cart away'.

17 обрытый 'eroded', pp. of обрывать, обрыть *not* обрывать, оборвать.

18 обглоданные коровы обглоданный lit. 'gnawed (all over)'. E. equiv. 'with their bones showing through'. Note the number of pp.s with prefix об- in this passage, E. trans. 'completely, all over, thoroughly'.

19 яровые хлеба 'spring corn'.

20 заживем... на славу 'we shall get on wonderfully together'.

21 помнишь, в Евгении Онегине Nik. Pet. recites the first few lines of the second stanza of ch. VII of Pushkin's famous 'novel in verse'.

22 заматерелый here 'rank'.

23 Слободка   orig. a large village, often on the outskirts of a town or monastery, inhabited by non-serfs.

24 Бобылий-Хутор бобылий from бобыль q. v. Ch. XXIII, 5, presumably an allusion to Nik. Pet.'s widowerhood.

CHAPTER IV

1 Толпа дворовых не высыпала   Note that T. takes the trouble to tell the reader what did *not* happen in order to stress the changes which were already taking place in the master and serf relationships.

2 Он... подошел к ручке   Note that, unlike Pyotr, Prokofich is a servant of the older generation, see Ch. II, 5.

3 чемоданишко etc.   B.'s use of diminutives expresses his casual, depreciatory attitude.

4 shake hands   i.e. 'handshake'. This gallicism has a curious history. The French noun, apparently based on a mishearing of the vb. 'to shake hands' (by no less a person than Casanova), was current *before* the E. n. 'handshake', which appears to be of transatlantic provenance.

5 Добро пожаловать   'welcome'.

6 Кто сей?   Pav. Pet. affects a somewhat archaic mode of speech with ironic intent. See T.'s explanation of this and other speech idiosyncrasies in Ch. X.

7 предстоящие правительственные меры   i.e. pre-Reform activity.

8 он львом был   лев 'lion', 'success in society' esp. among women.

9 на гамбсовом кресле   from Гамбс the name of a Spb. мебельщик.

10 задок   or задник 'back' (of shoes).

11 Galignani   *Galignani's Messenger*, a daily newspaper of liberal orientation, pub. in English in Paris and named after its founder Giovanni Antonio Galignani (1752—1821).

12 растворенный   'open', distinguish from растворённый 'diluted'.

CHAPTER V

1 неказисто   'not much to look at'.

2 с версту See Ch. III, 10.

3 На что тебе?   'What do you want them for?'

4 дохтур   i.e. доктор.

5 казакин   sort of smock, cf. Fr. *casaquin* (Persian word).

6 В кои-то веки дождался   'At long last I have lived to see', дождаться 'to wait until the expected event happens'.

7 нигилист   For an account of this word see Introduction.

8 Смотря как кому cf. E. 'it depends on who...'

9 дай вам Бог здоровья и генеральский чин Pav. Pet. quotes (ironically and somewhat inaccurately) Famusov in Griboedov's *Горе от Ума* (Act II, Sc. V.).

10 гегелист (m. R. гегельянец) adherent of G. philosopher Hegel whose doctrine enjoyed widespread popularity in R. intellectual circles in the 1830's and 40's.

11 мой какао in m. R. какао (inv.) is neuter.

12 она ходила... вразвалку 'she walked with a rolling gait'.

13 Езоп Aesop, in the sense of a 'character', 'an eccentric'.

14 с глупостью отойдет 'he will die with his stupidity', 'he will be stupid as long as he lives'.

CHAPTER VI

1 учители Note the unusual nom. pl. of учитель (for учителя́), this form is probably to be explained as the whim of an archaising compositor.

2 признаться (id.) 'I must say'.

3 мне не по нутру 'don't appeal to me'.

4 туда-сюда 'not too bad', 'tolerable'.

5 нет более геморроя B. is referring to the fortunes made (in his chosen profession!) by the purveyors of quack remedies, taking 'cures' for piles as typical: this 'art' (of making money, by whatever means) is the only art he professes to recognise. But for a different attitude see Ch. XII, 19.

6 Либих i.e. Justus Liebig (1803—73), G. professor, one of the founders of agronomical chemistry.

7 аза в глаза не видали 'we don't even know the first thing (the ABC)', cf. 'ни аза не знать', аз is the Old Slavonic name for the letter 'a'.

8 дурак дураком 'an utter fool'. The repetition of the n. in the inst. has the force of a superlative.

9 отсталый колпак 'a back number', cf. m. E. 'old hat'.

10 Бог с ним совсем expression of dismissal (*not* 'God be with him').

11 что он тебе так дался 'Why do you "keep on" about him?'

CHAPTER VII

1 Пажеский корпус an exclusive military academy enjoying Royal patronage, the Sandhurst of Imperial Russia.

2 Его носили на руках 'he was made much of', 'spoiled'.

3 ломался ломаться 'to behave in a capricious or affected manner', 'to play hard to get'.

4 Баден this G. spa was much frequented in the nineteenth century by the R. aristocracy (including T. himself) as much for the society which it offered, as for the cure.

5 при покойнице trans. 'when my wife was alive'.

6 несессер a travelling toilet case. (Fr. *nécessaire*).

7 походная ванна 'a campaign or field bath', a portable, travelling bath.

8 он не знался с... 'he had nothing to do with...'

9 На своём молоке... B. *adapts* the proverb 'Обжегшись на молоке будешь дуть и на воду', 'Once bitten twice shy'.

10 раскис раскиснуть 'to become limp and apathetic', 'to give up'.

11 Галиньяшка B.'s cont. dim. of 'Galignani', q. v. Ch. IV, 11.

12 экзекуция 'punishment', 'a flogging'.

CHAPTER VIII

1 сырой here 'unseasoned'.

2 деньги... перевелись перевестись 'to disappear', 'to be exhausted', trans. 'had run out of funds'.

3 извернуться 'to find a way out of a difficult situation'.

4 мелисса 'lemon-balm'.

5 кованый сундук 'iron-bound chest'.

6 лампадка candle or oil lamp set in a glass case before an icon (образ).

7 Николай-Чудовторец i.e. St. Nicholas (Santa Claus) to whom special miraculous powers were attributed.

8 сияние here 'halo' (made of some metal).

9 кружовник a misspelling for крыжовник 'gooseberry'.

10 заезжий художник 'itinerant (photographic) artist'.

11 Ермолов, А. П. a famous R. general (1772—1861) who distinguished himself in the campaign of 1812 against the French, and later in the frontier warfare with the hill tribes of the Caucasus.

12 бурка Caucasian sleeveless cloak.

13 замасленная 'soiled', 'well-thumbed'.

14 разрозненный том 'an odd volume' (of the four-volume novel, v. foll.).

15 Масальский, К. П. a pop. historical novelist of the 1830's. His *Стрельцы* appeared in 1832.

16 гомеопатическая аптечка аптечка 'first-aid box', in this instance containing an assortment of homeopathic remedies.

17 дикий цвет 'strange, unusual colour'.

18 трип 'velveteen' (Fr. *tripe*).

CHAPTER IX

1 губа не дура   (prov.) 'knows how to choose', 'knows what's good for him'.
2 (народ мы) тертый   coll. 'experienced'.
3 Я... никого не сглазил   'I never put the evil eye on anyone', cf. чтобы не сглазить 'touch wood'.
4 русский мужик Бога слопает   (prov.) 'A R. peasant would eat up God himself' (i.e. is an utter materialist), слопать (perf. of лопать) (vulg.) 'to gobble up', 'to swig'.
5 «Ожидание» Шуберта   i.e. Schubert's *Erwartung*.

CHAPTER X

1 "перепелочкой"   '(as rapidly and gracefully) as a quail'.
2 живодер   'knacker' (referring to B.'s anatomical experiments).
3 его песенка спета   'he has had his day', lit. 'his song is sung'.
4 приник ухом   'concentrated his attention', lit. 'pressed his ear against'.
5 Бюхнерово Stoff und Kraft   *Kraft und Stoff*, by Ludwig Büchner (1824— 99), the brother of the dramatist, Georg Büchner, appeared in 1855.
6 ревизовать   'to inspect'.
7 в тузы вышел   'he has become an important personage', lit. 'an ace'.
8 очень нужно   (id.) iron. 'What's the point', cf. E. 'A fat lot of good'.
9 за пятьдесят верст киселя есть   (prov.) 'to go forty miles on a wild goose chase', lit. 'to travel fifty versts to eat some jelly'.
10 Будет с него...   (id.) 'He'll have to be satisfied with...'
11 фимиам   'flattery', lit. 'incense'.
12 велика важность   (iron.) 'what's so great about'.
13 тайный советник   a member of the third of the fourteen classes comprising the tsarist bureaucratic hierarchy. Equivalent to a Lieutenant-General in the Army. (*Not* 'Privy Counsellor'.)
14 Илья пророк   the prophet Elijah.
15 Прежде, в недавнее время...   B's argument is in part a paraphrase of Dobrolyubov's article *Что такое обломовщина*?
16 самая свобода   B. has in mind, not 'freedom' in the abstract, but the projected emancipation of the serfs.
17 пойдет нам впрок   'will benefit us'.
18 напиться дурману   'to drink himself senseless', дурман lit. 'datura'.
19 честите   честить lit. 'to honour', here used iron. 'to upbraid'.
20 пачкун   'dauber' (from vb. пачкать).
21 тапер   'a hired pianist' (Fr. *tapeur*).
22 туда и дорога   (id.) 'serve us right'.

23 бабушка надвое сказала   (prov.) 'don't be too sure', lit. 'the old woman's prophecy was ambiguous'.

24 от копеечной свечи...   (prov.) suggesting that apparently trivial causes may have far-reaching results.   By tradition the fire of Moscow was started by a farthing candle.   (cf. E. 'For want of a nail... the kingdom is lost'.)

25 в Ватикан ни ногой   'they won't set foot in the Vatican'.

26 "Девушка у фонтана"   by the forgotten painter Novokovich, it was exhibited in 1859 and in Pav. Pet.'s view was part of a (regretted) movement towards greater 'realism' in art.

27 община (or мир)   the primitive peasant 'commune' which paid dues, and worked the land on a basis of joint responsibility (круговая порука), thought by some to contain the nucleus of a potential agrarian socialism. These features of R. life which B. here denigrates were amongst those most staunchly admired by the Slavophiles.

28 снохач   a father-in-law (свекор) entertaining an illicit liaison with his daughter-in-law (сноха).

29 сидел, как на уголях (or m. R. на углях)   'like a cat on hot bricks'.

30 надутая   'high and mighty', 'stuck up', lit. 'puffed up'.

CHAPTER XI

1 ехал рысцой   (coll.) 'rode at a jog-trot'.   рысцой is adverbial, from n. рысь.

2 махнём-ка   'let us slip off'.

CHAPTER XII

1 ротмистр   rank in the cavalry or *gendarmerie* equiv. to a captain of infantry.

2 он метил в государственные люди   'he was aiming at becoming a (great) statesman'.

3 из плохоньких   'of the inferior sort'.

4 задать пыли   'make the dust fly', 'lay it on thick' (cf. задать жару, задать перцу (Gogol)).

5 садился на него верхом   'could get his own way with him', lit. 'mounted him'.

6 Гизо   i.e. François Guisot (1784—1874) the Fr. statesman and historian.

7 Свечина   Софя Петровна (1782—1859) wrote on religious topics and had been in her day at the centre of fashionable mysticism.   Her works, publ. in 1860 at the time when T. was writing *Отцы и Дети*, were the subject of animated discussion in the R. press.

8 Кондиляк i.e. Etienne Condillac (1715—1780) the Fr. materialist *philosophe*.

9 с... с... с... ство i.e. Ваше превосходительство 'Your Excellency'.

10 медведь 'oaf', 'yokel', lit. 'bear'.

11 байронизм the Byronic cult with its arrogant contempt for the world and its manners had enjoyed an extended vogue in R. in the early nineteenth century. By the time of the action of the novel it was felt to be very *vieux jeu* as even Kolyazin was aware.

12 казенная палата the provincial revenue (tax) office.

13 взялся за гуж... (prov.) 'in for a penny, in for a pound', 'to be as good as your word', lit. 'when you've taken hold of the гуж, it's too late to say that you are not strong (enough to pull)', гуж the strap attaching the shaft to the wooden yoke in R. harness.

14 Бурдалу ... бурда an untranslatable play on words. Бурдалу is the Fr. Jesuit orator Bourdaloue (1632—1702), бурда is a word of Turkish origin, 'a muddy unpleasant liquid'.

15 венгерка a short frogged jacket. Though, as its name implies, of Hungarian origin, it was affected by certain of the Slavophiles as 'national' costume.

16 какими судьбами? 'What brings you here?'

17 славянская вязь ornamental Old Slavonic calligraphy.

18 Словно прозрел 'It was as if I could see (my eyes were opened) for the first time'.

19 по откупам откуп the lease or farming of a Crown tax or monopoly. Sitnikov's father 'farmed' the Crown monopoly in the sale of spirits considered by the radicals a thoroughly disreputable occupation.

CHAPTER XIII

1 чего ты пружишься? 'why are you so strung up (tensed)', from пружина 'spring'.

2 у ней ... скребло на душе 'she was alarmed (nervous, anxious).

3 сигарку сигаркой 'a cigar's all very well, but...'

4 *Московские Ведомости* the official (weekly) 'gazette' of the Moscow province.

5 Елисевич this fictitious name obviously refers to Г. З. Елисеев (1821—91) and М. А. Антонович (1836—1918) contributors to the radical *Современник* from which T. was dissociating himself at this time.

6 Патфайндер Купера Fennimore Cooper (1781—1851). *The Pathfinder* had appeared in R. in 1840 as *Следопыт*.

7 город как город 'there's nothing much wrong with the town', 'it's a town like any other'.

8 уж не то 'no longer the same'.

9 Бунзен Robert Bunsen (1811—98) the G. chemist and inventor of the famous burner (бунзеновская горелка).

10 Прудон P. J. Proudhon (1809—65) the early Fr. socialist thinker, renowned for his attack on private property.

11 Маколей T. B. Macaulay (1800—59).

12 Домострой sixteenth-century R. treatise prescribing rules for conducting religious, social and family life. It reflects a harsh 'Old Testament' ethic and is frequently mentioned by nineteenth-century authors as a symbol of 'reaction' and 'feudalism' in the realm of personal morality: it was, *inter alia*, erroneously supposed to advocate wife-beating.

13 Авдотья Note that B. deliberately deflates Kukshina by addressing her by her down-to-earth R. Christian name instead of the exotic form of it (Eudoxie) which she affects.

14 Мишле Jules Michelet (1798—1874), Fr. historian. *De l'amour* appeared in 1858.

15 тыканье addressing a person as ты. The form is used when addressing inferiors, young children, animals — as well as intimate friends. Hence Sitnikov's perplexity.

CHAPTER XIV

1 Губернский предводитель the elected Marshal of the Provincial Nobility.

2 нашу братью (*not* pl. of брат (братья) but the collective братья (братия)), = (id.) наш брат 'people of our sort', 'we (us) Russians'.

3 облитый 'moulded by', 'tightly sheathed in' (a close-fitting item of dress).

4 В тихом омуте ... the prov. continues черти водятся, 'Still waters run deep' lit. 'in a quiet pond devils are at work'.

5 покоробило impers. const. 'he was disgusted at ...' коробить (trans.) 'to warp'.

CHAPTER XV

1 Вот тебе раз! 'Well I never', 'Here's a state of affairs'.

2 аферист '(business) adventurer'.

3 в целом околотке 'in all the neighbourhood'.

4 упрочил за ней ... 'bequeathed her all his property (fortune)', lit. 'confirmed his property in her possession', упрочить to make permanent.

5 в переделе была 'she has roughed it', 'been in some tight corners'.

6 Три дня спустя Note that the E. trans. should be 'two days later', cf. третьего дня 'the day after tomorrow'.

7 день моего ангела 'my name- or saint's day' (именины).

CHAPTER XVI

1 Хороша герцогиня Note the *ironical* use of the predicative form, cf. Хорош, нечего сказать, хорош мальчик… Отец на одре лежит а он забавляется (Толстой) and see Ch. X, 12.

2 с первого раза here 'on first acquaintance'.

3 дьячковский внук from дьячок (dim. of дьяк) one of the humblest orders in the Orthodox hierarchy, 'sexton'.

4 Сперанский М. М. (1772—1839) outstanding political figure of the reigns of Alexander I and Nicholas I, by origin the son of a priest and by upbringing a 'seminarist', see Ch. XXIV, 1.

5 аль удрать? (coll.) 'shall we clear off (while there's time)'.

6 молодо-зелено (prov.) 'young and fresh and unripe'.

7 Саксонская Швейцария the Meissner Hochland.

8 накладка 'toupee'.

9 брысь! 'shoo!'

10 заветное 'sacrosanct'.

11 *кнесь* i.e. князь.

12 для ради B. uses pop. archaism ironically.

13 точно выточенный 'elegant', 'fine', lit. 'looking as if they had been turned on a lathe'.

14 преферанс card game of the whist type.

15 це-мольная 'C minor', cf. G. *c-moll*.

16 не принимая рук … 'without removing her hands', (m. R. requires 'не снимая рук …')

17 ремизиться to lose (at преферанс) by failing to make a prescribed number of tricks.

18 видала же она виды 'she is a woman of experience', lit. 'she has seen some sights (in her time)'.

19 тертый калач same meaning as preceding though more coll., калач lit. a kind of bun or loaf, for тертый see Ch. IX, 2.

20 она отдыхала trans. 'she was relieved'.

21 сквозной ветер сквозняк 'draught'.

22 вышла по расчету 'she married for money (for convenience)', lit. 'calculatingly'.

23 она … вызвалась 'she … volunteered'.

CHAPTER XVII

1 уж если на то пошло (id.) 'If it comes to that', 'While they were about it'.

2 словно что его подмывало 'as if something were nagging him', 'as if he had an itch' (to be elsewhere or to be doing something else).

3 желтый дом 'lunatic asylum'.

4 Тоггенбург the hero of *Ritter Toggenburg*, Schiller's ballad of chivalrous love and renunciation.

5 миннезенгеры и трубадуры med. G. and Fr. singers of Courtly Love respectively.

6 добиться толку 'to come to some positive conclusion', (B.'s euphemism).

7 земля не клином сошлась (prov.) here 'There are more fish in the sea than ever came out of it', lit. 'the world has not been reduced to wedge'.

8 дядька manservant attached to a boy or young man as guardian and mentor.

9 потертый 'worldly wise', cf. Ch. XVI, 19.

10 небось 'I suppose' (from 'не бойся').

11 на родителей на ваших глядючи Note the singing repetitions of the preps. and the archaic gerund (for глядя), characterizing peasant speech.

12 он ... нахлобучил себе картуз на голову 'pulled his cap down over his forehead', нахлобучить from клобук (orig. same word as колпак (cf. Ch. VI, 9) (Turk. *kalpak*)), a high cylindrical headgear with neck-veil worn by monks of the Orthodox Church (black) and by the Metropolitan (white).

13 Pelouse et Frémy Théophile-Jules Pelouse (1817—67) and Edmonde Frémy (1814—94) were professors of chemistry at the Ecole Polytechnique. The work in question was publ. in Paris in 1853.

14 Вы напрашиваетесь на любезность 'You are fishing for compliments'.

15 мы люди темные ... темный 'obscure', 'ignorant'. B. again exaggerates (ironically) his plebeian origins.

16 а вспомнить нечего 'but there is no point in remembering'.

17 к слову пришлось 'It seemed to arise out of what went before', 'it just cropped up'.

CHAPTER XVIII

1 Ganot Adolphe Ganot (1804—87). The *Traité* was publ. in Paris in 1851. A R. trans. appeared in 1862.

2 чтобы отделаться от меня 'in order to fob me off'.

3 сродни ей 'akin to it'.

CHAPTER XIX

1 какою перепёлкой see Ch. X, 1.

2 дескать insertion to indicate that it is the words of a third pers. that are being reported, (cf. мол).

3 затрещал наславу 'started chattering for all he was worth', lit. 'to begin to emit a noise of cracking or splintering'.

4 Не богам ... горшки обжигать 'It's not for the gods to fire pots (do the menial tasks)'.

5 княжна ... перекрестилась 'the Princess ... crossed herself', (in thankfulness for favours received, i.e. the departure of the unwelcome guests).

6 приставленного к нему человека 'the servant appointed to look after him'.

7 семенить ногами 'to move with short rapid steps'.

8 пометался 'darted hither and thither'.

9 пристяжная one of the side horses in the R. troika (запряженная в пристяжку) see Ch. II, 7.

10 был ... в сите и решете 'has had a hard and varied life', both сито and решетó mean 'sieve'.

11 хтошь е знает 'кто' or 'чорт его знает'.

12 версты тутотка не меряные (pop.) 'the distances haven't been measured hereabouts'.

13 лягает лягать 'to kick' (of hoofed animals).

CHAPTER XX

1 чубук 'chibouque' (long Turkish tobacco pipe).

2 почеломкаться (pop.) lit. 'to greet or bow to'; here 'поцеловаться', 'обняться'.

3 в кои-то веки 'once in a while', 'after such a long time'. See Ch. V, 6.

4 шаркнул ногой 'clicked his heels'.

5 нагиная a dial. form for нагибая; cf. perf. нагнуть.

6 красавчик не красавчик Note id. non-committal repetition. Cf. Ch. XII, 1, 3 and 7. Approx. E. equivalent: 'Handsome is as handsome does'.

7 оммфе Fr. *homme fait*. Note that when B. or his father use foreign expressions they are written in R. characters — unlike e.g. Pav. Pet. T. employs this device to indicate their imperfect pronunciation — in B.'s case, no doubt deliberate.

8 соловья баснями [or песнями] кормить не следует prov. 'fine words do not make full stomachs' ('the nightingale (even though he does sing beautifully) has to eat sometimes').

9 легко ли? rhetorical interrogative: 'it's no light matter'.

10 барбос 'yard- or watch-dog'.

11 стоптанный 'down at heel'.

12 Гуфеланд Christoph-Wilhelm Hufeland (1762—1836), G. doctor and scholar, who attained world-wide celebrity by his work *The art of prolonging human life* (*Macrobiotics*), 1796. The introduction of his portrait is a method of 'dating' B. senior.

13 Крез i.e. Croesus.

14 баня i.e. R. bath-house of the sauna type.

15 она у меня без хитрости у меня, the so-called 'ethic' genitive, can only be rendered, if at all, by a paraphrase.

16 на нет и суда нет (prov.) 'well, if there isn't any, there's nothing we can do about it'.

17 кафтан belted tunic.

18 Лазаря петь (prov.) 'to bemoan one's fate', 'to pretend to be worse off than one is' (from the Biblical Lazarus).

19 отдал им ... землю исполу 'I have given them [the peasants] the land in consideration of half the crop in lieu of rent'.

20 *Друг здравия* a medical periodical publ. in Spb. 1833—69.

21 Шенлейн ... и Радемахер Johann-Lucas Schönlein (1793—1864) and Johann-Gottfried Rademacher (1772—1849) were distinguished G. medical scholars, professors at Berlin and Halle respectively.

22 где ж нам за вами угоняться? 'how can we keep up with you?'

23 гуморалист adherent of the doctrine of 'humoral pathology', referring all disease to the state of the four chief fluids of the body, (the *cardinal humours*: blood, phlegm, choler and melancholy).

24 Гоффман Friedrich Hoffman (1660—1742), the inventor of 'Hoffman's drops', professor at Halle.

25 Броун John Brown (1735—88), Scottish doctor and founder of the Brunonian system. Sometimes called the 'Paracelsus of Scotland'.

26 витализм 'Vitalizm', the biological doctrine which postulates the existence of a life-force or vital principle behind phenomena.

27 гремели 'were famous', lit. 'thundered'.

28 волату Fr. *voilà tout.*

29 с кем не важивался 'there was no one I didn't hob-nob with'.

30 Витгенштейн, П. X. (1768—1842) R. 'General-field-marshal', distinguished for his part in the war with Napoleon.

31 Жуковский, В. А. (1783—1852) R. poet and translator of the early Romantic period.

32 в южной армии, по четырнадцатому An allusion to the Decembrist rising of 14 December 1825, and in particular to the activities of the so-called 'Southern Society' led by P. I. Pestel, members of which were serving in the Army of the South.

33 мое дело — сторона id. 'It was nothing to do with me'.

34 Парацельсий i.e. Paracelsus.

35 in herbis ... 'by means of herbs, words and minerals (sc. cures are effected)'.

36 стариной тряхнуть 'to practise as I did in the old days', cf. 'молодостью тряхнуть'. The id. often has the meaning 'to get up to one's old tricks', 'to do something for old time's sake'.

37 вино ... немного подгуляло 'the wine was rather a failure'.

38 отзывался не то медью, не то канифолью 'it was difficult to say whether its predominant taste was of copper or colophony (turpentine)'.

39 кривая 'one-eyed'.

40 наполеоновская политика Vas. Iv. is referring to the struggle for independence and unity in Italy which was the focal point of European diplomacy in 1859. Napoleon III, who had originally come out against Austria, had, by concluding a separate peace with her, betrayed the aspirations of the Italian nationalists.

41 разом ... хлопнул свой бокал 'emptied his glass in one gulp'.

42 отведать от четырех различных 'to try (taste) four different ones'.

43 Гораций i.e. Horace.

44 юродивые the holy half-wits ('fools of Christ'), believed by some to be endowed with supernatural powers. A trad. feature of the R. scene, they lived mainly on the charity of such as Arina Vlasevna.

45 порча illness or disease caused by witchcraft or the evil eye.

46 чертверговая соль salt specially prepared on Maundy Thursday, it was subsequently stored under the eaves of the house and served as a domestic cure-all.

47 гречиха хорошо уродится 'there will be a good crop of buck-wheat'.

48 земляная груша 'Jerusalem artichoke'.

49 Иоанн Предтеча 'John the Baptist'.

50 *Алексис, или Хижина в лесу* a sentimental tale by the once pop. Fr. novelist, Ducray-Dumesnil (1761—1819), who was much read in R. in the early nineteenth century. *Алексис* was first publ. in 1788 and its R. trans. sustained three editions (1794—1804).

51 земной поклон ancient R. usage whereby serfs in bowing to their masters actually touched the ground with their foreheads.

52 расплылась 'had lost her figure'.

53 уже не входила ни во что 'took no further interest in any part of it'.

CHAPTER XXI

1 Цинцинат i.e. Cincinnatus.

2 грядку под позднюю репу отбиваю 'I am preparing a bed for late turnips'. отбивать 'to detach (from the whole)'.

3 гнетка 'collywobbles', 'cramps'.

4 эфиризация 'anaesthetizing by means of ether'.

5 потерся ... затерли бы 'I have rubbed about (had experience) ... I would have been rubbed out (wouldn't have stood a chance)'.

6 поцеловал его в плечо 'kissed him on the shoulder', (as a mark of respect and humility: thus a trusted and familiar house-serf might greet his master).

7 разгадать его 'recognize his true nature', lit. 'to solve him'.

8 иктер Fr. *ictère* (Lat. *icterus* 'jaundice', i.e. желтуха).

9 золототысячник и зверобой 'centaury and St. John's wort'.

10 Роберт i.e. the opera *Robert le Diable* by Jacob Meyerbeer (1791—1864).

11 мы наезжали 'we came for short visits'.

12 Суворов, А. В. (1720—1800) the great R. полководец of the reigns of Catherine II and Paul, renowned for his crossing of the Alps in 1799.

13 то-то 'so that's why'. See Ch. III, 3.

14 донник or донная-трава 'yellow melilot' (*melilotus officinalis*).

15 оно им не смердит 'it doesn't stink in their nostrils'.

16 давай Бог ноги 'you're off as fast as your legs will carry you'.

17 солнце — меня ... распарило 'I've had too much sun', распарить lit. 'to soften by steaming'.

18 который не спасовал 'who can hold his own (with me)', пасовать 'to throw up the sponge' (orig. to 'pass' at cards).

19 из кожи лезть 'to work oneself to the bone', lit. 'to crawl out of one's skin'.

20 из меня лопух расти будет 'I shall be pushing up the daisies', lit. 'burdock will be growing out of me'.

21 решился всё косить — валяй и себя по ногам B. expresses his total nihilism in the form of a folk prov.: 'Once you have decided to mow down everything, (you must expect to) bowl yourself over as well'. A prophetic utterance.

22 На бой, на бой! за честь России! Annenkov, in his *Memoirs*, quotes the following letter from T.: 'На днях здесь проехал человеконенавидец Успенский (Николай) и обедал у меня. И он счел своим долгом бранить Пушкина, уверяя, что Пушкин во всех своих стихотворениях только и делал, что кричал: На бой, на бой, за святую Русь'.

23 до положения риз here 'utterly, completely' (cf. напиться до положения риз). The origin of the expression is to be found in Genesis ix. 21.

24 в мифологию метнул 'he's gone off into mythology now', (cf. Эк, куда метнул, 'Whatever will he say next' (of some extravagant remark)).

25 В кои-то веки разик 'once in a while'. (See Ch. V, 6).

26 молебень отслужить хотела 'she wanted to hold a (thanksgiving) service'.

27 На что вот я ... 'The moreso as even I ...'

28 ералаш card game of the same type as вист, винт, преферанс, etc.
29 бабушка надвое сказала See Ch. X, 23.
30 стариной тряхнешь See Ch. XX, 36.
31 и то еще слава Богу 'and we were thankful to have that'.
32 Владимир i.e. Святой орден Владимира. A military order and decoration instituted by Catherine II in 1792. It conferred hereditary
nobility on the recipient. To revolutionaries of the B. school the wearing
of any official decorations symbolised solidarity with the despised
'*status quo*'.
33 ассигнации paper currency introduced by Catherine II in 1769. They
were soon at a discount to silver, which remained the standard.
34 Очинно они уже рискуют очинно Church Slavonic for очень. 3rd
pers. pl. used for 3rd pers. sing. or 2nd pers. out of extreme politeness.
35 он пошёл с туза 'he led an ace'.
36 святыя Church Slavonic fem. gen. sing. (for святой).
37 а сам от меня ни на шаг 'and all the time he sticks to me like glue',
lit. 'doesn't go a yard from me'; а сам is a contrasting formula.
38 со стороны видней (prov.) 'the onlooker sees more of the game'.
39 До свадьбы заживет 'It won't kill him', 'He'll get over it', lit. 'It
will heal for his wedding day'.
40 на подставу подстава a change of horses got ready in advance of a journey, also the place where the change takes place.
41 один как перст (prov.) 'alone like (this) finger' (which he holds out).
42 отрезанный ломоть 'he has left the nest', 'he is his own master now',
lit. 'a cut-off slice'.
43 опёнки на дупле 'mushrooms in a hollow tree', опёнки pl., a type
of fungus (agaric).
44 и ни с места 'and don't (can't) budge'.
45 принял ... руки See Ch. XVI, 16.

CHAPTER XXII

1 задаток here 'advance on wages'.
2 сбруя горела, как на огне гореть (fig.) 'to wear out quickly', 'to fall
to pieces'.
3 ветряный in this sense ('windy'); m.R. would require ветреный, ветряный 'powered by wind' (as мельница).
4 с головешкой окуривать 'to fumigate with a smouldering ember'.
5 молочные скопы 'dairy produce'.
6 на «вольные хлеба» жить на хлебах (у кого) to live at someone else's
expense.
7 с бою *or* с боя 'by main force'.

8 забирали 'impounded', 'confiscated'.

9 однодворец a 'smallholder' occupying a somewhat anomalous position between the дворяне and the крестьяне, enjoying the privilege of the one to own serfs and the obligation of the other to pay taxes.

10 хлеб... осыпался 'the wheat was "shedding"' (i.e. the grain was falling out of the ears).

11 Опекунский совет the Council of Trustees, founded by Catherine II to safeguard the interests of orphans. In course of time new functions accrued to it, including the provision of credit and mortgage facilities.

12 дрязгов дрязги (pl.) 'squabbles'. The normal gen. pl. is дрязг.

13 инфузории 'infusoria' (a class of protozoa).

14 зароились 'were beginning to swarm'.

15 тянуло его вон Note the impers. use of the vb. to denote action by an 'elemental' force. Trans. by the passive 'He was drawn (he longed to be) elsewhere'.

16 авось 'hopefulness', lit. 'perhaps' (cf. на авось 'on the offchance').

17 чкнуть a dialect word for ударить, here 'to have a quick one'.

18 гикал 'shouted Gee-up! Whoa! etc.'.

CHAPTER XXIII

1 Остзейские дворяне the so-called 'Baltic barons' — the landowners of the Baltic provinces, predominantly of G. origin. Their serfs having been freed *without land* in 1819, they feared that if the serfs of Russia proper were freed *with land* (as was proposed) their own position and privileges would be prejudiced. They therefore opposed the Emancipation.

2 выдернуть 'to carry off', lit. 'to uproot', 'to extract'.

3 загар не приставал 'sunburn did not "take"'.

4 себе... в тягость 'a burden to herself'.

5 живу... бобылём бобыль orig. 'a poor landless peasant excluded from the мир or община', it acquired the fig. meaning (which it has here) of 'a solitary man, without family', 'a lone wolf'.

6 она у вас русская? у вас 'ethic' gen. See Ch. XX, 15.

7 Говорить — не говорят 'It's not so much what he says...' Note the 'servile' use of the 3rd pers. pl., in this instance for the 3rd pers. sing. Cf. Ch. XXI, 34.

8 плеча (pop.) for плечи.

9 селадоны from the name of the hero of D'Urfé's *Astrée* (Seladon). Originally denoting a 'languishing swain', the word gradually acquired the meaning of 'philanderer', 'Don Juan' — which it has here.

CHAPTER XXIV

1 семинарская крыса lit. 'a seminary rat' but семинарская has 'casuistical' and 'hairsplitting' overtones and крыса has the meaning of a 'humble nonentity' (i.e. a mouse rather than a rat).

2 да уж куда ни шло (id.) 'so be it', 'come what may'.

3 на французский роман сбивается 'is becoming like a French novel'.

4 комильфо i.e. Fr. *comme il faut.*

5 шила в мешке не утаишь (prov.) 'truth (or murder) will out', lit. 'You cannot conceal an awl in a sack'.

6 побоище lit. 'slaughter', 'carnage'. Ironic hyperbole on B.'s part.

7 ученые собаки 'performing dogs'.

8 чего доброго 'as likely as not'.

9 поднялась на дыбы (fig.) 'rose (reared) up', на дыбы lit. 'on to hind legs'.

10 какой переплет 'what a kettle of fish'.

11 божья коровка lit. 'ladybird'.

12 головня 'smut' or 'brand' (disease of wheat).

13 спутанные лошади 'hobbled horses'.

14 не ломая шапки ломать шапку not *merely* 'to remove one's hat' but, having done so, to greet one's social superior in an obsequious and ingratiating manner.

15 воля ваша 'with your permission'.

16 "забочил" 'stepped to one side'.

17 г-жа Ратклифф i.e. the E. 'Gothic' novelist Anne Radcliffe (1764—1823).

18 Павлу Петровичу скоро полегчило 'Pav. Pet. soon began to feel better'.

19 курить одеколоном 'to fumigate with eau-de-Cologne'. This ritual consisted in evaporating the perfume on a heated receptacle, thus releasing a powerful scent; it was done with hygienic as well as aesthetic motives in days when disease was thought to be closely related to bad smells.

20 яйца всмятку '(soft-) boiled eggs'.

21 дирывались (pop.) iterative form from драться 'to fight'.

22 Мало ли отчего ли is 'rhetorical'. The sense of the phrase is emphatically positive: 'There are plenty of reasons'. (Cf. 'Мало ли на кого' *infra.*)

23 ломаться 'put on airs', 'strain after effect'. See Ch. VII, 3.

24 развереди perf. of вередить 'to touch *or* hurt (a sore spot)'.

25 пока околею околеть (vulg. in this sense) properly used only of animals, 'until I peg out'.

CHAPTER XXV

1 русачья полёжка (sporting term) 'hare's lie', русак 'gray hare'.

2 Гейне H. Heine (1797—1856), the G. poet.

3 Этого нельзя хотеть 'that is something that cannot be had by wishing'.

4 не рисуясь 'without dramatizing'.

5 к слову пришлось See Ch. XVII, 17.

6 неровнюшку dim. of неровня 'a partner (man or woman) to an unequal match'. Cf. pop. song 'Не хочу за старого, не хочу за малого, а хочу я за ровнюшку' (sc. замуж).

7 примерь их 'try them on'.

8 какими судьбами? See Ch. XII, 16.

9 квас a cool, refreshing, lightly fermented drink based on rye-flour and malt, (a small beer).

10 мне сдается 'it seems to me'.

11 мы друг другу приелись 'we are tired ("fed up") with one another'.

12 то ли еще на свете приедаются ли is 'rhetorical', 'if only that were all one got fed up with in this world'.

13 письма Гоголя к калужской губернаторше B. is alluding to a letter which Gogol wrote to A. O. Smirnova in 1846. He had intended including it in his *Выбранные места из переписки с друзьями* (1847) but it was considered unsuitable for publication. With the title '*Что такое губернаторша?*' it appeared for the first time in print in 1860 in *Современность и экономический листок*. B. expresses the disgust which many of the liberals felt for the sententious moralizing tone and 'reactionary' quietism contained in Gogol's letters.

14 Уж коли на то пошло See Ch. XVII, 1.

15 Кто старое помянет... (prov.) 'Let bygones be bygones'.

16 люди на пароходе... T.'s dread of sea voyages dates from his first journey abroad in 1838 when he was involved in a shipboard fire off Trauenmünde.

17 ни дать ни взять (id.) 'exactly the same as'.

CHAPTER XXVI

1 велел ее принять принять 'remove', see Ch. XVI, 16.

2 немотствующий cf. n. немота 'dumbness'.

3 собравшись с силами 'plucking up courage'.

4 я выдохся 'I became uninteresting', выдохнуться lit. 'to lose savour'.

5 на корточках 'squatting on his haunches'.

6 Ваш брат, дворянин 'You gentry'. See Ch. XIV, 2.

7 рассыропиться from n. сироп 'syrup', 'to become syropy', 'to sentimentalize'.

8 Умницы... B. says ironically and wistfully that Arkady's children will have the good sense to be born in better times.

CHAPTER XXVII

1 она избегалась 'she exhausted herself with running around'.

2 он только что не прятался от него 'he did everything short of actually hiding'.

3 надела бы ему ладонку (m. R. ладанку) на шею 'I would like to give him an amulet to wear round his neck'.

4 подо что-то подбирается 'is leading up to something'.

5 Время... прогресс B. complains that the only effect of 'прогресс' on the peasant children is that they now sing rubbishy popular romances instead of their own (folk) songs.

6 могим and положон peasant vulg. for можем and положен.

7 мир, что на трёх рыбах стоит according to primitive cosmology the earth rested on three enormous fish. There is a play on words: the мир is the village commune (община) as well as земля. Note the peasant's assumed patriarchal tone, and the conventional 'submissive' remarks which he makes because he believes that that is what the барин wishes to hear.

8 осунув кушаки (pop.) 'straightening (by pulling down) their belts'.

9 шут гороховый 'a figure of fun, a buffoon'.

10 пускал в ход 'applied them', 'put them into practice'.

11 ни к селу ни к городу (id.) 'à propos of nothing', 'quite irrelevantly'.

12 дело девятое (id.) 'последнее', 'of no importance'.

13 ходил к заутрени 'attended matins'.

14 рогатая кичка кичка trad. ornate R. headdress worn by married peasant women on festive occasions, рогатая 'with points' (like a pair of horns).

15 Гулярдовая вода from the eighteenth-century Fr. chemist Goulard, a solution of lead acetate used as a lotion.

16 беленная мазь 'henbane ointment', белено 'henbane'.

17 "колотики" cf. (pop.) колотье, колич 'a sharp stabbing pain'.

18 лезла за пазуху 'reached into her bodice (bosom)'.

19 заезжий разносчик See Ch. VIII, 10.

20 красный товар (obs.) 'manufactured goods'.

21 краснорядец one who deals in красный товар, ряд 'a "line" of shops offering similar wares'.

22 адский камень i.e. *lapis infernalis*, lunar caustic (silver nitrate) used for the cauterization of wounds.

23 вскрывать 'to perform an autopsy'.

24 липовый чай 'lime-tea' (an infusion of lime petals).

25 дело моё дрянное 'I'm in a bad way'.

26 Пиэмия pyaemia ('blood-poisoning marked by the formation of pus-foci').

27 это дудки (pop.) interjection expressing negation, here 'what a hope.'!

28 поставить на пробу 'put it to the test'.

29 Мозг мой... в отставку подаст 'my brain will hand in its resignation', B.'s stoical and unsentimental way of referring to his imminent delirium.

30 ты... стойку делал, как над тетеревом a sporting reminiscence on T.'s part, 'as if you were pointing a capercailzie'.

31 нарочный 'a special messenger'.

32 методы Note that метод, now masc., was fem. in T.'s day.

33 отправляются в Елисейские 'depart to the Elysian fields', 'die'.

34 ему полегчало (impers. const.) 'he was feeling better', cf. Ch. XXIV, 18.

35 нечего и думать 'there was no point in even thinking'.

36 кажется, теперь... B. hints ironically that Odintsova has nothing to fear if she remains alone in the room with him *now*.

37 топорщиться 'to writhe, struggle', lit. 'to bristle' (of hair, an animal's coat).

38 обломаю дел много 'I would accomplish a great deal'.

39 куда! 'far from it!'.

40 хотя никому до этого дела нет 'though this concerns no one else', 'is no one else's business'.

41 вилять хвостом lit. 'to wag the tail', often has fig. meaning 'to behave in an ingratiating manner', or 'to equivocate', here 'to whine'.

42 Чем бы дитя ни тешилось... the maxim concludes 'лишь бы не плакало', '(do or say) anything to stop the child crying'.

43 днём с огнём не сыскать (prov.) 'you won't find (such people if you look for them) with a torch by daylight'.

44 принял руку *'removed* his hand', see Ch. XVI, 16.

45 соборовали 'he was given the Extreme Unction'.

CHAPTER XXVIII

1 в глазетовом кокошнике глазет silk brocade embroidered with silver or gold thread, (Fr. *glacé*). кокошник trad. high feminine headdress.

2 теперь, именно теперь T. stresses the topicality of the novel. The author's artifice insists that he is narrating these concluding events while they are actually happening.

3 мировой посредник functionary created after the Emancipation to regulate relations between the serfs and their former owners; a sort of J.P.

4 знается с 'cultivates the acquaintance of'. See Ch. VII, 8.

5 развязнее 'less reserved'.

6 серебряная пепельница в виде мужицкого лаптя лапоть peasant footwear usually made of bast and worn with footcloths (онучи) and attached to the foot by means of strings (оборы, оборки). 'A silver ash-tray in the shape of a peasant's лапоть' symbolizes as it were the vestigial slavophilism of the nostalgic expatriate that Pav. Pet. had become. It is also characteristic of T.'s own taste for the rococo.

7 капелла choir of singers or musicians, usually specializing in Church music.

8 шумит 'cuts a figure', lit. 'makes a noise'.

9 не об одном... 'not *only* of...'

REMARKS ON THE VOCABULARY

In addition to the vocabulary matters mentioned in the Preface, the following things must be borne in mind:

The translation of vocabulary items is gauged to the use in this particular work and not to the general use as would be the case in an ordinary dictionary. Therefore, it was sometimes necessary to place a combination of two or more words — on occasion, the whole expressions — into the vocabulary, rather than break them into their component parts.

The verbs are, for the most part, given in the infinitive in the vocabulary, regardless of the form in which they appear in the text. However, in the vast majority of instances, the original aspect was employed, although, on some occasions, the other aspect was cited. The perfective aspect was designated by "pf.", the imperfective by "impf." Confidence is here expressed that the person who uses this work will be sufficiently familiar with the structure of Russian infinitives to be able to tell in practically every case when he deals with the infinitive of a verb. It was thought unnecessary, therefore, to supply the English translation of the verbs with the particle "to".

Practically all adjectives are given in the conventional sing. masc. nom. form, regardless of the form in which they appear in the text. Likewise, nouns and pronouns are given, for the most part, in nom. sing.

Occasional mark "iron." (ironical) means that the expression is used ironically in this particular novel, and may not always have an ironical connotation.

Mark "obs." (obsolete) was mainly reserved for the expressions which lost their contemporary currency since the revolution of 1917 (ranks in civil service, social ranks and classes, units of measurement, etc.) Mark "arch." (archaic) refers to words and expressions which have gone out of general use before — sometimes, long before — the revolution.

"Coll." (colloquial) means in Russian, for the most part, peasant expressions (the rough equivalent of the city "slang" in the U.S.)

It was thought unnecessary to indicate accents in the vocabulary, since the vast majority of words appearing there are first seen in the text where the accents *are* given. Rare exceptions are made for words with more than one accent where the difference in accents indicates the difference in meaning (e.g. **пропасть** and **пропасть**).

SELECTIVE VOCABULARY

А

а то как же? and how else?

(агроном) в агрономы попал became an agronomist

адский камень silver nitrate crystal

азот nitrogen

акционерное общество (obs.) stock company

алеть appear rosy

ан (coll.) but

анатомический театр dissecting room

аптечка first-aid kit

арбуз watermelon

архиерей bishop

аршин (obs.) 2/3 of a yard, unit of measure of length

ассигнация bill (paper money)

аферист swindler, conman

ахали да охали emitted lamentations

ахнуть exclaim (cry "ah!")

Б

баба among sophisticated folk, a contemptuous reference to a woman

бабы испугался got scared of a female

бабёнка female (contemptuous)

бабочка butterfly

бабушка надвое сказала (idiom.) don't be too sure

бакенбарды (f.) sideburns

балахон loose overall garment

банка jar, glass jar

барашками like little lambs

барбос cur

барин (obs.) gentleman, lord, Sir (in addressing)

барич young gentleman, "barin, jr."

бархатный velvet (adj.)

барьер starting line (at a duel)

барьер в десяти шагах at a distance of ten paces

баста (ital. "basta") that's all

батюшка dad

бахрома tassel

башмачок little shoe, little boot

беглец fugitive, escapee

беда trouble; harm

бедняга poor fellow, poor devil

безвозбранный unimpeded

безвозвратно irrevocably

бездействие inactivity

бездонная пропасть bottomless abyss

беззаботный carefree

безмерный immeasurable

безмятежный unperturbed

безнедоимочная уплата payment in full (without arrears)

безобразный ugly

безопасно safe, safely

безукоризненная честность irreproachable honesty

безыменный nameless

бекас woodcock

белиберда nonsense

белокурый blondish
бельё linen, underwear
берегитесь look out
берёза birch
беру тебя под свое крылышко I'm taking you under
my wing
беседа talk, conversation
беседка arbor
бесить madden
бесконечный eternal, endless
бескорыстный unselfish
беспамятный unconscious
бесплодный fruitless, barren,
sterile
беспокоить bother, trouble
бессильный powerless, im-
potent
бессмысленный senseless
бинт bandage
бирюзовая сережка turquoise
earring
благоверный (m.), благоверная (f.) spouse (slightly
iron.)
благоволить favor
благовонный sweet-smelling
благоговеть worship
благодетель benefactor
благодетельница benefactress
благообразный comely, handsome
благоразумный sensible
благословить bless (make sign
of the cross); give the bless-
ing (permit to marry)
бледно-голубой pale blue,
azure
бобыль (fig.) lone wolf
богатырь hero
Бог весть (obs.) God knows
богиня goddess
боготворить deify, adore
бой fight, battle
бойко lively
бокал goblet, glass
болван (coll.) blockhead
болото swamp, morass
болотце (dim.) marsh

болтать chatter
больной sick (adj.); a patient
больше mostly
больше не надо no longer
necessary
босоногий barefooted
брак marriage
брала свое (весна) (spring)
was asserting itself
брань invective
братец fellow (in addressing)
браться be willing
бред delirium
бровь (f.), pl брови eyebrow
(s)
бродить wander
бродячая жизнь nomadic life
бросить abandon
броситься rush
брюзжать grumble
брюхо belly
будто бы allegedly
будущность future (career)
булавка pin
бунтующий rebellious
бутуз (coll.) chubby little
fellow
бухарский шлафрок Bokhara-
style dressing gown
бывший former
быт way of life; mores

В

в кои-то веки разик можно
one can do it once in a great
while
в руки заберет will take
complete charge of
в срок on time
важиваться (iterative, arch.)
from водиться keep com-
pany
валиться be falling
вам бы плётку в руки you
should have a whip in your
hand

ванна bathtub
варенье jam
васильки cornflowers
ведение jurisdiction
веер fan
велеть order
великодушный magnanimous
великодушничать (fig.) play
Santa Claus
величаться call oneself
(patronymic)
вельможа (m.) a person of
high rank
венгерка imitation Hungarian
hussar-uniform coat
вензель из волос monogram
made of hair
верование belief
(верста) „с версту" about 2/3
of a mile
верть turned
верхом on horseback
весенний spring (adj.), vernal
ветка branch
вечность eternity
взволновать agitate
вздор rubbish, nonsense
вздумать take into one's head,
imagine
вздыхать sigh
взогнать flush (birds for hunt-
ing)
взрезанный cut
взъерошенный disheveled
взыскать (взыщу, взыщешь)
demand
взяточка, var. of взятка
tribute, bribe
взять верх get the upper hand
вид shape
видимо obviously, visibly
вилять хвостом lit. wag the
tail, fig. beg for mercy
виновник culprit
винный торговец wine mer-
hant
вкопанный rooted
вкус taste
владетельная особа reigning
personage

Владимир St. Vladimir
(civilian decoration)
властвовать dominate
вливать inject
влюбиться в (acc.) fall in love
with
внезапный sudden
внове for the first time; anew
внук grandson
во всяком случае in any event
во сто раз хуже hundred
times worse
вовсе at all
военный military man
вожжи, var. of возжи reins
возвращение return
воздвигнуть erect (a building)
воззрение view
возиться fuss
возмущать outrage
возненавидеть conceive hatred
for
возопить (arch.) cry out
возроптать become defiant
(e.g. against deity)
волосатый hairy
волочиться run after
вольноотпущенный liberated
serf
вон outside; out!
воображение imagination
вор thief
воробей sparrow
ворчать mutter, grumble
воспалённый inflamed
воспитание upbringing
вот еще! you don't say!
вот тебе раз! what do you
know!
вот что горе that is the
trouble
впечатление impression
вполголоса in an undertone
впрочем however
враждебный hostile, inimical
вразвалку (ходить вразвалку) waddle

врать (coll.) tell lies
вручать hand over, give
вряд ли hardly
всё едино all the same
всё равно the same thing
всевозможные all sorts of
всенощная midnight mass
всесильный omnipotent
вскрывать perform an autopsy
всласть to one's heart's content
всмятку soft boiled
всплакнуть shed a tear
вспыльчивый hot-tempered
вспыхнуть blush
вступиться come to the defense of
всхлипыванье sob
всяко случается sometimes happens
вчерашний of yesterday
выбор choice
выбритый clean shaven
выдернуть pull out, jerk out
выдохнуться be played out
выдраться pull oneself out
выдумывать invent, think up
выесть eat out
выжить manage to stay; survive
выйти в офицеры be made an officer
выйти в отставку retire from service
выйти замуж marry (for a woman)
выкрутасы (coll.) curlicues
вынырнуть emerge
выписать send away for
выпросить beg, cajole
вырвать (зуб) pull (extract) (a tooth)
вырваться из tear oneself away from
вырезанный carved
высечь to whip, lash
выслушать hear out
высморкаться blow one's nose
вытаращить (coll.) open wide (eyes)
выточенный chiseled
выучить learn
выходка antic, prank
выходит it proves (it comes out)
вычесть deduct
вышитый embroidered
вязь old Slavic script
вялый sluggish; inert

Г

гаданье fortune telling
гадливость contempt
галка daw, jackdaw
где понять! how can he understand!
геморрой haemorrhoids
герб coat of arms
гербовый heraldic; bearing a coat of arms
герцогиня duchess
гигант giant
гикать yell
гипсовый made of gypsum, plaster
главное the main thing
глуповатый doltish
глупый stupid
глушь the sticks
гнать в шею chase away
гневаться be angry
гнездиться make nest
гнездо nest
гниль decay, rot
гнить rot
гнушаться feel aversion; disdain
говаривал used to say
говядинка (diminut. of говядина) beef
годиться в (with plur.) be old enough to be one's
годков, (nom. sing. годок, dim. of год) years
головешка burning twig
головня smut (wheat disease)

голубушка (coll.) my dear (fem.)

голубь pigeon, dove

гонный заяц chased hare

гордец stuck-up person

гордость pride

гореть как на огне as if burned in fire

горланить yell with abandon

горластый very noisy

горностай ermine

гороховый pea-colored

горчишник (var. of горчичник) mustard plaster

горький *bitter,;* unfortunate

господствовать reign

государь мой (arch.) my dear Sir

грач rook (bird)

греметь make noise

гречиха buckwheat

грешно вам лит. "it's sinful of you", meaning "you ought to be ashamed of yourself"

грешный sinful

гриб mushroom

грозить threaten

гроша медного не стоит isn't worth a copper penny

грубый rude

гряда, грядка garden bed

грязь mud, dirt

губа не дура has good taste

гумно threshing floor

Д

да что с ним? what is the matter with him?

давить crush

дай вам Бог здоровья и генеральский чин (iron.) may God grant you all the advantages

дар слова gift of speech

даром не нужны don't want them gratis

даром что (idiom.) despite the fact that

дворец palace

дворецкий butler

дворовый domestic serf

дворовый мальчишка serf boy

дворянский gentlefolk's (adj.)

дворянское of the gentry

дегтярный tar-covered

денежный штраф monetary fine

день ангела name-day (one's saint's day) Russ. equivalent of Western birthday

деревенька (dim. of деревня) little village

деревушка (var. of деревенька)

держаться conduct oneself

дерзкий arrogant

дерновой of turf, of sod (adj.)

дескать he said

десна gum (dental)

десятина (obs.) former land measure (2.7 acres)

деятель person of action, of achievement

дикий wild, savage

дичиться keep away from, avoid

для приличия for appearances' sake

для скорости for (greater) speed

до гадости to the point of disgust

до мозга костей to one's bones' marrow

до ушей up to the very ears

добиться толку come to an understanding

добряк kind-hearted fellow

доверие trust

довольно и так enough of it as it is

догадаться figure out, guess

догадка guess

дождик rain

дозволенный permitted, allowed
докладывать report
докучливый tiresome, annoying
долг debt; duty
долженствовать be supposed to
должно быть must be, must have
домовой house spirit; brownie
домоделанный homemade
домосед homebody
Домострой book of gentry household system and manners of 17th century.
допрос questioning, inquisition
дорастать (pf. дорости) grow up to, grow into
досадно vexing
достоинство dignity
дохнуть take a breath
доход income, profit
дразнить tease
драться fight
дрожащий trembling
дрожки carriage
дрянной worthless
дрянь worthless person
дряхлый ancient, decrepit
дуб oak
дубина blockhead
дубок (dim. of дуб) little oak
дуло muzzle
дунуть blow (once)
дупло hollow of a tree
дурак дураком (like a) complete fool
дурачок little fool
дурман dope (poison)
дурной bad
дурь (f.) stupidity
дуться sulk
душегрейка lined jacket
дуэль duel
дядька (coll.) tutor

Е

его песенка спета (idiom.) he has had his day
едва выносила could hardly stand
едва ли hardly
единственный the only
едкий caustic
ежеминутно every minute
екатерининское время time of Catherine II
ёлка fir tree
ералаш (arch.) a card game
ермолка skull cap
ерунда nonsense
ерш ruff (fish)
если на то пошло if it came to that
естественные науки natural sciences
естествоиспытатель naturalist
еще бы! how else!

Ж

жаворонок lark
жалеть spare, hold out
жалеть о miss; regret
жаль, что помешал too bad he interfered
жар fever
жареное roast
жатва reaping, harvest
железный iron (adj.)
желтуха icterus (disease)
жёлтый дом (coll. idiom.) insane asylum
жёлчный bilious
жениться на (prepositional) marry (for a man)
живодёр flayer; skinner alive (fig.)
живописный picturesque
жид (contemptuous) Jew
жидкие волосы (plur.) thin hair

жилка little vein
жительство residence
жнец reaper, harvester
журчать babble (brook)

З

за себя постоит will stand up for her rights
забавно жёлчен amusingly caustic
забинтованный bandaged
заботиться о worry about
забывчивость forgetfulness
завернуть drop in
завести речь о turn the conversation to
загадка enigma
заговор incantation
загораться be set on fire
задаток advance, deposit
задать пыли (idiom.) throw one's weight around
задетый touched, affected
задние лапы hind legs
задки (sing. задок) backs
задорный challenging
задушить strangle
заезжий visiting
закапать drip on
закатиться show the whites (of eyes)
закашлять break out in a fit of coughing
закладывать harness
заколачивать drive in (a bullet)
закон law
законник legalist
закусить губы bite one's lips
заламывать (coll.) ask, demand
залихватский dashing
замарать soil, dirty
замасленный worn out; soiled

заматерелый hardened, inveterate
замечательный remarkable
замеченный noticed
замечтаться be lost in reverie
замешательство embarrassment
замешкаться become delayed, tarry
заморозить себя freeze oneself up (fig.)
занемочь begin to ail, fall ill
заносчивость hauteur, arrogance
заносчивый arrogant, haughty
занять amuse; occupy
заняться take care of
запачкать get dirty (transitive)
запереться, (past заперся, заперлась) lock oneself in
запищать begin to squeal
заплата patch
запнуться come to a sudden stop (while talking)
запрячь, (past запряг, запрягла) harness
запугана scared out of her wits
запутанность complexity
заражение infection
зараза infection, poison
заразительный infectious
заразиться become infected
заранее beforehand
зардеться become crimson
зарости become overgrown
зарости мохом (fig.) lit. "to grow mossy"; meaning: to lose touch with modern life
заря dawn
заряжать load (a pistol)
засада ambush
засаленный soiled, dirty
засим (arch.) and now
заслуживать deserve
заспанный sleepy
заставлять force, make

заступаться (pf. **заступиться**) come to the aid of

затверженный learned (by heart)

затереть give no chance

затрещать (coll.) begin to make noise (talk)

заутреня morning mass, matin

захаживать (iterative from **заходить**) drop in

захлопнуть крышку bang the lid

захолустье sticks, deep provinces

заяц hare, jack-rabbit

зверобой St. John's wort (herb); hunter

здравый смысл common sense

зевать yawn

зевок a yawn

зелёный стол (lit. "green table") card table

земной поклон deep bow

злобно maliciously

зловещий ominous, sinister

злой angry, surly

злость anger, malice

знавал, -а used to know

знаменитый famous

знать (coll.) it seems

знаться с keep acquaintance with

зола ashes

золототысячник centaury (herb)

зубастый large-toothed; fig. sharp-tongued

зубки прорезаются the child is teething

зыкнуть to bang

зяблик finch

И

игривость оборотов речи playfulness of the turns of speech

игрок gambler

идет? (coll.) how about it?

идиот idiot

из кожи лезть (idiom.) exert utmost effort

из молодых of the younger generation

из плохоньких not of a very impressive kind

из приличия because of politeness

избёнка (diminut. of **изба**) little hut

избитая рожа beaten mug

извернуться shift, dodge

известен стал (arch.) found out

известно, барин (coll.) you know how these gentlemen are

извиняться apologize

извольте at your service

издали from a distance, from afar

излишний unnecessary, superfluous

излияние expression of sentiment

изменить betray

износиться be worn out

изорванный torn

изрядный considerable; fairly good

изумление astonishment

изумруд emerald

изъявить express

изъявление expression

изящный elegant

икать hiccup

Илья-пророк prophet Elijah

именно namely, exactly

имя и отчество first name and patronymic (father's first name)

иней hoar-frost, rime

иной, иная some

ирония irony

искра spark

искусно skilfully

искусство art

исподволь in the meantime
исподлобья askance
исполненный imbued with, full of
испугать frighten, scare
испытать experience
истребление extermination
истукан statue
ищущая she who is seeking or probing

К

к ручке to the hand (to kiss)
к слову пришлось while we were talking about it
кабак tavern, saloon
кабинет study (room)
кадило censer
каждый по-своему every one in his own fashion
казакин man's outer garment
как бы то ни было be that as it may
как знаешь as you like; you know best
как нарочно as if on purpose
как оно и следует as it befits
как придется whatever happens
как прикажете as you wish
как-то somewhat; somehow
как угодно as you please
какими судьбами? what brings you here?
какой бы ни no matter what sort of
какой невинный what innocence
какой переплёт (idiom) what a situation
калмык Kalmuk
каменный уголь coal (not charcoal)
камердинер valet
камин fireplace
камни бить break stones

канава ditch
канифоль rosin
капелла choir
капелька little drop
карельская берёза Karelian birch
карета carriage (of a better sort)
картуз visored cap
касаться touch, concern
кафтан (arch.) outer coat
кашель cough
квас Russian cold drink
кибитка primitive carriage, or hut, of nomadic tribes
кипение boiling, stewing
кипеть boil
кирпичный сарай brick shed
кисло sourly
кислород oxygen
кисть tassel
китайский Chinese (adj.)
кичка female headgear
клавиши (f.) keys (of a piano)
кладбище cemetery
клевета libel, slander
клетчатый checked
клумба flower bed, clump
клячонка (dim. of **кляча**) nag (horse)
клюнуть peck (once)
кнутик (dim. of **кнут**) whip
княжеское отродье princely breed
княжна princess (unmarried)
когда-то once upon a time
козёл billy goat
козлы (only pl.) driver's seat
кокетка coquette
кокошник (arch.) female headress
колесо wheel
колея groove, rut, routine
колокольчик doorbell; bell on the moving carriage
кольнуть prick (once)
коляска carriage (ordinary kind)
конный заводчик (obs.) per-

son who kept a stud farm
конопля hemp
конский (adj. from **конь**)
horse
контенанс (sake of) appearances
конфузиться become embarrassed or flustered
кончаться be expiring
кончик tip, end
кончина demise
конюшня stable
коренная middle horse in a troika (mare)
корона crown
коротко very well (acquainted)
корточки (pl.) **на корточках** squatting
корыстный selfish
коса braid; scythe
косвенный indirect; oblong
косьба mowing
косынка neckerchief (fem. attire)
котёнок kitten
кофточка fem blouse
кочка mound in the earth
край edge
красавчик little beauty (masc.)
красавчик не красавчик can't exactly say "a beauty"
красноречие eloquence; power of speech
краснорядец (obs.) salesman; peddler
красный red
красный товар (obs.) manufactured goods
красота beauty (quality)
красть steal
крошечный tiny
крендель twisted biscuit
крепостной человек serf
крест cross
кривой one-eyed
кров shelter
кровля roof

кровопускание bloodletting
кроткий meek, lenient
кружевной lacy
кстати by the way; a propos
кто говорит! there's no denying it!
кто сей? who's that?; what's that? (referring to a person)
куда вы? where are you going (to)?
кулак fist
кулачок little hammer (lit. "little fist")
купальня summer bath house
курительная свечка sweet-smelling candle
куртка short jacket
кустарник shrub
кутить have a good time; celebrate
куцый bobbed (bob-tailed)

Л

лад harmony
ладно right; all right
лазурь azure
лакей servant
лампада; лампадка lamp; sacred burner
ландкарта geographic map
ланцет lancet
лапоть bast shoe
ласкать show affection
ласковый gentle
ласточка swallow (bird)
латинское название Latin name
лёгкие lungs
легко ли? you think it's easy?
легкомысленный light-minded, frivolous
лекаришка (contemptuous from **лекарь**) healer
лекарская книга medical book
лён flax

ленивый lazy
ленточка little ribbon
лень laziness
лес forest; timber
лестный flattering
лет за двести about 200 years before
летучая рыба flying fish
лечить treat (a sick person)
леший wood sprite
либо ... либо either ... or
лиловый lilac-colored
липка (dim. of липа) linden tree
липовый чай linden-blossom tea
лира lyre
листва foliage
литератор writer
лихой fast, dashing
лихорадка fever
лишиться lose, be deprived of
лишиться чувств lose consciousness
лишний unwelcome, extra
лишь бы so that at least
ловкий clever, adroit
ложе lodging, bed
локоток little elbow
локоть elbow
ломание artificial behavior, pretence
ломать руки wring one's hands
ломать себе голову над puzzle over
ломать шапку (obs.) take off one's hat before superiors
ломаться pretend
лопатка little shovel, little spade
лопаться (coll.) go bankrupt
лопух burdock; weeds
лужица little pool
лукавить be deceitful
львом (instrumental from лев — lion) like a lion
любезное beloved
любоваться admire

любопытный curious
людской human
лягушка frog
ляжка thigh
лямка (arch.) heavy belt by which workers secured heavy loads
тянуть лямку (fig.) do long and unpleasant chores

М

мазь ointment
малина raspberries
мало ли отчего for many reasons
маловато not enough
мальчуган (coll.) youngster
малый (coll.) fellow
малютка little child; infant
манципация (corruption of эмансипация) emancipation
маркиза sun-blind
мастерская workshop
мастерски expertly
матрасик little mattress
махнуть (coll.) take a trip
махнуть рукой (idiom.) give up
маячить (coll.) hang around; loom
меблированный furnished (provided with furniture)
мёд honey
медаль medal
медный copper, brass (adj.)
мёдом like honey
медь copper, brass
мертвец dead man, corpse
мёртвый живому не товарищ the dead are no company to the living
мечтать day-dream
мешать be in the way; bother
мешкать tarry
мешок sack, bag
милости просим welcome
милостыня alms, charity

министерский cabinet minister's
миро chrism (holy oil)
млекопитающее mammal
мнительный hypochondriacal
много болтает chatters too much
много по два not more than two
могила grave, tomb
молебен mass (religious)
молиться pray
молодец dashing fellow
молодо-зелено extremely young
молодые newlyweds
молотильная машина thresher
молотильный threshing
молчание silence
(молчанка) «в молчанку» in silence
морковь carrot (s)
морщиться make a face
мостовая street, pavement
мошки midges, gnats
мошна (arch.) purse
мудрец sage (wise man)
му́ка torment
муниципация (corrupted **эмансипация**) emancipation
муравей ant
мурлыкать hum
мученица martyr (fem.)
мычанье lowing of cattle; mumbling
мычать mumble
мышонок (dim. of **мышь**) little mouse
мякенький (adj. dim. of **мягкий**) soft
мясник butcher
мята mint (botanical)

Н

на бивуаках camping
на водку будет there'll be free drinks

на военную ногу on a military footing
на волос the least bit
на всякий случай for any emergency
на первых порах at first glance
на поклон to pay one's homage
на славу gloriously; for all one is worth
на смену as successors
на цыпочках on tiptoe
на что нам она? what do we want with it?
набалдашник handle (on a cane)
набивать (pf. **набить**) stuff
набожный pious
наблюдать follow; spy
навек forever
нагайка whip
наглец arrogant individual
нагнать catch up with; overtake
нагрянуть barge in
наделить endow, provide for
надменный haughty
надо ножками брать have to take full advantage of the feet
надоедать pester, be in the way
надуть (coll.) cheat
наедине alone (with)
наезжать come visiting from time to time
наёмный hired
назойливость intrusiveness, importunity
наизусть by heart
найдётся we'll find something
наказ orders
накануне the day before; on the eve
накинуть (coll.) add
накладка rat (false hair)
наколка part of headdress (fem.)

накрапывать sprinkle
налегать на emphasize
налим burbot (fish)
намёк hint
намекать hint, suggest
намерен intend (s)
нанесённое оскорбление inflicted insult
наниматься hire out, be hired
наотрез (отказаться) flatly (refuse)
наперечёт to a man; thoroughly
напирать press
напичкан crowded; stuffed
напрасно (one) shouldn't
напротив on the contrary
напряжённость tenseness
напускной affected, pretended, unnatural
нараспашку (coll.) unbuttoned
нарекание censure, reproach
наречие language, dialect
нарочный special messenger
нарушить upset, infringe
нас с вами you and me (accusative)
насквозь through
насекомое insect
наскоро hurriedly, in a hurry
наследник heir, successor
наставление sermon, admonition
наставница mentor (fem.)
настроенный tuned
натянутый artificial
нахал impudent person, boor
нахлобучить pull over one's eyes
нахмурить knit (eyebrows)
находчивый resourceful
начальник superior
не будь она if she were not (idiom. use of imperative)
не в духе out of sorts
не входить ни во что keep out of everything
не можете не you cannot help to
ненавидеть hate

не по моей части not in my line
не по нутру don't like; can't stomach
не попасться ему на глаза keep out of his sight
не прочь not averse, wouldn't mind
не с кем no one with whom to
не спускать глаз not to take eyes off
не то ... не то either ... or
не ты бы говорил you're not the one to say it
не хватало рук there was shortage of help
не хуже not unlike
небосклон sky,, firmament
небось (coll.) probably
небрежно casually
небывалый unheard of
небылица fable, cock-and-bull story
невежа ill-mannered person
невежда ignoramus
невестка sister-in-law
невыгодно unprofitable, disadvantageous
негодование indignation
недалеко ушёл doesn't know very much
недаром not for nothing; with reason
недоимка (obs.) arrears in taxes
недоуменье puzzlement
недруг adversary
недружелюбно unfriendlily
недуг ailment
неженка softie
незначительный insignificant
неизбежный unavoidable, inevitable
неказистый (coll.) not much to look at, unimpressive
некогда once upon a time
некто a certain
неладно wrong

нелепость absurdity
неловко embarrassing
немедленно immediately
немец a German
немотствующий mute, silent
необходимо necessary; have to
необычный unusual
неоднократные numerous
неопрятный slovenly
неохотно reluctantly
неоценённый priceless
непогрешительно immaculately
неподдельный genuine
непозволительно impermissible
неправдоподобно implausible
неприличный indecent
непринуждённость обращения informality of address
непростительный unforgivable
неравенство inequality
нерешимость indecision
неровнюшка (coll.) inequality
несессер dressing case, toilet case
несказанно to the utmost degree
несносный unbearable
нестерпимо intolerable
нести запахом to smell strongly of
несчастье misfortune
неудачный unsuccessful
неуместный out of place
нечто птичье a bird-like appearance
ни ногой not setting a foot in
низший of a lower rank
никак (coll.) seems as if
никуда не годится good for nothing
ниточка slender string
ничего not bad
ничком prone
ниша niche
нищий beggar

нововведение innovation
нововыгоревшая newly burned out
ногти (sing. ноготь) fingernails
номер room (in a hotel)
норка little hole (animal's lair)
носить на руках (idiom.) make a great to do about someone
нравственные качества moral qualities
нуждаться в (with prep.) to need
нумер (var. of номер) issue (of a periodical)
нынешний this (in point of time), today's
нюнить (coll.) cry
нянюшка child's nurse

О

об вас здесь жалеть не будут? you won't be missed here?
обвинить (impf. обвинять) blame
обвиться wind oneself around
обедневший род impoverished family
обзавестись create, make
обидеться feel insulted, feel hurt
обидно unflattering
обильный abundant, plentiful
обитый upholstered, covered
облагороженный ennobled
облачение robes
облечённый dressed
облик appearance
обломать (coll.) accomplish
обморок fainting spell
обнажённый bared
ободранный torn off
обожать adore
обои (plural) wallpaper
обойтись get along (without)
обокрасть rob

образ holy image, icon
образ мыслей way of thinking; views
обращаться circulate (blood)
обременённый burdened
оброк specified amount of tribute a serf was expected to pay his master
обрюзглый flabby, paunchy
обходиться treat
общество society, company
община (obs.) peasant commune
объясниться have a talk
обыграть beat thoroughly at cards
обыденный usual, everyday
обязанность duty
овечки little sheep (pl.)
овладевать overcome
овраг ravine, gully
овцы sheep (pl.)
огласка publicity (undesired)
оголтелый (coll.) frantic, shameless
огородник kitchen-garden superintendent
огорошить (coll.) surprise
огорчать sadden
огорчение disappointment
ограда fence
одёженка (contemptuous of одёжа, coll.) clothing
одеколон eau de cologne
одеяло blanket
один как перст alone like a finger
одним словом in a word
одолеть overwhelm
одобрение approval
озноб chills
оказать show
окаменеть become petrified
околеть (coll.) croak (die)
околоток neighborhood
околыш cap-band
окончательно completely
окоченеть от become rigid with

окружать surround
окуривать fumigate
окурок butt (of cigarette)
олух imbecile
омут whirlpool (в тихом омуте черти водятся — idiom. still waters run deep)
опасность danger
опёнки (plural) a kind of mushrooms
опомниться come to one's senses
опомниться некогда (idiom.) no time to catch one's breath
определение appointment (to a position)
определенье, определение definition
опуститься sink (oneself)
опушка edge of forest
опыт experiment
оранжерея hot house
орлиный eagle-like
осанка bearing
осина aspen
осиновая роща aspen grove
осклабиться (coll.) grin
оскорбить insult
осрамиться fail, cover oneself with shame
остаться в проигрыше lose (at cards)
остроумно clever, funny
остряк wit, punster
осуждать condemn, censure
от копеечной свечи Москва сгорела a penny candle burned down Moscow
от рук отбился got out of hand
отбить knock off, break off
отведать taste
отвлечённость abstraction
отвращение revulsion
отговорка excuse
отдалённый distant
отдаться give oneself
отделаться от get rid of
отзывается smells

отказаться give up
откровенность frankness, confidence
откупоренный opened (bottle, jar)
отломать (coll.) perform
отношение attitude
отпустить let go
отравленный poisoned
отрастить grow (transitive)
отрезанный ломоть cut-off loaf of bread (proverb)
отрицать deny
отрывисто curtly
отставной майор major in retirement
отсталый колпак (coll. fig.) backward guy
отстать let go, leave in peace
отстать от века lag behind the progress of the age
отсутствие absence
отчаяние despair
отчётливый clear
охапка armful
охать moan (lit. say "oh")
охотник hunter; eager, anxious person
очень нужны (idiom.) who needs..
очередь дошла до turn came to
очутиться find oneself
ощущение sensation

П

пазуха bosom
(память) без памяти to distraction
папаша dad
парочка couple
партия match (marriage)
пахать plow
пачкун (coll.) scribbler
пепельница ashtray
(перебивка) в перебивку one

interrupting the other
переводиться (pf. перевесться) become extinct
переделать make over, change
пережить outlive
перекликаться shout one to the other
перекошенный distorted
перекреститься make the sign of cross
перемелется — мука́ будет (idiom.) it'll all come out in the wash
перепёлкой like a quail
перепёлочкой like a little quail
переполошиться become upset, be perturbed
перепрячь reharness
перепугаться насмерть be scared to death
перерождение rebirth
переступить порог cross the threshold
перетру́ситься become scared out of one's wits
перила railings
пёстрый motley colored
петух rooster
печка stove
печься take care of
пешеход pedestrian
пилюля pill
писк cheep, chirp
пистолет pistol
письмецо little letter, note
питомец Эскулапа (iron.) physician
пиэмия blood poisoning
пиявка leech
платьице little dress
племянничек little nephew
плен captivity, imprisonment
пленница captive, prisoner (fem.)
плоский flat
плотина dam
плотней more heartily (eat)
плутовской roguish, knavish

плюхнуть (coll.) plop
по батюшке patronymic (father's first name)
по дороге on the way
по откупам (arch.) in liquor business
по простоте in a simple way
побеждать conquer, get the best of
побить give a thrashing
побледнеть turn pale
побоище slaughter
поболтать have a chat
побранить scold
побуревший turned reddish
повалиться be toppled over
поведение behavior, conduct
повеликодушничать play at magnanimity
поверенная confidante
погаснуть go out (be extinguished)
погладить stroke
погружённый в думы immersed in thought
под барским глазом under master's eye
под мышкой under his arm (pit)
под предлогом with the excuse
под рукою easily accessible
подавно (coll.) so much the more
подагра gout
подачка donation (alms)
подбородок chin
подвезти give a lift
подвизаться get along
поддакивать to "yes"
поддаться succumb
поддёвка peasant-style sleeveless jacket
подкарауливанье detection
подобострастие obsequiousness
подобострастный servile, obsequious
подозревать suspect
подозрение suspicion

подпоясать gird (use as a belt)
подражание imitation, aping
подразнить tease, taunt
подраться come to blows
подряхлевший grown older
подсоблять (coll.) help, assist
подстава relay
подставлять лоб (idiomatic) risk one's life
подтвердить confirm
подтрунивать kid along, tease
подушка pillow
подчас sometimes, on occasion
подчинённое существование subordinate existence
подымать raise, elevate
поединок duel
пожаловаться complain
пожалуй, что так that's about it
пожать плечами shrug one's shoulders
пожертвование sacrifice
пожива (coll.) profit
пожирающий взор consuming glance
поздняя репа late turnips
пойдёт нам впрок will (would) benefit us
пойти замуж за (accus.) marry (for woman)
пойти с туза lead with an ace
пока ещё still, yet
покамест in the meantime
покатый sloping
покачать rock (a child)
поклониться nod
покойник (m.), покойница (f.) the deceased
покоробить grate upon
покоряться submit
покраснеть blush suddenly
покрытый covered
покрыть козырем beat with a trump
·полбутылки ¹/₂ bottle (measure)
ползти crawl

полевое растение field plant
полёт flight
полковой regimental
полноте! stop it!
полный complete
положим let us say, let us suppose
полотняный of cloth (adj.)
полузакрытый half closed
полынь wormwood
польстить flatter
помалчивать keep silent
поместить put
помешанный demented
помешательство insanity
помешать interfere with
помещица woman landowner
помилуйте! have mercy!; perish the thought!
помириться make up, make peace
помчаться take off (start running)
помыкать order about
понаслышке by hearsay
по-настоящему properly, really
по-немецки (in) German
понемножку little by little, gradually
понурить lower
понюхать take a sniff
понятие opinion
попал под колесо got under a wheel
поплатиться pay the price
поприще field (of activity)
порезаться cut oneself
породистый well-bred
портер porter (drink)
портить spoil, ruin
портной tailor
поручать order
порыв burst, impulse
порядиться contract (assume an obligation)
порядочный considerable
посадить offer a seat
посаженный planted

посвистывать whistle every now and then
по-своему in one's own way
посвящаться be devoted
поседеть turn gray
поселиться settle
посеменить ногами run around in minced steps
последователь follower
послушать вас if one were to listen to you
посоветоваться consult
поспоримте let us have an argument
поссориться quarrel
поставит (бутылку) will treat (to a bottle)
по-старомодному in an old-fashioned way
поститься keep lents, fast
постоялый двор inn
постоять за себя give a good account of oneself
поступать act, behave
постучаться knock (before entering)
постыдный shameful
посуда dishes, crockery
потакать indulge
потащиться drag oneself out
потешить humor, amuse
потребность need, requirement
потребовать удовлетворения demand satisfaction (fight a duel)
потчевать treat, encourage to eat more, regale
поутру (coll.) in the morning
похвально commendable
поход campaign
походный campaign (adj.)
похудалый thinned, emaciated
похудеть grow thin, lose weight
по-царски in a royal fashion
поцеловать (bestow a) kiss
поцелуй kiss

почиститься clean oneself up
почитать consider
почтеннейший (address) my good man
почтительный respectful
пошлость triviality, bad taste
пощадить её уши spare her ears
пояс belt
практика practice
практический practical
прапорщик (obs.) ensign (lowest army officer rank)
прачка laundress, washerwoman
предания traditions
преданность devotion, loyalty
преданный devoted
предварить warn
предел limit
предоставить place at the disposal of
предлог excuse
предполагать suppose
предрассудок prejudice
представитель (m.) representative
представить introduce
предстоявший which was impending
предупредительность courtesy, attention
предчувствовать have a presentiment
предшествовавший which was preceding
презабавный старикашка a most amusing old guy
презирать despise, treat with contempt
презрительный contemptuous, derisive
прекословить oppose, contradict
прелестный charming
преобразования reforms
препакостно most unpleasantly
препарат preparation (experimental)

прерывистый broken
прескверный very bad
преувеличенный exaggerated
прибавка raise (in pay)
прибавлять add
прибить give a thrashing
приблизительно approximately
прибор cover (table setting)
привиденье specter
привычки habits, routine
приданое dowry
(придача) в придачу into the bargain, to boot
придворный court (adj.); courtier
приделать fix, affix
придираться take any opportunity; use any excuse
приёмная reception room
приесться bore, get on one's nerves
прижечь cauterize
признавать recognize
признак sign, characteristic
призрак specter
приказчик overseer
приказывать give orders
прикорнуть (coll.) nestle down
прилизанный slicked up, sleek
пример example
примерить try on
примета sign, mark
примирение reconciliation
примирить reconcile
примочка lotion (med.)
принадлежность article; belonging
принарядиться primp oneself, spruce up
принимать на веру take for granted, take on faith
принуждённо in a forced fashion
принять take away
припадок attack (of disease); fit
припухнуть swell up
присесть curtsy

прислуга help; female servant
прислуживать serve
прислуживаться ingratiate oneself
присовокупить (arch.) add
пристало is (was) becoming
приступ bout, attack
приступить begin
пристяжная side-horse in a troika, out-runner
притеснённый abused
притеснять abuse, treat with undue severity
прихватить bind
приходский parish (adj.)
прихоть whim
причащать give communion
причесать comb
причуда whim, antic
пробежать scan (read at a glance)
проба test
проводить escort, accompany
проглотить swallow, ingest
прогнать chase away
проезжий visiting
произвести produce, make
прокопчённый smoked
проложить make; beat; blaze (a trail, a path)
променять exchange
промолвить utter, say
прóпасть (coll.) a tremendous lot; abyss, precipice
пропáсть be lost, perish
пропускать мимо ушей (idiomatic) pay no heed
прорванный torn
пророчить prophesy
прослыть за acquire a reputation of
простодушный simple-hearted
простонать utter a moan
простыня sheet
просьба request
противный repulsive
противоположное общее мес-

то reverse common-place
проценты interest
прощальный farewell (adj.)
прощаться take leave, say goodbye
прощелыга (coll.) rogue
противоречие contradiction
пруд pond
пружинка mainspring
птенец, птенчик fledgling
птичный двор (more correctly птичий двор) poultry yard
пугать scare
пуговица button
пузырёк glass vial
пузырь (coll.) kid (child)
пук bunch
пулсь пощупать feel the pulse
пустил его по штатской let him pursue a civilian career
пустота vacuum
пустяк trifle
пухленький plump
пухлявые губки puffed up lips
пуховик down bed
пыль dust
пытливый inquisitive
пьяница drunkard
пятерня all five fingers
пятно spot

Р

равновесие equilibrium, balance
равнодушный indifferent
ради for the sake of
радужные краски rainbow colors
разбитые на нумерованные четыреугольники divided into numbered quadrangles
разбить defeat, overcome
разбойник bandit
разве рюмку водочки собла-

говоли́те поднести́ unless you will favor me with a glass of vodka

развереди́ть aggravate (a sore spot)

разверзну́ться open up

развиви́шиеся во́лосы uncurled hair

развито́сть sophistication

разводи́ть raise, cultivate

разво́ды designs, prints

развя́зный open, informal

развя́зность ease, informality

разгова́ривать converse

разде́л division of property

раздраже́ние point of irritation

разду́шенный perfumed

разжа́лобить evoke pity

рази́нуть рот (coll.) open one's mouth wide

разлага́ться decompose

разли́тие же́лчи bilious attack

размазня́ (coll.) softie (contemptuous); gruel

размежева́ться establish borderline between properties

размо́лвка disagreement, falling out

размышле́ние meditation

размягчённый softened

разно́счик peddler

разобра́ть make out, figure out

разуверя́ть dissuade

разъедине́ние separation, isolation

разъе́халась с му́жем left her husband

рак crayfish

ра́мка frame

раскалённый burning hot, red hot

раски́снуть go to pot

расклеи́ться (fig.) become unglued (unstuck)

раскра́шенный painted

раскути́ться let oneself go (on a spree)

распи́сывать paint in glowing colors

распласта́ть split into layers

расплы́ться fatten out

распоряжа́ться give orders

ра́спри (f.) squabbles

распространи́ться extend oneself

распу́щенность looseness

рассерди́ться get angry

расстано́вка deliberation; arrangement

расстро́енное фортепья́но pianoforte out of tune

рассыпа́ться go all out (in politeness); scatter, spill

растолкова́ть explain

растопы́рить (coll.) spread

растрёпанные во́лосы disarranged hair

расхохота́ться burst out laughing

расчёт time (money earned to the time of quitting the job)

рато́вать fight (for)

рво́тное emetic, vomitic

ревизова́ть inspect

ре́дька radish

ре́зкость sharpness

реме́нный обры́вочек piece of a leather belt

рессо́рный экипа́ж carriage on springs

реши́лся всё коси́ть — валя́й и себя́ по нога́м (idiom.) if you decided to mow everything in sight, don't spare your own feet

реши́тельно никого́ not a single soul

ридикю́ль (m.) woman's bag

рисова́ться (fig.) pose

рису́нок drawing

робе́ть feel scared, quail

ровня́ (coll.) an equal

роди́нка birthmark, mole

родно́й, -а́я relative, one's own

родственное чу́вство spirit of kinship

ронять drop
рослый husky
рощица, роща grove
ружьё rifle
руководство textbook, manual
русачья полежка hare position
рухнуться fall, collapse
ручеёк little brook
ручной tame
рыжий red-haired
рысцой at a jog-trot
рыться rummage
рыцарский дух knightly spirit
рьяный passionate
рюмка wine glass
ряса cassock ·

С

с какой стороны ни посмотри no matter how you look at it
с лишком more than
самовар tea urn
самоломанный self-broken
самолюбие pride, egoism
самоотвержение self-abnegation
самоуверенность self-reliance, self-confidence
сановник high government official
сапог boot
сапожник shoemaker
сарай shed
сбиваться look like; knock off
сбруя harness
свадьба wedding
сведение information
сверчок cricket
свести знакомство strike up an acquaintance
свет high society
светлое воскресение Easter
свидетель witness
свистать whistle
свить build (a nest)

свобода freedom (*specifically here*, the impending liberation of serfs)
свойства properties (characteristics)
свысока condescendingly
связка packet
святой sacred
священник priest, clergyman
сглазить cast an evil eye
сгорбленный hunched up
сдан в архив (idiom.) (has been) put on a shelf
сдаться give up
сделай одолжение please
сдержанность reticence
сдержать слово keep one's word
себе в тягость a burden to oneself
секундант second (in a duel)
селадон woman chaser
селезёнка spleen (anat.)
сельский rural
семейка little family
семинарская крыса (idiom.) stickler for pedantic exactness
сени (obs.) hallway, passage
сено hay
сеновал hayloft
сердобольный compassionate
серебряный silver (adj.)
серьёзно in earnest
сибаритствовать luxuriate
сидел как на угольях sat as if on coals
сизый bluish-grey
сила strength, force, power
сильней harder
симпатический, симпатичный pleasant, nice
синеть turn deep blue
сиреневый lilac (adj.)
сирень lilac
ситцевый made of chintz
сию минуту this minute (in a jiffy)
сия (arch.) this (f.)

сияние halo
сказывать (arch. from **говорить**) be saying
сказываться tell (could be
seen)
скамеечка little bench
скверно bad
сквозной ветер draft
склеившиеся stuck together
склоняться bow down
сконфуженный nonplussed
скончаться expire, die
скорбь sorrow
скорее rather, sooner
скотный двор cattle yard
скрежетать gnash
скрестить cross
скрипеть как немазаное колесо squeak like an ungre-
ased wheel
скромничать play coy
скрытный secretive
скрыть conceal
скрыться become hidden
скука boredom
скучать feel bored
слабость weakness
славный малый (coll.) fine
fellow
сладить manage, master, cope
with
слезливый tearful
следовало should have
сливки (pl.) cream
слиплись губы lips got stuck
together
словно as if
словно из земли вырастал as
if sprang from the ground
сломанный broken; out of
order
слоновая кость ivory
слопать (coll.) gobble up
службы (pl.) service buildings; farm buildings
слушаться obey
слыть be known as
смахнуть brush away
смелость courage, daring

смердеть stink; be obnoxious
смертельно хотелось узнать
was dying to find out
смертный mortal
смешить make laugh
смирение meekness
смородинная вода currant-
juice water
сморкаться blow one's nose
смуглый swarthy
смутить embarrass
смутиться become embarrassed
смущение embarrassment
снадобье concoction
снисходительно condescendingly
соблаговолить (arch.) to be so
kind as
соблазн temptation
соборовать anoint
собранный gathered
собственно properly speaking,
in reality
собственного изделия of one's
own handiwork
совестно было felt ashamed
совесть не чиста conscience
is not clear
совладеть manage
согрешить commit a sin
содержатель keeper; proprie-
tor
содрогание shudder
сожаление pity
сознавать realize
сойтись get together; become
intimate
сокол falcon
солома straw
соломенная крыша thatched
roof
солонковатый slightly saline
сообщиться be communicated
сопровождение escort
сопротивляться resist
соседний neighboring
соскучиться grow homesick
сосна pine

составить mix
состояние wealth; estate; state of
состояться take place, occur
состричь pull a gag
сохрани Бог God forbid
спаржа asparagus
спасение salvation
спасовать prove to be a weakling
спешить не к чему there is no hurry
спич speech, oration
спичка match
сплетни (pl.) gossip
сплетничать to gossip
сплошной solid, uninterrupted
сплошь да рядом at every step
спороть rip off
способствовать help, encourage
справедливость justice
спустить pull down
спутанный tethered
спутник traveling companion
сразиться в преферанс have a game of "preference"
сродни akin
срок траура period of mourning
стан figure, stature
становой (пристав) district police captain
стану я их баловать! I should pamper them!
старина (address, coll.) old man, old top; olden days
старинный ancient
стариной тряхнуть recall old times
старого покроя of old stripe, old-fashioned
старомодная игривость old-fashioned playfulness
староста the elder
статуя statue
ствол trunk (of a tree)
стебелёк little stem

стенание lamentation
степенный sensible
стеснить (pf.) crowd, make uncomfortable
стеснять (impf.) bother, interfere with
стихия elements
стклянка phial [склянка]
стог haystack, hayrick
стоптанные туфли worn out slippers
стопы footsteps
стора window shade
страдать suffer
странник wanderer, pilgrim
страстный passionate
страсть passion
страшнейший most terrible
Страшный Суд Judgment Day
стрелять shoot
струна string (in a musical instrument)
стыдиться feel ashamed
стыдливость modesty
судить to judge
судороги convulsions
судья judge
суеверие superstition
суеверный ужас superstitious horror
суета vanity; bustle
суждение judgment
сукно cloth
сундук trunk
сутки day (24 hours)
(сущность) в сущности in reality
схватить grab
схватка battle, setto
сходиться get together, come together
сшибить knock off, knock over
съёжившийся grown smaller
съестные припасы edibles
сызмала from childhood
сырой raw
сюртук frock-coat

Т

тайное отвращение secret revulsion

так и следует is as it should be

так-таки just like that

тамошний of that place, local

тапёр hired piano player

тарантас springless carriage

тараторить (coll.) chatter

таскаться drag oneself

твёрдость нрава sternness of character

твои (pl.) yours (your folks)

телега peasant cart

телесный bodily

телятина veal

тем хуже so much the worse

тёмный (мы люди тёмные) simple, plain; obscure

теплица hot-house

терпеть не мог could not stand

терпкий astringent, sour

тиснуть print (iron.)

тиф typhus

тифозный infected with typhus

тише! relax!

тлеть smoulder; rot

то и дело constantly

толку не знать (coll.) understand nothing

толстобородый thick-bearded

толстоногий thick-legged

толчётся hangs around

тонкий голос high-pitched voice

тополь poplar

топорщиться bristle, puff out

топтать tread

торжественный solemn

торчать stick around

то-то that's why

точка зрения point of view

травы herbs

трактир (arch.) inn

требовательный demanding

тревога alarm

трепетать quiver

третьего дня the day before yesterday

треуголка three-cornered hat

трещать chirp

трижды thrice

трогай! move!

трость cane

трубку набивать fill a pipe (for smoking)

трус coward

трусить be afraid, feel cowardly

туда и дорога (one) doesn't deserve any better

(туз) в тузы вышел has become a big shot

туземец native

тулуп sheepskin coat

тулья crown (of a hat)

тупой dull, stupid; blunt

турецкий Turkish

турнир tournament

турок Turk

тусклый dim, obscure, dull

тут что-то неладно something's wrong here

тщедушный spare, thin, frail

тщеславие excessive pride; vainglory

тянуть (coll.) ask for money (e.g. from parents)

тянуть лямку (idiom.) carry the burden

У

убиваться be grieved

убийство murder

убить kill; beat (a card in a game)

убогий wretched

уважение respect, regard

увлекаться be carried away

увянуть fade away

уголок little corner; nook

243

угомониться calm down ; become more settled
угоняться (coll.) keep up with
угроза threat
угрюмый gloomy
ударить strike
удаться succeed (be successful)
удержаться contain oneself
удерживать hold back
удобрение fertlizer, fertilization
удовлетворение satisfaction
удостоить favor
уединение solitude
уж grass snake
ужимка grimace
ужиться get along
уйти (for a pond) dry up
укор reproach
украдкой secretly, on the sly
укушенный bitten
улизнуть (coll.) make oneself scarce; give a slip
умеренный moderate
умник, умница wise person
умолить prevail upon
уноситься speed away
унылый sad, cheerless
упираться struggle, object
управляющий manager
упражняться practise, exercise
упрекать reproach
упрочить secure, fix
упрямый stubborn
урод freak, monster
уродство deformity
усадьба (obs.) estate
усилиться increase, intensify
уставиться stare
уставленный piled
устроить arrange
устрица oyster
утешить console, comfort
утихать subside
учёная собака trained dog
учтивый polite, courteous

уютный cozy
уязвить wound (fig.)

Ф

фартук (тарантаса) front cover in a carriage
фарфоровый porcelain (adj.)
фатство foppishness
феодал feudal lord
феска fez
фешенебельный fashionable
фимиам incense
флигелёк additional small wing of the house
фрак dress suit
фронтон pediment
фуляр kerchief
фуражка visored cap
фырканье snorting
фыркнуть (coll.) give a snort

X

хандра spleen (mood)
хандрить mope
хвастаться brag
хвать! (coll.) bang!
хворост brushwood
хвост tail
хижина hut, cabin
химик chemist
хитрец sly fellow
хитрить be cunning
хитрость guile, cunning
хихикать giggle
хищный predatory, wild
хладнокровно coolly
хлеб осыпался grain was shedding
хлебосол hospitable person
хлопнуть (coll.) gulp (a drink)
хозяева hosts
хозяйственные дрязги household squabbles

хозяйство household; domestic economy
хозяин landowner; householder; boss
холера cholera
хоромы (arch.) mansion
хоронить bury, inter
хорошенькая cute (female)
хорошеть become prettier
хоть пляши you can even dance
хохол tuft, hair; (coll.) an Ukrainian
хохот loud laughter
хохотунья (coll.) merry woman, giggler
хроменький with a slight limp

Ц

царапина scratch
царь tsar
целомудренный chaste
цепочка watch chain
цинический cynical
цып, курочка come here, little chick
цыплёнок chick
(цыпочки) на цыпочках on tiptoes

Ч

чай (coll.) I think; I'll bet
частица particle
(часть) не по нашей части not in our line
чахоточный consumptive
чванный self-important
чего на свете не бывает (idiom.) anything is possible
человек прежнего закала an old-fashioned person
чем же why

чем другим, а этим грехом не грешны we may have many other faults, but not this one
чемоданишко (contemptuous for **чемодан**) suitcase
чепец bonnet
чепуха nonsense
(червяк) червяком like a worm
черкасская говядина Circassian beef
чернозём black soil, chernozem
чёрт знает о чём devil knows what
чёрт меня дёрнул (coll.) devil tempted me
четверня four-horse team
честь имею кланяться (idiom.) good day
чибис lapwing (bird)
чиж siskin
чин (obs.) rank (in civil service of the Empire)
чиновник по особым поручениям (obs.) confidential secretary
чопорный prim
чтение reading
что (coll. for **что-нибудь**) anything
что за важность (idiom.) it isn't important
что это за птицы (coll.) what kind of birds they are
что-нибудь другое something else
чубук stem of pipe (smoking)
чувствительность sentimentality
чувствительный sensitive, sentimental; considerable
чувствуит (corrupt. of **чувствует**) feels
чудак eccentric, queer fellow
чудаковатый somewhat eccentric

чудный малый wonderful fellow
чуждаться avoid
чуйка (arch.) long cloth coat
чума plague
чуть было не забыл almost forgot
чуть не almost
чуть свет at the break of dawn

Ш

шагу ступить make a single step
шаль shawl
шаркнуть click, scrape the heels
шахматный игрок chess player
швед Swede
шевелиться stir, move
шершавый rough (surface)
шила в мешке не утаишь (idiom.) you can't keep this thing secret
шинель uniform overcoat
шишак (arch.) spiked helmet
шлафрок nightgown, dressing gown
шлейф train of a dress
шлёпать flap
шляться (coll.) wander, gad about
шнурок string, lace
шоссе road, highway
шпоры spurs
штатский civilian
штука thing
штукатур plasterer
шулерский crooked (at cards)
шутить joke, jest

Щ

щеголеватый smart, foppish
щегольство dandyism, foppishness

щедрый generous
щекастый (coll.) with prominent cheeks
щи a variety of borshch (soup with cabbage base)
щуриться squint

Э

эка важность! (coll.) big deal!
экзекуция corporal punishment, flogging
экипаж vehicle, carriage
экой (coll.) what a
экономка housekeeper (female)
этакое богатое тело! such a gorgeous body!
это может ангела из терпения вывести this can make a saint lose patience
это напрасно that's unfortunate
это ни на что не похоже (idiom.) this in intolerable
это что за глупость? what sort of foolishness is this?
эфир ether (poet.)

Ю

юродивый fool

Я

явление phenomenon
явно obviously
ягодами, что ли, она тебе угодила? did she please you so much with her berries?

язва sore
яма pit, hole in the ground
я не таков I am different
янтарчик little amber
яровые хлеба spring crop

ярость rage
ясень ash (tree)
яство (arch.) dish (food),
  delicacy
ястребок little hawk